उत्तर-मानववाद

उत्तर-मानववाद

विवेक सिंह
ऋषभ कुमार

वाणी प्रकाशन

प्रकाशन के उत्कृष्टतम 63 वर्ष

सजिल्द पहला संस्करण : 2026

vaniprakashan.com

वाणी प्रकाशन

4695, 21-ए, दरियागंज, नयी दिल्ली-110 002

फ़ोन : +91 11 23273167, 23275710

शाखाएँ

अशोक राजपथ, पटना-800 004, बिहार

कॉफ़ी हाउस कैम्पस, महात्मा गांधी मार्ग, प्रयागराज-211 001, उत्तर प्रदेश

महात्मा गांधी अन्तरराष्ट्रीय हिन्दी विश्वविद्यालय, वर्धा-442 001, महाराष्ट्र

sales@vaniprakashan.in

vaniprakashan@gmail.com

Uttar-Manavvaad

by Vivek Singh

Rishabh Kumar

ISBN : 978-93-7348-676-5

Philosophy/Non-Fiction

मूल्य : ₹ 525

आर. टेक ऑफ़सेट, दिल्ली-110 032 में मुद्रित

वाणी प्रकाशन का लोगो मक़बूल फ़िदा हुसैन की कूची से

प्रस्तावना

यह पुस्तक 'उत्तर-मानववाद' उस बेचैनी, प्रश्नाकुलता और वैचारिक जिज्ञासा से जन्मी है, जो हमारे समय की सबसे बड़ी चुनौती, 'मनुष्य का भविष्य' से जुड़ी है। तकनीकी प्रगति, कृत्रिम बुद्धिमत्ता, जैव-प्रयोगों और डिजिटल संस्कृति के तीव्र विस्तार ने आज हमारे अनुभव, सोच और संवेदना के स्वरूप को गहराई से प्रभावित किया है। यह परिवर्तन केवल बाहरी नहीं, बल्कि अस्तित्व के स्तर पर है, जहाँ मनुष्य, प्रकृति और तकनीक के बीच की सीमाएँ पहले से कहीं अधिक धुँधली होती जा रही हैं।

इस पुस्तक को लिखने का हमारा उद्देश्य केवल सैद्धान्तिक विमर्श प्रस्तुत करना नहीं था, बल्कि यह समझना भी था कि इन निरन्तर परिवर्तनों के बीच 'मनुष्य होने' का अर्थ क्या रह गया है। क्या हम अब भी अपनी चेतना, नैतिकता और संवेदना के स्वामी हैं, या फिर हम स्वयं उस तकनीकी व्यवस्था का हिस्सा बन चुके हैं, जिसे हमने कभी निर्मित किया था? यह पुस्तक इसी द्वन्द्व से उत्पन्न हुई है, जहाँ मनुष्य और अमानव, जैविक और कृत्रिम, नैतिक और यान्त्रिक के बीच नये संवाद सम्भव होते हैं। हमने इसे उन पाठकों के लिए लिखा है जो अपने समय की जटिलताओं को केवल समझना नहीं, बल्कि उनके साथ विचार और संवाद करना चाहते हैं।

इस पुस्तक की वैचारिक प्रेरणा उस बौद्धिक परम्परा से जुड़ी है जिसने मानव-केन्द्रित विचारधारा की सीमाओं को प्रश्नांकित किया है। आधुनिकता ने जहाँ 'मनुष्य' को समस्त अस्तित्व का केन्द्र बनाया, वहीं उत्तर-आधुनिकता और समकालीन सिद्धान्तों ने इस केन्द्रीकरण को गहराई से चुनौती दी है। तकनीक, पूँजी और विज्ञान के प्रसार ने मनुष्य के अस्तित्व को जितना सशक्त किया, उतना ही उसे उसके आत्म-ज्ञान और संवेदनशीलता से भी दूर किया है।

"उत्तर-मानववाद" इसी विस्थापन के बीच जन्म लेता है, एक ऐसा बौद्धिक प्रयास जो मनुष्य को उसके प्रभुत्वशाली स्थान से हटा कर उसे एक व्यापक पारिस्थितिक, सांस्कृतिक और भावनात्मक ताने-बाने का हिस्सा मानता है। यह विचार केवल दार्शनिक या सैद्धान्तिक नहीं, बल्कि गहराई से नैतिक और अस्तित्वगत है। हमारे लिए यह पुस्तक एक अकादमिक अभ्यास से अधिक एक आत्म-संवाद है, अपने समय, अपनी तकनीकी निर्भरता और अपनी नैतिक ज़िम्मेदारियों के साथ। इसमें यह विश्वास निहित है कि "उत्तर-मानववाद" कोई अन्त नहीं, बल्कि एक नई शुरुआत है, एक ऐसा क्षण, जहाँ हम अपने अस्तित्व, संवेदना और भविष्य को नए सिरे से परिभाषित करने का साहस करते हैं।

इस पुस्तक की यात्रा किसी निश्चित उत्तर की ओर नहीं, बल्कि निरन्तर प्रश्न करने की ओर अग्रसर है। "उत्तर-मानववाद" एक ऐसी दृष्टि प्रस्तुत करता है जो मनुष्य को उसकी सत्ता से नहीं, बल्कि उसकी संवेदनशीलता से पहचानती है। जब हम यह स्वीकार करते हैं कि चेतना केवल मानव विशेषाधिकार नहीं, बल्कि एक साझा अस्तित्वगत अनुभव है, तब हम जीवन को एक नई नैतिकता और सह-अस्तित्व की भाषा में पढ़ना शुरू करते हैं।

यह पुस्तक इस बात की ओर भी संकेत करता है कि मनुष्य का भविष्य केवल उसकी तकनीकी प्रगति में नहीं, बल्कि उसके नैतिक विवेक और पारस्परिक करुणा में निहित है। तकनीक हमें गति देती है, पर अर्थ नहीं; ज्ञान हमें शक्ति देता है, पर दिशा नहीं। यह दिशा केवल संवेदना, सह-अस्तित्व और नैतिक आत्मबोध से ही सम्भव है।

"उत्तर-मानववाद" उस सतत खोज का नाम है, जो मानवता को उसकी सीमाओं से परे जाकर स्वयं को नए अर्थों में पुनः खोजने और पुनः गढ़ने का अवसर देती है। यह पुस्तक उन सभी के लिए है जो केवल ज्ञान के पाठक नहीं, बल्कि विचार और आत्मबोध की इस यात्रा में हमारे साथ सह-यात्री बनना चाहते हैं। इस ग्रन्थ को लिखते हुए हमारा उद्देश्य किसी निष्कर्ष तक पहुँचना नहीं था, बल्कि उस संवाद को जीवित रखना था जो हमें हमारी मनुष्यता, उसकी जटिलताओं और उसके सम्भावित भविष्य से जोड़ता है। यदि यह संवाद पाठकों के भीतर किसी नए विचार, प्रश्न या संवेदना को जन्म दे सके, तो हमारी यह लेखन-यात्रा सार्थक होगी।

हमने अपनी पुस्तक 'उत्तर-मानववाद' के कवर पृष्ठ के लिए लियोनार्डो दा विंची की प्रसिद्ध कलाकृति Vitruvian Man को इसलिए चुना है क्योंकि यह केवल एक ऐतिहासिक चित्र नहीं, बल्कि मानवता की उस वैचारिक यात्रा का प्रतीक है जिसने सदियों तक मनुष्य को तर्क, अनुपात और सन्तुलन के सार्वभौमिक मानक के रूप में स्थापित किया। यह आकृति उस मानव-केन्द्रित दार्शनिक परम्परा को दर्शाती है जिसके आधार पर दुनिया को समझने और परिभाषित करने के ढाँचे तैयार हुए। उत्तर-मानववाद इन स्थापित मान्यताओं की पुनर्समीक्षा करता है। यह प्रश्न उठाता है कि जब आधुनिक प्रौद्योगिकी, कृत्रिम बुद्धिमत्ता, जैव-इंजीनियरिंग, साइबोर्ग शरीर और डिजिटल परिवेश मानव सीमाओं को लगातार बदल रहे हों, तब 'मनुष्य' की अवधारणा किस रूप में पुनर्गठित हो रही है। Vitruvian Man का उपयोग इस परिवर्तनशील बौद्धिक यात्रा को दृश्य भाषा प्रदान करता है। एक ओर यह चित्र उस ऐतिहासिक क्षण की स्मृति जगाता है जब मनुष्य को ब्रह्मांड का केन्द्र माना गया था; दूसरी ओर यह आज के उस समय की ओर संकेत करता है जहाँ यह केन्द्र स्थिर नहीं, बल्कि निरन्तर पुन:परिभाषित हो रहा है। यही द्वन्द्ध इसे पारम्परिक मानववाद और उभरते उत्तर-मानववादी विचारों के बीच एक गहरा वैचारिक सेतु बनाता है। कवर पर इस चित्र की उपस्थिति पाठकों को पुस्तक के मूल उद्देश्य की ओर आमन्त्रित करती है। यह संकेत देती है कि यह कृति 'मनुष्य होने' की पारम्परिक परिभाषा को दोहराने के बजाय उन नई दिशाओं की खोज करती है जहाँ मानव, कृत्रिम, जैविक और डिजिटल आयाम एक दूसरे में विलय होकर एक नया दार्शनिक परिदृश्य रच रहे हैं। इस तरह Vitruvian Man कवर पर केवल एक चित्र नहीं, बल्कि उस संवाद का प्रवेश-द्वार बन जाता है, जो हमारी बदलती मानवता को समझने की यात्रा से जुड़ा है।

हमने कुछ अंग्रेज़ी और तकनीकी/वैज्ञानिक शब्दों का हिन्दी में अनुवाद नहीं किया। इसका कारण यह था कि उनके लिए कोई ऐसा हिन्दी शब्द नहीं मिला जो अर्थ और सन्दर्भ दोनों में समान रूप से सटीक हो। उदाहरण के लिए, "Artificial Intelligence" या "Bio-Technology" जैसे शब्दों का हिन्दी अनुवाद कई बार अर्थ और प्रभाव दोनों में कमज़ोर पड़ जाता है। दूसरी ओर, जिन शब्दों का हमने अनुवाद किया है, वे हिन्दी में सहज और स्पष्ट

रूप से समझाए जा सकते थे, ताकि पाठक विमर्श और विचारधारा को बिना किसी बाधा के ग्रहण कर सकें।

हमने यह पुस्तक "उत्तर-मानववाद (Post-humanism)" हिन्दी में लिखने का निर्णय इसलिए लिया, क्योंकि हमारा उद्देश्य था कि यह विचारधारा सीधे हिन्दी पाठकों तक पहुँचे। अक्सर गहन और नई दार्शनिक अवधारणाएँ केवल अंग्रेज़ी या अन्य विदेशी भाषाओं में उपलब्ध होती हैं, जिससे हिन्दी भाषी पाठकों के लिए उन्हें समझना कठिन हो जाता है। हमने यह पुस्तक इसलिए हिन्दी में लिखी कि यह ज्ञान और विचार सीधे उनकी अपनी भाषा में पहुँच सकें और वे उन्हें सहज रूप से आत्मसात कर सकें।

इसके अलावा, हमारे कई छात्र, जो विभिन्न विषयों और अनुशासनों से हैं, ने बार-बार अनुरोध किया कि हम इस तरह की पुस्तक हिन्दी में लिखें। उन्होंने महसूस किया कि हिन्दी में उपलब्ध सामग्री सीमित है और गहन दार्शनिक या विचारपरक अवधारणाओं को अपनी मातृभाषा में समझना उनके अध्ययन और अनुसंधान के लिए अत्यन्त उपयोगी होगा। इसी कारण हमने इस पुस्तक में प्रयास किया कि जटिल विचार और सिद्धान्त सरल, स्पष्ट और हिन्दी भाषी पाठकों के लिए प्रासंगिक रूप में प्रस्तुत किए जाएँ।

हमने हमेशा यह कोशिश की है कि यह पुस्तक हर पाठक के लिए समझने योग्य बने। हमने जानबूझकर इसे जटिल बनाने से परहेज़ किया है। कठिन तर्कों और अवधारणाओं को स्पष्ट करने के लिए हमने उदाहरणों का प्रयोग किया है, ताकि ये विचार सहज रूप से समझ में आएँ और पाठक उन्हें अपने अनुभव और अध्ययन में लागू कर सकें।

उत्तर-मानववाद का भविष्य भारत में अत्यन्त उत्साहजनक और चुनौतीपूर्ण दोनों रूपों में दिखाई देता है। जैसे-जैसे हमारी सामाजिक संरचना, शिक्षा और विज्ञान-प्रौद्योगिकी के क्षेत्र में तेज़ी से परिवर्तन हो रहे हैं, उत्तर-मानववाद एक मार्गदर्शक विचारधारा के रूप में उभर रहा है, जो मानव की सर्वोत्तम सम्भावनाओं को समझने, पहचानने और विकसित करने की दिशा में हमें प्रेरित करता है। भारत जैसे विविधताओं से भरे देश में, जहाँ सांस्कृतिक, भाषाई और सामाजिक भिन्नताएँ प्रचुर मात्रा में हैं, उत्तर-मानववाद यह सन्देश देता है कि श्रेष्ठ मानवता केवल ज्ञान, शक्ति या तकनीकी उपलब्धियों तक सीमित

नहीं है, बल्कि यह संवेदनशीलता, सामाजिक ज़िम्मेदारी और मानवीय मूल्यों के सशक्त संरक्षण में निहित है।

आने वाले समय में इस विचारधारा का सबसे बड़ा योगदान यह होगा कि यह शिक्षा, कला, विज्ञान और नीति-निर्माण के क्षेत्रों में समग्र मानव विकास के लिए नई दिशा और दृष्टिकोण प्रदान करेगी। इसके माध्यम से भारत के नागरिक व्यक्तिगत और सामाजिक दोनों स्तरों पर अपनी क्षमता का पूर्ण विकास कर पाएँगे और एक ऐसा समाज निर्मित करेंगे जो समानता, करुणा, सहयोग और नवाचार के आदर्शों पर आधारित होगा।

उत्तर-मानववाद न केवल सोचने और समझने का तरीक़ा बदलता है, बल्कि यह हमारे जीवन, समाज और भविष्य के लिए एक नई दृष्टि प्रस्तुत करता है। यदि आने वाले वर्षों में यह विचारधारा हमारी सामाजिक नीतियों और दैनिक जीवन में गहराई से स्थापित हो सके, तो भारत न केवल तकनीकी और आर्थिक क्षेत्र में, बल्कि नैतिक, सांस्कृतिक और मानवीय प्रगति में भी अग्रणी भूमिका निभा सकता है।

—डॉ. विवेक सिंह और ऋषभ कुमार

अनुक्रम

1
अस्थिर आधुनिकता

वे कौन-सी विशेषताएँ हैं जो हमारे आधुनिक जीवन को परिभाषित करती हैं? वे कौन-से लक्षण हैं जो हमारे जीवन जीने का अभिन्न अंग बन चुके हैं? वे कौन-से मूल तत्त्व हैं जिस पर विचार किये बिना हम अपने आधुनिक समाज को नहीं समझ सकते? क्या ये तत्त्व पहले से ही हमारे समाज के हिस्सा थे जिन्हें हम समझने में असमर्थ थे या फिर ऐसी स्थितियाँ बनीं कि वह उभर कर हमारे सामने आ गये? ऐसे बहुत सारे प्रश्न हैं जिन पर विचार करना अति आवश्यक है, क्योंकि बिना सही प्रश्न किये आज के आधुनिक समाज को नहीं समझा जा सकता है।

इन प्रश्नों पर जाने से पहले ठोस और द्रवित पदार्थ में अन्तर क्या है इस पर विचार करेंगे। हम इस पर विचार इसलिए करना चाहते हैं क्योंकि इन प्रश्नों के उत्तर कहीं न कहीं इसी में छुपे हैं। द्रव्यता, द्रव्य पदार्थ की पहचान कराती है। ठोस पदार्थ द्रवित इसीलिए नहीं है क्योंकि उसमें द्रव्यता नगण्य होती है। यदि द्रवित पदार्थ पर दबाव डाला जाये तो यह अपने प्रारूप को बदल सकता है और यह बहुत सारे रूप ले सकता है। इसका कोई एक निश्चित आकार नहीं होता है। ठोस पदार्थ के अणु एक-दूसरे को इतनी मज़बूती से पकड़े रहते हैं कि एक सीमा तक उन पर किसी भी दबाव का कोई असर नहीं होता है। वे एक-दूसरे को इस तरह से सँजोकर रखते हैं कि एक-दूसरे से अलग न हों। जबकि द्रवित पदार्थ बने ही ऐसे होते हैं कि वे अपने को पहले से तैयार रखते हैं कि अगर ज़रूरत पड़ी तो वे अपने अणुओं को एक-दूसरे से दूर जाने देंगे। एक-दूसरे से मज़बूती से अनुबन्धित होना ठोस पदार्थ की विशेषता है। जबकि अस्थिरता, द्रवित पदार्थ को परिभाषित करती है।

यह रूपक का प्रयोग हमने इसलिए किया, जिससे आज के समाज को और अच्छे से समझा जा सके। द्रवित पदार्थ का अपना कोई आकार नहीं होता, वह किसी भी आकार को अपनाने के लिए तैयार रहता है। द्रवित पदार्थ का अपना कोई निश्चित स्थान भी नहीं होता है, अगर होता है तो वो बस उस क्षण के लिए होता है। ठोस पदार्थ समय के बदलने पर भी अपने स्वरूप को नहीं छोड़ता। इसके विपरीत, द्रवित पदार्थ अपने स्वरूप को बदलने के लिए तत्पर रहता है। ठोस पदार्थ के लिए जगह अधिक महत्त्वपूर्ण होती है, न कि समय। वहीं द्रवित पदार्थ के लिए जगह का कोई विशेष अर्थ नहीं होता। दिलचस्प बात तो यह है कि जब ठोस पदार्थ और द्रवित पदार्थ मिलते हैं, तो द्रवित पदार्थ पर कोई असर नहीं होता है, जबकि ठोस पदार्थ प्रभावित हो जाता है और गीला हो जाता है। ठोस पदार्थ के अणु, जो आपस में मज़बूती से जुड़े जोते हैं, इस प्रक्रिया से प्रभावित होते हैं।

अगर हम तरल पदार्थ के बारे में सोचें तो लगता है कि यह हल्का होता है, इसका भार कम होता है। एक तरफ़ जहाँ हम इसकी विशेषता में पाते हैं कि यह ठोस पदार्थ की अपेक्षा इसमें गतिशीलता अधिक होती है। वहीं हम यह भी समझते हैं कि इसे असंगति, अस्थिरता और अनुरूपता परिभाषित करती है, जो कि हम आज के समय में भी देख सकते हैं। आज का समाज द्रवित पदार्थ की तरह है, जो अस्थिर है। यह अपने समय के अनुसार ढलता रहता है, जिसमें जड़ों का महत्त्व नहीं रहता। वर्तमान समाज अपनी व्यवस्थाओं को हमेशा परिवर्तनशील बनाये रखता है और नयी परिस्थितियों को स्वीकार करने को हमेशा तत्पर रहता है, और इस समाज के लोगों के लिए परम्परा, सम्बन्ध, और भावनाएँ अब शायद कोई मायने नहीं रखती हैं।

अब एक जो प्रश्न उठता है वह यह कि क्या हम पुरानी जड़ता से चिपके रहें और उससे आगे न बढ़ें? क्या यह ज़रूरी नहीं है कि हम पुराने जंग लगे हुए ठोस पदार्थ से एक नये पदार्थ का निर्माण करें जो कि नवीन हो? ये बात सही लगती है कि अगर कोई भी ऐसी चीज़ जो समय के साथ जंग लगे हुए ठोस पदार्थ को न बदलने के लिए मजबूर करती है उसे हमें छोड़ देना चाहिए। लेकिन हम जो भूल चुके हैं वो यह है कि हम ऐसा इसलिए नहीं करना चाह रहे थे कि हम ठोस पदार्थ से छुटकारा पाना चाह रहे हैं, बल्कि इसलिए कि एक

नये और सुसज्जित ठोस पदार्थ का निर्माण कर सकें। हमने एक टूटे-फूटे ठोस पदार्थ को इसलिए त्याग दिया था जिससे कि एक नया ठोस पदार्थ मिल सके।

लेकिन क्या यह सच नहीं है कि हम अब इस बात को भूल चुके हैं? और हम इस बात पर भी विचार नहीं कर रहे हैं कि उसके स्थान पर हमने एक अस्थिर, तरल पदार्थ को लाकर रख दिया है जिसका अपना कोई स्थायी स्वरूप ही नहीं है, जिसका स्वभाव ही यही है कि वह अपने अणुओं को एक साथ नहीं रख सकता। अगर हम थोड़ा रुककर सोचें तो हम पायेंगे कि हम पुराने जर्जर ठोस को इसलिए हटाना चाहते थे ताकि एक ऐसे ठोस पदार्थ की संरचना कर सकें या खोज सकें, जिसके ठोसपन पर हमें विश्वास हो, जिसमें एक उम्मीद हो, एक आशा की किरण हमारे आने वाली पीढ़ी को दिखे।

हम पुराने ठोस पदार्थ को बदलना इसीलिए नहीं चाहते थे कि हर समय एक अनिश्चितता और डर में जियें कि आगे ये कौन-सा रूप लेने वाला है, हमें पता ही नहीं है। हम हमेशा अस्थिर रहने वाले पदार्थ का निर्माण नहीं करना चाहते थे। जब आप एक घर का निर्माण करते हो और चाहते हो कि वो स्थिर बना रहे एक उम्मीद बनाये रखें कि हम अगर यहाँ तक पहुँच गये तो एक सुकून से ज़िन्दगी बीत जायेगी। ऐसा नहीं कि आपके घर की निर्माण-कार्य सामग्री इतनी अस्थिर है कि वो आपको वहाँ भी चैन से सोने न दे। और जब आपको लगा कि इसकी मरम्मत करके एक अच्छे घर का निर्माण किया जाये तो हमने ऐसा घर बना दिया कि न हम सुरक्षित हैं और न हमारी आने वाली पीढ़ी।

यहाँ पर यह समझना ग़लत होगा कि फिर से टूटे-फूटे घर में रहना ही अच्छा था। पीछे तो अब जाया नहीं जा सकता तो यह सोचना निरर्थक होगा और पीछे जाना कोई समाधान नहीं है। विचार यह करना है कि अब हम सब अस्थिरता के शिकार हो चुके हैं और नये-नये ख़तरों के सम्पर्क में आ चुके हैं। हम असुरक्षित और आशाविहीन खुले घूम रहे हैं।

आज के समाज को समझने के लिए हमें तरल रूपक का प्रयोग उपयुक्त होगा। ज़िग्मंट बाउमन ने समाज को परिभाषित करने के लिए तरल शब्द का उपयोग किया था। तरल एक रूपक है जो आज की ज़िन्दगी में लगातार हो रहे बदलाव और इसकी अस्थिरता को व्यक्त करने के लिए उपमा की तरह

उपयोग किया जाता है। ज़िन्दगी के विभिन्न पहलुओं पर विचार करने से पहले, हम यह व्याख्या करना चाहेंगे कि इसे कैसे देखा और समझा जाए।

हम एक भूमंडलीकृत समाज में जी रहे हैं, जहाँ लोग, पैसा और सूचना बहुत ही आसानी से एक सीमा से दूसरी सीमा तक पहुँच या पहुँचाया जा सकता है। कहने का मतलब यह हुआ कि पारम्परिक सीमाएँ अब नहीं रहीं या फिर यूँ कहें कि सीमाएँ हैं भी या नहीं। और जब सीमाएँ भंग कर दी जाती हैं तो किसी भी चीज़ की गति एक जगह से दूसरी जगह जाने में बढ़ जाती है। गति हमेशा अच्छी नहीं होती, क्योंकि स्थिरता में ठहराव होता है।

काशी हिन्दू विश्वविद्यालय के अंग्रेज़ी स्नातक के पहली छमाही के पाठ्यक्रम में रॉबर्ट लुईस स्टीवेंसन का एक निबन्ध है 'वाकिंग टूर्स' जिसमें वह लिखते हैं कि आप अगर सैर करने जायें तो अपने आप को समय दें। जल्दबाज़ी में सैर को समाप्त न करें। उनके कहने का अभिप्राय यह है कि हमारे अन्दर स्थिरता होनी चाहिए जब हम किसी चीज़ को समझने या देखने का प्रयास कर रहे हैं, नहीं तो वह चीज़ हमें अधूरी ही समझ आती है। हमारे स्वभाव की स्थिरता, न कि तरलता, किसी चीज़ को पूर्ण बनाती है।

परन्तु आज के वैश्वीकरण के दौर में सीमाओं का लुप्त हो जाना आधुनिक जीवन में तरलता को और प्रबल बनाता है। एक पल के लिए सोचिए कि क्या ऐसा हो सकता है कि एक दिन हम सब कहीं न आयें न जायें, बस अपने घर पर रहें, अपने लोगों से बात करें, और उससे ज़्यादा महत्त्वपूर्ण है कि अपने आप को समय दें। कहने को तो लोग कहते हैं कि यह सब आप अपने लिए कर रहे हो, कड़ी मेहनत करो, आलसी मत बनो। लेकिन इन सारी बातों का अभिप्राय हमारी ज़िन्दगी को अच्छी बनाने के लिए नहीं बल्कि 'आधुनिक जीवन' की तरलता में रुकावट न आये, इसलिए है। हम एक ऐसी स्थिति में जी रहे हैं जहाँ पर हमारे पास विकल्प ही नहीं हैं कि हम ठहर सकें।

एक वाकया याद आता है जब मैं कैलिफ़ोर्निया के लॉस एंजेल्स शहर में अपने एक मित्र के साथ सांता मोनिका पियर के पास बातें कर रहा था। उसने मुझे बताया कि हमारी ज़िन्दगी बहुत व्यस्त है, हम चाह कर भी किसी के लिए नहीं रुक सकते। अगर अमेरिका में रहना है तो बस चलते रहना है। कोई अगर हमारी सहायता चाहता है हम चाहते हुए भी नहीं कर सकते

क्योंकि फिर हम रुक जायेंगे। ये घटना केवल अमेरिकी जीवन के बारे में नहीं है, बल्कि आधुनिक जीवन के बारे में है। यह सिर्फ़ कैलिफ़ोर्निया के लॉस एंजेल्स जैसे शहरों के लोगों के बारे में नहीं, बल्कि उन सब के बारे में है जो आधुनिक जीवन का हिस्सा बन चुके हैं। कहने को लोग कहते हैं कि आपके पास विकल्प है कि आप इस जीवन का हिस्सा बनें या न बनें। लेकिन सच तो यह है कि आपके पास वास्तव में कोई विकल्प नहीं है। आप अगर हिस्सा नहीं बनेंगे तो आपका कोई अस्तित्व ही नहीं होगा।

आधुनिक जीवन की विशेषता है कि यह अनिश्चितता को जन्म देता है। आप किसी भी चीज़ के बारे में आश्वस्त नहीं हैं। आपकी नौकरी आज है कल नहीं है। आप कभी भी अपने घर की बालकनी में चाय पीते हुए ये नहीं कह सकते हैं कि आने वाले समय में आप इसी तरह चाय इसी बालकनी में पीते रहेंगे। कहने का मतलब यह है कि आधुनिक जीवन को समझने के लिए उसके एक-एक अंग को समझना होगा, और इनमें से एक अभिन्न अंग है अनिश्चितता, जिसके बिना वो आधुनिक जीवन कहलायेगा ही नहीं।

आधुनिक जीवन को तरल कहने का मतलब है कि रिश्ते, संस्थाएँ, सामाजिक ढाँचे ये सब बहुत ही लचीले हो गये हैं और पहले से बहुत कम स्थिर भी। हमारा समाज अब उपभोक्ता संस्कृति को बढ़ावा देता है। पहले हमें अपनी ज़रूरतों को पूरा करने के लिए जो भी लोग होते थे, उनके पास हम जाते थे, उनसे वह सामान ख़रीदते थे और एक बन्धन विकसित होता था। आज की ऑनलाइन ख़रीदारी में ऐसा कुछ नहीं है। हम अब पैसे का आदान-प्रदान करते हैं न कि भावनाओं का। हमारी भावनाएँ अब लोगों से ज़्यादा वस्तुओं पर निवेश होती हैं। अब हमें त्वरित सन्तुष्टि चाहिए और वह चाहे जहाँ से मिले, उसको हम महत्त्व देते हैं। हमारी आसक्ति अब क्षणिक हो गयी है। आज किसी चीज़ पर है, कल किसी और चीज़ पर। हमें उपभोक्ता संस्कृति में तरल की तरह अनुकूल बना दिया गया है। कहने का अभिप्राय यह है कि अब हम लम्बे स्थिर सम्बन्धों पर विश्वास नहीं करते हैं। अब हम रिश्तों में गहराई से ज़्यादा लचीलेपन की उम्मीद करते हैं।

ऐसी बहुत सारी धारणाएँ हैं जो कहती हैं कि हमें आधुनिक जीवन में आज़ादी मिली। आधुनिक जीवन इसलिए ख़ूबसूरत है क्योंकि हमें आज़ादी

क्या होती है समझने का मतलब पता चला। हमें नहीं पता कि वे धारणाएँ किस अर्थ में बात करती हैं। थोड़ी देर के लिए हम 'आज़ादी' के अर्थ को समझने का प्रयास करें। दरअसल, आज़ादी अपने आप में न तो कोई पूर्ण और न ही स्वतन्त्र अर्थ रखती है; इसका अर्थ तभी बनता है जब हम यह तय करें कि हमें किस चीज़ से आज़ादी चाहिए। उदाहरण के लिए, समाज से। लेकिन ये तो असम्भव है कि कोई समाज के बिना रह सके। यहाँ तक कि जानवर को भी रहने के लिए जंगल चाहिए होता है। तो ये कहना कि कोई समाज से छुटकारा पा जाये, यह कहने का कोई मतलब नहीं है। शायद जो कहना चाहते हैं वो यह है कि हमें आज़ादी चाहिए होती है उन अवरोधों से जो हमें किसी भी चीज़ को करने से रोकते हैं। कहने का मतलब यह है कि आधुनिक जीवन में हमें अवरोधों से मुक्ति मिली है। हम अपनी इच्छानुसार कार्य कर सकते हैं। यहाँ दो चीज़ें महत्त्वपूर्ण हैं, एक तो किसी कार्य का करना या होना और दूसरी अपनी इच्छा के अनुसार। तब सही मायने में आज़ादी का मतलब निकल के बाहर आयेगा। आज़ादी का मतलब हम किसी चीज़ को करने के लिए स्वतन्त्र महसूस कर रहे हैं। हम आधुनिक जीवन को स्वीकार कर लेंगे अगर यह वास्तव में हमें आज़ादी दिला दे जिस तरह से हम इसे समझते हैं।

हमारे लिए यह एक जटिल प्रश्न है, क्या हमारी आज़ादी वास्तविक है, या केवल उसका भ्रम भर है? अगर हम ध्यान से देखें तो हमारे पास न काम करने की आज़ादी है, न अपनी इच्छा के अनुसार किसी काम करने की। आप जो भी काम करते हैं वह आप मजबूरी में करते हैं। हम यहाँ सामान्य परिस्थितियों की बात कर रहे हैं। हमारे विकल्प भी आधुनिक जीवन के द्वारा आकार दिये जाते हैं और हमें लगता है कि हम अपनी पसन्द से काम कर रहे हैं, जबकि यह वास्तविक नहीं है।

यहाँ हम इस बात पर चर्चा कर सकते हैं कि कैसे चिकित्सा विज्ञान हमारे जीवन और जीवनशैली को नियन्त्रित कर रहा है। जैसे कि जिम जाना या जॉगिंग करना अब मात्र एक व्यक्तिगत पसन्द नहीं रह गया है, बल्कि ऐसा लगता है कि यदि हम ऐसा नहीं करते, तो जैसे कोई पाप कर रहे हों। एक तर्क यह दिया जा सकता है कि यह हमारे स्वास्थ्य के लिए है, लेकिन सच्चाई यह है कि चिकित्सा विज्ञान हमारे जीवन को नियन्त्रित कर रहा है और हमें यह विश्वास दिलाया जाता है कि यह सब हमारे हित में किया जा रहा है।

मैंने अपनी पुस्तक *उत्तर-सत्यवाद* में पहले ही इस पर चर्चा की है कि कैसे विभिन्न शोध संस्थानों द्वारा किये गये शोधों में हेरफेर किया जाता है ताकि वे नव-उदारवादी बाज़ार के हितों के अनुरूप हों। मैं कहीं यह नहीं कह रहा कि हमें अपने स्वास्थ्य की चिन्ता नहीं करनी चाहिए। लेकिन मेरा सवाल हमारे चुनावों को लेकर है कि क्या हम जिम इसलिए जा रहे हैं क्योंकि हमने ख़ुद यह निर्णय लिया, या फिर हमारे निर्णय पर विज्ञापन कम्पनियों और मीडिया का प्रभाव है?

यह एक गहन और विचारोत्तेजक प्रश्न है कि क्या हमें वास्तव में अपनी इच्छा के अनुसार काम करने की स्वतन्त्रता प्राप्त है, या हम केवल एक प्रणाली के भीतर पूर्व निर्धारित विकल्पों के बीच चयन करने की छद्म स्वतन्त्रता का अनुभव कर रहे हैं। जब हम इस प्रश्न को गहराई से देखते हैं, तो हमें महसूस होता है कि आधुनिक समाज में हमारी स्वतन्त्रता केवल सतही है। हम जिन विकल्पों को स्वतन्त्र मानते हैं, वे वास्तव में हमारे आसपास की सामाजिक, आर्थिक और तकनीकी संरचनाओं द्वारा आकार दिये गये होते हैं। इस विषय में, हर्बर्ट मार्क्यूज़ की पुस्तक 'वन-डायमेंशनल मैन': स्टडीज़ इन द आइडियोलॉजी ऑफ़ एडवांस्ड इंडस्ट्रियल सोसाइटी एक महत्त्वपूर्ण आलोचनात्मक दृष्टिकोण प्रस्तुत करती है, जो यह दर्शाती है कि किस प्रकार आधुनिक औद्योगिक समाज स्वतन्त्रता के भ्रम को बनाये रखता है, जबकि वास्तव में यह व्यक्तियों को एक नियन्त्रित और पूर्व निर्धारित ढाँचे में सीमित करता है।

जैसे कि स्वतन्त्रता क़ी पारम्परिक अवधारणा यह विचार प्रस्तुत करती है कि एक व्यक्ति को अपनी इच्छानुसार जीवन जीने, करियर चुनने, और किसी भी विचार को व्यक्त करने की स्वतन्त्रता होनी चाहिए। यह विचार उदारवादी दर्शन और लोकतांत्रिक समाजों की आधारशिला रहा है। लेकिन जब हम आधुनिक समाज की संरचना को देखते हैं, तो पाते हैं कि यह स्वतन्त्रता केवल एक सैद्धान्तिक अवधारणा है, न कि व्यावहारिक वास्तविकता। मार्क्यूज़ का तर्क है कि आधुनिक औद्योगिक समाज में व्यक्ति की सोच और व्यवहार को इस तरह ढाल दिया जाता है कि वह बिना किसी प्रतिरोध के व्यवस्था के अनुरूप ढल जाता है।

तकनीकी प्रगति और पूँजीवादी उपभोक्तावाद के बढ़ते प्रभाव ने हमें एक ऐसे समाज में डाल दिया है जहाँ व्यक्ति को लगता है कि वह अपने निर्णय स्वयं ले रहा है, लेकिन वास्तव में उसके निर्णय पहले से ही विभिन्न संस्थानों, मीडिया, और सामाजिक संरचनाओं द्वारा नियन्त्रित किये गये होते हैं। उदारवादी लोकतन्त्रों में स्वतन्त्रता के नाम पर जो विकल्प प्रस्तुत किये जाते हैं, वे अक्सर सतही होते हैं। उदाहरण के लिए, एक उपभोक्ता को लगता है कि वह अपनी पसन्द के अनुसार कोई उत्पाद ख़रीद रहा है, लेकिन उसकी पसन्द पहले से ही विज्ञापन, ब्रांडिंग और सामाजिक प्रवृत्तियों द्वारा निर्देशित की जा चुकी होती है। इसी तरह, एक कर्मचारी को यह विश्वास दिलाया जाता है कि वह अपनी पसन्द से करियर चुन रहा है, लेकिन वास्तव में उसकी पसन्द बाज़ार की माँग और पूँजीवादी उत्पादन प्रणाली द्वारा सीमित होती है।

मार्क्यूज़ ने अपने विश्लेषण में इस बिन्दु को स्पष्ट किया कि आधुनिक औद्योगिक समाज एक 'एक-आयामी सोच' को बढ़ावा देता है। इसका अर्थ यह है कि व्यक्ति को इस तरह प्रशिक्षित किया जाता है कि वह केवल व्यवस्था के अनुरूप सोच सके और किसी वैकल्पिक सम्भावना की कल्पना न कर सके। आधुनिक समाज में शिक्षा, मीडिया, और संस्कृति इस प्रकार कार्य करते हैं कि वे आलोचनात्मक सोच को हतोत्साहित करते हैं। उदाहरण के लिए, जब कोई व्यक्ति यह सोचता है कि वह किसी कार्य को अपनी इच्छा से कर रहा है, तो वास्तव में यह इच्छा स्वयं समाज द्वारा निर्मित की गयी होती है। हम अक्सर सुनते हैं कि 'अपने शौक़ का पालन करो' या 'जो तुम्हें पसन्द है वही करो,' लेकिन यह पसन्द कैसे बनती है? हमें यह सोचने पर मजबूर कर दिया जाता है कि सफलता का मापदंड क्या है, और इसी के आधार पर हम अपनी इच्छाओं को परिभाषित करने लगते हैं। इस प्रकार, व्यक्ति जो भी निर्णय लेता है, वह अन्ततः व्यवस्था के अनुरूप ही होता है।

अपनी पुस्तक में मार्क्यूज़ बताते हैं कि पूँजीवादी समाज में व्यक्ति को ऐसा प्रतीत होता है कि वह स्वतन्त्र है, लेकिन वास्तव में उसे 'नियन्त्रित स्वतन्त्रता' दी जाती है। उदाहरण के लिए, हमें विभिन्न राजनीतिक दलों में से किसी एक को चुनने का विकल्प दिया जाता है, लेकिन ये सभी दल मूलभूत रूप से उसी प्रणाली का समर्थन करते हैं, जो वर्तमान सत्ता-संरचना को बनाये

रखने में सहायक होती है। इसी तरह, हमें कई प्रकार की नौकरियों, उत्पादों और जीवनशैली के विकल्प दिये जाते हैं, लेकिन ये सभी विकल्प उसी व्यापक आर्थिक और सामाजिक ढाँचे के भीतर सीमित रहते हैं।

अगर हम इस प्रश्न पर विचार करें कि क्या हमें अपनी इच्छा के अनुसार काम करने की स्वतन्त्रता है, तो उत्तर नकारात्मक प्रतीत होता है। आज की दुनिया में अधिकांश लोग काम केवल इसीलिए करते हैं क्योंकि उन्हें आर्थिक रूप से जीवित रहना है। बहुत कम लोग वास्तव में अपने काम से आत्म सन्तुष्टि प्राप्त करते हैं, और अधिकांश लोग किसी न किसी प्रकार की मजबूरी में कार्य कर रहे होते हैं। यह स्थिति केवल निम्न वर्ग तक सीमित नहीं है; मध्य वर्ग और उच्च वर्ग भी पूँजीवादी संरचना के भीतर क़ैद हैं।

मार्क्यूज़ का तर्क है कि तकनीकी प्रगति और उत्पादन प्रणालियों के विकास के बावजूद, श्रम से मुक्ति नहीं मिली है। इसके विपरीत, श्रम का स्वरूप बदल गया है, और अब यह और भी जटिल और मानसिक रूप से नियन्त्रित करने वाला बन गया है। आज का श्रमिक केवल शारीरिक श्रम तक सीमित नहीं है; बल्कि उसे मानसिक रूप से भी पूरी तरह से प्रणाली के अधीन बना दिया गया है। उदाहरण के लिए, एक कार्यालय कर्मचारी को ऐसा प्रतीत होता है कि वह अपनी मर्ज़ी से काम कर रहा है, लेकिन उसके सभी कार्य कम्पनी की आवश्यकताओं और नीतियों द्वारा निर्देशित होते हैं। उसे नवाचार और सृजनात्मकता के अवसर दिये जाते हैं, लेकिन यह नवाचार भी केवल कम्पनी के हितों के भीतर ही सीमित रहता है।

एक और महत्त्वपूर्ण बिन्दु यह है कि आधुनिक समाज में स्वतन्त्रता और सन्तोष के बीच एक कृत्रिम सम्बन्ध स्थापित कर दिया गया है। हमें यह विश्वास दिलाया जाता है कि अगर हमारे पास भौतिक सुख-सुविधाएँ हैं, तो हम स्वतन्त्र हैं। लेकिन वास्तव में, यह सन्तोष केवल एक सामाजिक रूप से निर्मित स्थिति है। जब व्यक्ति को लगातार नये-नये उत्पादों, सेवाओं और जीवनशैली के आकर्षण में उलझाये रखा जाता है, तो वह वास्तविक स्वतन्त्रता और आत्म निर्णय की भावना से दूर हो जाता है। मार्क्यूज़ का तर्क है कि पूँजीवाद केवल आर्थिक प्रणाली नहीं है, बल्कि यह एक सांस्कृतिक और वैचारिक प्रणाली भी है, जो व्यक्तियों की इच्छाओं और मूल्यों को नियन्त्रित

करती है। यह व्यवस्था उपभोक्तावाद को बढ़ावा देती है, जिससे लोग भौतिक वस्तुओं में अपनी पहचान खोजने लगते हैं। यह प्रक्रिया समाज में 'झूठी आवश्यकताओं' (false needs) को जन्म देती है, जो लोगों को यह विश्वास दिलाती है कि उनकी ख़ुशी और सन्तोष उन वस्तुओं और सेवाओं पर निर्भर करता है, जो बाज़ार में उपलब्ध हैं।

अब प्रश्न यह उठता है कि क्या इस परिस्थिति से बाहर निकलने का कोई रास्ता है? मार्क्यूज़ के अनुसार, स्वतन्त्रता की वास्तविक प्राप्ति केवल तब सम्भव है जब व्यक्ति अपनी आलोचनात्मक चेतना को पुनः प्राप्त करे और वर्तमान व्यवस्था की सीमाओं को पहचान सके। यह प्रक्रिया आसान नहीं है, क्योंकि समाज की संरचनाएँ इस तरह बनायी गयी हैं कि वे व्यक्ति को विरोध या असहमति व्यक्त करने से रोकती हैं। मार्क्यूज़ की आलोचना हमें यह समझने में मदद करती है कि किस प्रकार आधुनिक औद्योगिक समाज एक-आयामी सोच को बढ़ावा देता है और व्यक्तियों की आलोचनात्मक चेतना को सीमित करता है। यदि हम वास्तविक स्वतन्त्रता की ओर बढ़ना चाहते हैं, तो हमें अपने विकल्पों की संरचना को समझना होगा और उन सामाजिक ताक़तों की पहचान करनी होगी जो हमारी इच्छाओं और निर्णयों को प्रभावित करती हैं। केवल तभी हम एक अधिक स्वतन्त्र और प्रामाणिक जीवन की दिशा में आगे बढ़ सकते हैं।

एक महत्त्वपूर्ण सवाल यह है कि हम यह कैसे तय करें कि हम सचमुच आधुनिक हैं, या यह कहें कि क्या हमारा जीवन वास्तव में आधुनिक जीवन के अनुरूप है। इस प्रश्न पर आने से पहले, हम एक दिलचस्प सवाल उठाना चाहते हैं, वह यह कि 'मॉडर्न' को हिन्दी में क्या कहते हैं? हिन्दी में इसका सबसे नज़दीकी अनुवाद है 'आधुनिक' और इससे भी ज़्यादा रोचक यह है कि शब्द आधुनिक 19वीं शताब्दी तक प्रयोग में नहीं था और जो शब्द इस्तेमाल किया जाता था वह था 'नव्य', और अंग्रेज़ी शब्द 'न्यू' इसका सबसे नज़दीक का अनुवाद है, जिसे हम पश्चिमी शिक्षा और विचार को व्यक्त करने के लिए इस्तेमाल करते थे। दूसरा शब्द जो सबसे ज़्यादा उस समय प्रचलन में था वह था 'उन्नत', जिसे अंग्रेज़ी में 'प्रोग्रेस' कहा जाता है, और जिसको हम प्रगति भी कह सकते हैं। यह सब कहने का मतलब यह है कि 'मॉडर्निटी' का

सम्बन्ध 'मॉडर्न' से सम्बन्ध है न कि प्रगति जैसा हम अपने सभ्यता में समझते हैं। प्रगति का मतलब है कि हम जिस चीज़ को कर रहे हैं उसमें आगे कैसे बढ़ें। इसका मतलब यह नहीं है कि जो हम कर रहे हैं उसे छोड़कर कुछ दूसरा अपना लें या यूँ कहें कि अपने आप को एक नये तरीक़ों के हिसाब से अपनी उन्नति का मूल्यांकन करें। अगर हम ख़ुद को मापने का मापदंड ही बदल देंगे तो हमारे जीने के तरीक़े की प्रगति की परिभाषा भी बदल जायेगी। हमें अपने आप से पूछना चाहिए कि क्या हम प्रगति के रास्ते पर हैं, या आधुनिक होने के? क्योंकि इन दोनों के उत्तर अलग-अलग हैं और हम यह ग़लती कर बैठे हैं सोचने की कि दोनों एक-दूसरे के पर्याय हैं। क्योंकि जैसा हमने ऊपर बताया है कि हम आज के समय में अपने आप को नया बनाने के बजाय आधुनिक बनाने की होड़ में लगे हुए हैं। और उसका परिणाम यह हो रहा है कि हम अपनी संस्कृति से दूर जा रहे हैं।

आधुनिक होने का मतलब है 'सिविलाइज्ड' होना। हम जानबूझकर अंग्रेज़ी शब्द का प्रयोग कर रहे हैं, क्योंकि 'civilized' का हिंदी में अब तक हमें कोई ऐसा शब्द नहीं मिला जो इसके अर्थ के पर्याप्त करीब हो। अगर हम इसे सभ्य कहेंगे तो जो पश्चिमी समाज में अर्थ है 'सिविलाइज्ड' होने का वह सही तरीक़े से व्यक्त नहीं होगा। 'सिविलाइज्ड' होने का मतलब है कि एक तरीक़ा, जो पहले से दिया गया है और हमें उसे ही अपनाना है। उदाहरण के लिए अगर हम फाइव स्टार होटल में खाने जा रहे हैं तो वहाँ के नियम और तौर-तरीक़े पहले से तय होते हैं, जो आपको पता होना चाहिए। अगर आप उस तरीक़े को नहीं अपनाएँगे तो आप 'अनसिविलाइज्ड' कहलाएँगे। अब इसमें ध्यान देने वाली बात यह है कि यह सीधे इस बात पर निर्भर नहीं करता है कि आप कैसे व्यक्ति हैं इससे ज़्यादा इस बात पर ध्यान दिया गया है कि आप तरीक़ों को सीखे हैं कि नहीं। आप अपना जीवन ईमानदारी से बिता रहे हैं लेकिन अगर आपको होटल के तरीक़े नहीं पता हैं तो आप अनसिविलाइज्ड कहलाएँगे और आपका लोग मज़ाक़ उड़ाएँगे, या यूँ कहें कि आपका सम्मान समाज में इस बात पर निर्भर करता है कि आप 'सिविलाइजेशन' के तरीक़े को जानते हैं कि नहीं। एक बेईमान व्यक्ति भी तरीक़ों को जान सकता है और उसका क़द एक ईमानदार आदमी से ऊपर हो जायेगा। कहने का मतलब यह

है कि 'तरीक़ा जानना' आज के आधुनिक समाज में तय करता है कि आप कितने अच्छे व्यक्ति हैं।

यहाँ पर एक बात ग़ौर करने लायक यह है कि तरीक़े आपके ऊपर थोप दिये जाते हैं। भारत जैसे देश में, जहाँ हर कुछ कोस पर भाषा और संस्कृति बदलती है, वहाँ अगर सब लोग एक तरीक़ा अपनाने लगेंगे तो हमारी सांस्कृतिक विविधता का क्या होगा। आधुनिकता को अपनाने के साथ हमने अपनी संस्कृति को छोड़कर एक नये तरीक़ों को अपनाकर आधुनिक भारत समझना हमें उचित लगने लगा है। क्या यह आश्चर्य की बात नहीं है कि हमसे अब सांस्कृतिक होने से ज़्यादा 'सिविलाइज्ड' होने की उम्मीद की जा रही है। सिविलाइज्ड होने का सीधा मतलब है कि आप अपने आप को कितने अच्छे तरीक़े से छुपा सकते हैं और लोगों को धोखा दे सकते हैं। आप किसी को धक्का देकर आगे बढ़ गये और आपको उसके लिए कोई दुख नहीं है और समाज आपसे बस इतनी उम्मीद करता है कि आप उसे 'सॉरी' बोल दें। यह उम्मीद नहीं करता है कि आप सच में उस व्यक्ति के प्रति संवेदनशील हों। सबका संसाधनों पर एक जैसा अधिकार है, लेकिन आज के आधुनिक समाज में आपसे यह कोई नहीं पूछ रहा है कि हमारी ज़िन्दगी ऐसी क्यों हो गयी कि हमें अब एक-दूसरे को धक्का देने की ज़रूरत आ पड़ी है। लोग यह भी कह सकते हैं कि जब आजादी आयी तो राष्ट्र का निर्माण हुआ और उसकी यह माँग थी कि सब लोग एक नियम को अपना लें। लेकिन क्या यह सही नहीं है कि हमारे संविधान निर्माताओं ने इस बात का ध्यान दिया कि हमारी संस्कृति अलग-अलग हैं और इसलिए सबको एक नियम से नहीं बाँधा जा सकता है। हम यहाँ राष्ट्र-निर्माण की प्रक्रिया पर नहीं, बल्कि इस बात पर चर्चा कर रहे हैं कि हमें कैसा समाज चाहिए था और वास्तव में हमें कैसा समाज मिला है।

हम इतिहास की पड़ताल नहीं करेंगे, लेकिन यह सोचने के लिए ज़रूर प्रेरित करेंगे कि मृत्यु शिविर, कारागार और अस्पताल जैसी संस्थाएँ एक व्यवस्थित रूप में कब और कैसे आकार लेने लगीं। यहाँ हमारे कहने का अभिप्राय यह नहीं है कि चिकित्सक या फिर दण्ड देने वाले पहले नहीं होते थे लेकिन व्यवस्थित तरीक़े से इनका निर्माण आधुनिक समाज की देन है। इतिहास खोल कर देखा जा सकता है कि कारागार सिर्फ़ उनके लिए नहीं है

कि कौन क़ानून का उल्लंघन कर रहा है, बल्कि उनके लिए भी है जो ऐसा लगे कि वे एक शासक के लिए ख़तरा हैं और उसकी कमियों को सबके सामने ला सकता है। आपातकाल हमारे सामने का सबसे अच्छा उदाहरण है। निवारक उपाय के तहत भारतीय दण्ड संहिता में उसे इस्तेमाल किया जाता है जिसका सिर्फ़ तात्पर्य यह होता है कि अगर प्रशासन को लगे कि आप उसको चुनौती दे रहे, या समाज के लिए ख़तरा हैं तो आपको जेल में डाल सकता है। अगर प्रशासन को ऐसा लगता है, तो समाज चाहे कुछ भी कहे, और प्रशासन ने निर्णय कर दिया है, तो आपके लिए कारागार तय है। यहाँ मैंने यह बताने का प्रयास किया कि कारागार आधुनिक समाज की देन है जिसका सम्बन्ध एक अच्छे समाज की स्थापना करने का नहीं है, बल्कि जैसा की हमने ऊपर बताया की हमने पुरानी व्यवस्था की मरम्मत करने के बजाय एक नई व्यवस्था का निर्माण कर दिया, जो की इतना निर्दयी है की हम इस पर सवाल भी नहीं कर सकते। अगर पूछते हैं तो हमें यह बोल दिया जाता है कि आप पुरानी सोच वाले हैं। और हमें कोई बताता भी नहीं कि 'नयी' सोच का मतलब क्या यह है कि लगातार एक ख़तरनाक माहौल में रहना?

अस्पतालों का निर्माण इसलिए किया गया क्योंकि आधुनिक विज्ञान को जो लगता है कि जो स्वस्थ नहीं है उसको समाज से हटाया जा सके। चिकित्सा विज्ञान में कहीं भी यह परिभाषित नहीं किया गया है कि स्वस्थ होने का क्या मतलब है। हर जगह यही लिखा गया है कि रोगी होना क्या होता है। आज एक आधुनिक जीवन में लगातार इस बात पर ध्यान दिया जाता है कि कैसे स्वस्थ और दुरुस्त रहना है। इसलिए हर जगह देखा जाये तो स्वास्थ्य केन्द्र और व्यायामशाला खुले मिलेंगे। जिसका मक़सद सिर्फ़ यह है कि कैसे आपके शरीर को आधुनिक जीवन के पैमाने के हिसाब से फिट किया जाये। आप दुरुस्त महसूस कर रहे होते हैं लेकिन जैसे ही जाँच के बाद आपकी रिपोर्ट आती है और आपको पता चलता है कि आपका ट्राइग्लिसराइड बढ़ा हुआ है या प्लेटलेट्स 1.50 लाख से थोड़ा नीचे हैं। उसी समय आप अस्वस्थ हो जाते हैं और दवा लेना शुरू कर देते हैं। चिकित्सकीय संस्थाएँ लगातार हमारे जीवन को नियन्त्रित करती रही हैं। हम यह नहीं कह रहे कि हमें अपने स्वास्थ्य के प्रति लापरवाह होना चाहिए; हमारा साधारण तर्क यह है कि हम

यह निर्णय खुद लें कि हम फिट और स्वस्थ हैं या नहीं, न कि आधुनिक संस्थाएँ, जो स्वयं को वैज्ञानिक होने का दावा करती हैं। अभी तक ऐसा कोई ठोस प्रमाण नहीं मिला है कि चिकित्सा पूरी तरह वैज्ञानिक है या उसकी सभी प्रक्रियाएँ वस्तुनिष्ठ सत्य पर आधारित हैं। चिकित्सा संस्थाएँ आधुनिकता का एक उपकरण हैं, जो हमें अनुशासित रखती हैं, या यूँ कहें कि आधुनिक जीवन के अनुसार हमें नियन्त्रित करती हैं।

'सिविलाइज्ड' होने के लिए चिकित्सा संस्थान का होना अनिवार्य है, जो समय-समय पर आपको बताता रहता है कि आपको कैसे अपने जीवन को व्यवस्थित करना है। स्वच्छता केवल स्वास्थ्य का मामला नहीं, बल्कि नैतिकता से भी जुड़ी हुई है जैसे कि कैसे रहना है, क्या खाना है, किसके सम्पर्क में आना है–यह सब नैतिक नियमों के रूप में हमारे ऊपर थोपा जाता है। इस पर हम बाद में विस्तार से चर्चा करेंगे।

लेकिन यदि आप ध्यान से देखें, तो पायेंगे कि हमारे जीवन के लगभग हर पहलू में चिकित्सा संस्थानों का गहरा दख़ल है। हमारी दिनचर्या, आदतें, खानपान, व्यायाम से लेकर मानसिक स्वास्थ्य तक, हर चीज़ को चिकित्सा विज्ञान के मानकों पर परखा जाता है। जो कुछ भी इस स्थापित व्यवस्था से अलग है, उसे अस्वस्थ, या असभ्य घोषित कर दिया जाता है। यह आधुनिक जीवन का एक उपकरण है जो व्यक्ति और समाज को सुरक्षा के नाम पर नियन्त्रित करता है। यदि आप इन नियमों का पालन नहीं करेंगे, तो आपको अस्पताल या जेल में डाल दिया जायेगा।

मिशेल फूको ने इसको विस्तार से अपनी किताब 'सिक्युरिटी, टेरिटोरी, एंड पॉपुलेशन' में बताया है कि कैसे सुरक्षा के नाम पर आधुनिकता अपने लोगों पर अनुशासन थोपती है। रूसो ने कहा था कि "हम स्वतन्त्र पैदा होते हैं, लेकिन हर जगह बेड़ियों में जकड़े हुए हैं।" रूसो ने यह वाक्य सभ्यता के सन्दर्भ में कहा था कि सभ्यता के उपकरणों ने हमें चारों तरफ़ से अपना ग़ुलाम बना लिया है और हमें लगता है कि हम एक स्वतन्त्र समाज में हैं, लेकिन हमारे पास ऐसा कोई विकल्प नहीं हैं जो सचमुच स्वतन्त्रता प्रदान करें। हमें ऐसा अनुभव कराया जाता है कि हम स्वछन्द हैं, लेकिन वास्तविकता में ऐसा नहीं है।

सिगमंड फ्रायड ने भी इसी विषय को विस्तार से 'सिविलाइजेशन एंड इट्स डिस्कनटेंट' में लिखा है। इस पुस्तक में फ्रायड बताते हैं कि कैसे इस सभ्य समाज में सामाजिक व्यवस्था को बनाये रखने के लिए एक इन्सान को अपनी स्वतन्त्रता और आनन्द का त्याग करना पड़ता है। सिर्फ़ यहाँ तक नहीं वो यह भी लिखते हैं कि अन्ततः इन्सान अवसाद और उत्पीड़न महसूस करता है। रूसो और फ्रायड जैसे महान विचारकों को लाने का मतलब यह है कि हम समझ सकें कि आधुनिक जीवन, जो कि हमें सभ्य बनाने में लगा हुआ है, वो सिर्फ़ हमें अवसाद और उत्पीड़न देता है और यह भ्रम उत्पन्न करता है कि हम एक स्वतन्त्र और ख़ुश व्यक्ति हैं।

सभ्यता दमन का पर्याय है। सभ्यता बिना दमन के सम्भव ही नहीं है। सभ्यता का होना ही इस बात की गवाही है कि हम दमनित हैं। एक शहर का निर्माण एक जंगल को हटाकर किया जाता है। हम यहाँ जंगल को एक रूपक के रूप में इस्तेमाल कर रहे हैं। जंगल का मतलब है जो मूल है, जो आवश्यक (necessity) है और जीवन का आधार बनता है। लेकिन आज के सभ्य समाज में ऐसे कई जीवन की आवश्यकता नहीं मानी जाती और उन्हें बहुत आसानी से ख़त्म कर दिया जाता है।

अब होलोकॉस्ट की बात करते हैं, जो पहला और द्वितीय विश्वयुद्ध का परिणाम है। होलोकॉस्ट द्वितीय विश्वयुद्ध के दौरान यहूदियों और अन्य अल्पसंख्यकों के संगठित नरसंहार को कहा जाता है, जिसे नाज़ी जर्मनी ने अंजाम दिया। इस घटना में लाखों यहूदियों की हत्या की गयी, जो इतिहास के सबसे भयावह मानवाधिकार उल्लंघनों में से एक है। हम आपके सामने एक ऐसा विश्लेषण रखना चाहते हैं, जो ज़िगमंट बाउमन ने किया है, एक नये तरीक़े से होलोकॉस्ट को समझाने के लिए। बाउमन का कहना है कि होलोकॉस्ट आधुनिक जीवन का परिणाम है। यूँ कहें कि होलोकॉस्ट यह कहकर स्पष्ट हटा देना कि एक दुर्घटना है यह सच नहीं है बाउमन इस बात पर ज़ोर देते हैं कि होलोकॉस्ट सामाजिक जीवन का एक अभिन्न और अनिवार्य तत्व है। उनका तर्क है कि सामाजिक संरचनाओं, नियमों और प्रक्रियाओं में ही वह क्षण छिपा होता है जो सामूहिक हिंसा और विनाश की सम्भावना को जन्म देता है। इसका ज़िक्र हमने इसलिए किया क्योंकि एक

भ्रम फैला हुआ है हमारे लोगों के बीच में कि होलोकॉस्ट इसलिए सम्भव हुआ क्योंकि यहूदी लोगों से लोग चिढ़ते थे। या लोग समझते हैं कि यहूदी इतिहास के लिए सिर्फ़ होलोकॉस्ट महत्त्वपूर्ण है। लोग समझते हैं कि होलोकॉस्ट सम्भव इसलिए हुआ क्योंकि धार्मिक पूर्वाग्रह अपनी चरम सीमा पर पहुँच गया। हम इन बातों से इनकार नहीं कर रहे, लेकिन एक चीज़ जो हम छोड़ देते हैं होलोकॉस्ट जैसी चीज़ों को देखते समय वह यह है कि आधुनिकता इसे सम्भव करती है। लगभग 80 साल बाद, हम होलोकॉस्ट की बात इसलिए कर रहे हैं कि हम इसे भूल गए हैं या फिर इसे ठीक से समझ नहीं पाये हैं। इसको लगातार याद करते रहना इसलिए ज़रूरी है क्योंकि आधुनिकता अब अपने अत्यन्त स्तर पर पहुँच रही है और एक और होलोकॉस्ट न हो इसलिए इसके उन बिन्दुओं पर विचार करना अनिवार्य है जो हमारे सामने नहीं आये।

इससे पहले कि हम इस विषय पर विचार करें, कुछ प्रश्न पूछना आवश्यक है। अगर हम अच्छे लोग हैं तो बुरा काम कैसे हो जाता है? लोग कहते हैं कि कुछ बुरे लोग हैं जो अच्छे नहीं बन सकते हैं, वे ये सारे काम करते हैं। हमारा दूसरा प्रश्न यह है, अगर मान लें कि ऐसा है, तो क्या आधुनिकता असफल हो गई क्योंकि यह सबको अच्छा नहीं बना पायी, या फिर ऐसा समय आयेगा जब सभी अच्छे हो जायेंगे? अगर ऐसा है तो यह कैसे होगा? क्या और जेल और अस्पताल बनाये जायेंगे? या फिर ऐसा कौन-सा तरीक़ा आधुनिकता अब आविष्कार करेगी कि कोई भी बुरा नहीं होगा? जब तक हम अच्छे और बुरे इन्सान की विशेषताओं पर बात करते रहेंगे, तब तक यह सम्भव ही नहीं है कि हम आधुनिक जीवन को समझ पायें। सुकरात ने कहा, "मनुष्य स्वभाव से सामाजिक प्राणी है।" इस परिभाषा पर ग़ौर करने की आवश्यकता है। व्यक्ति और पशु में बस इतना अन्तर है कि व्यक्ति सामाजिक होता है और पशु सामाजिक नहीं होता है। इसका मतलब यह है कि अगर व्यक्ति सामाजिक नहीं है तो वह पशु बन जायेगा।

हमारे लिए यहाँ दो प्रश्न महत्त्वपूर्ण हैं : पहला, सामाजिक होना क्या होता है? दूसरा, क्या आधुनिक जीवन हमें सामाजिक कैसे होना है, यह बताता है? यदि हम मान लेते हैं कि व्यक्ति सामाजिक होता है, तो क्या यह मान लिया जाये कि अगर वह सामाजिक हो गया तो उसके अन्दर का पशु मर गया, या

फिर दब गया? अगर दब गया, तब क्या यह सम्भावना है कि वह कल पशु बन सकता है? यदि हाँ, तो वह कौन-सा बिन्दु होगा जब उसके भीतर का पशु पूरी तरह से ख़त्म कर दिया जाये? इसका उत्तर यह होगा कि यह सम्भव नहीं है, फिर तो यह मान लेना सही होगा कि आधुनिक जीवन कभी भी पूरी तरह से सम्भव नहीं हो सकता।

एवरेट सी. ह्यूजेस लिखते हैं कि द नेशनल सोशलिस्ट गवर्नमेंट ऑफ़ जर्मनी ने लिखा कि यहूदियों के इतिहास में होलोकॉस्ट को एक 'कुकृत्य' के रूप में वर्णित किया। हमें यह समझना है कि वे कौन-से ऐसे लोग थे जिन्होंने यह कुकृत्य किया? दूसरा जो महत्त्वपूर्ण प्रश्न है हमारे सामने वह यह कि ऐसी कौन-सी परिस्थितियाँ थीं जो अच्छे लोगों ने ऐसे कुकृत्य को होने दिया? हमें यह जानने की आवश्यकता है कि कैसे अच्छे लोगों ने अपने आप को पीछे खींचा? क्या ऐसा सम्भव नहीं कि फिर से ऐसे कुकृत्य हों। इसकी क्या सम्भावना है कि फिर से ऐसी परिस्थिति न आये जिसमें अच्छे लोग कुकृत्य को होने दें? हम हमेशा यह पूछते हैं कि हम होलोकॉस्ट के बारे में क्या कह सकते हैं? जब तक हम ग़लत प्रश्न पूछते रहेंगे तब तक उत्तर पाना कठिन होगा। सही प्रश्न यह है कि होलोकॉस्ट हमारे बारे में क्या कहता है? होलोकॉस्ट हमारी दिनचर्या के बारे में क्या टिप्पणी करता है? अगर हम सिर्फ़ यह कहकर निषेध कर देंगे कि ऐसी घटना बस एक बार होती है सदियों में, तो शायद हम सच को इनकार कर रहे होंगे। होता यही है कि हम बस किस तरह से एक आसान व्याख्या लेकर उसी चीज़ से अपने आप को विश्वस्त करते हैं क्योंकि हम नहीं चाहते हैं कुछ ऐसा सुनना या पूछना जो हमें असहज कर दे।

हम यहाँ एक घटना का ज़िक्र करेंगे जो हमें यह समझने में मदद करेगी कि हम कैसे हैं। एक बार कुछ विमान अपहरण पीड़ितों का साक्षात्कार लिया गया। और उसमें एक रोचक तथ्य सामने आया कि जिन लोगों का तलाक़ हुआ वे वो लोग थे जो अपने साथियों के साथ अपहरित हुए थे, इसके विपरीत जो अकेले अपहरित हुए थे। उत्सुकतापूर्वक यह जानने का प्रयास किया गया कि ऐसा क्यों हुआ? और फिर से जिनका तलाक़ हुआ उनका साक्षात्कार लिया गया। बहुत सारे लोगों ने बताया कि उन्होंने कभी भी अपहरण से पहले तलाक़ के बारे में नहीं सोचा। अपहरण के दौरान, जो कि एक ख़राब अनुभव

था, उस समय उन्हें अपने साथी को फिर से देखने का मौक़ा मिला और उनकी आँखें खुल गयी। अच्छे पति एक स्वार्थी प्राणी साबित हुए जो कि सिर्फ़ अपने खाने और सिर्फ़ अपने बारे में चिन्तित पाये गये। जो उद्यमी अपने आप को बहुत साहसी बोलते थे वह बहुत ही डरपोक पाये गये।

यह साक्षात्कार हमसे एक सवाल करता है कि, कौन-सा चेहरा असली है और कौन-सा नकली? किसे सही माना जाए? जो पति अपहरण से पहले थे, वही थे, और अपहरण के दौरान भी वही हैं। तो दोनों में कौन-सा सही पति है? वास्तव में, दोनों चेहरे सही हैं। एक चेहरा, जो अच्छे पति का है, वह सामान्य स्थिति का चेहरा है। उस समय और परिस्थिति में उत्पन्न हुआ चेहरा। लेकिन यह कहना कि दूसरा चेहरा मौजूद नहीं था, गलत होगा। उस सामान्य स्थिति में दूसरा चेहरा भी उपस्थित था, बस उसे प्राथमिकता नहीं दी गई। वह चुपचाप दूसरी स्थिति का इन्तजार करता रहा। दिलचस्प बात यह है कि मान लें अगर कभी अपहरण हुआ ही नहीं होता, तो जो अदृश्य चेहरा मौजूद था, वह कभी बाहर नहीं आता। और शादी अच्छी चलती, कभी तलाक़ जैसी स्थिति पैदा ही नहीं होती। असाधारण परिस्थिति में एक ताक़त होती है, जो हमारे अन्दर के अदृश्य चेहरे को बाहर लाने की क्षमता रखती है। चाहे हमें वह पसन्द हो या न हो, हमारा एक अदृश्य चेहरा हमेशा हमारे साथ बना रहता है।

ऑशविट्ज़ क्या है? ऑशविट्ज़ को हम आज की फैक्ट्री प्रणाली से तुलना करके समझ सकते हैं। ऑशविट्ज़ में सामानों का उत्पादन नहीं होता था, बल्कि वहाँ पर कच्चे माल के नाम पर इन्सान थे और जो उत्पाद उसमें से बाहर निकल कर आता था वो मृत्यु होता था। हम यह तुलना इसलिए कर रहे हैं क्योंकि कारख़ाना प्रणाली आधुनिकता का परिणाम है। ऑशविट्ज़ को उसी के आधार पर बनाया गया था। ऑशविट्ज़ जैसे कारख़ानों में रेलपथ के माध्यम से, जो कि फिर से आधुनिक जीवन की देन है, कच्चे माल को सप्लाई किया जाता था। चिमनी, जो कि आधुनिक कारख़ाना प्रणाली का प्रतीक है, के द्वारा जलते हुए मानव मांस का धुआँ बाहर निकलता था। यह भयावह दृश्य आधुनिकता ने ही सम्भव किया। वही तरीक़ा अपनाया गया जो दूसरे कार्गो के साथ अपनाया जाता रहा। गैस कक्ष में पीड़ितों ने वही गैसें श्वास लीं जो जर्मनी के उन्नत रसायन कारख़ानों द्वारा बनायी गयी थीं। अभियन्ता जो कि

आधुनिक समाज की देन है, उन्होंने ही दाह-गृह का डिज़ाइन किया। और प्रबन्धकों ने एक ऐसी संगठनात्मक/नौकरशाही व्यवस्था का निर्माण किया जो इतने उत्साह और क्षमता के साथ काम करती थी, जो पिछड़े देशों में सम्भव नहीं था। अगर ध्यान से इसे समझने का प्रयास करें तो क्या हम नहीं पायेंगे यह आज के आधुनिक प्रणाली का परिणाम था, जो कि आज की आधुनिक विज्ञान को दर्शाता है? हमने जो देखा वह और कुछ नहीं, बल्कि आधुनिक सामाजिक अभियान्त्रिकी के सफल होने का एक उदाहरण है।

सच यह है कि होलोकॉस्ट का हर तत्त्व, यानी जो कुछ उसे सम्भव बनाता था, पूरी तरह सामान्य था। इसका मतलब यह नहीं कि वह पहले से जानी-पहचानी किसी सामान्य घटना की तरह था; बल्कि इसलिए कि यह सब हमारी ही सभ्यता की उपज था। होलोकॉस्ट कोई बाहरी या असामान्य विचलन नहीं था, बल्कि उसी आधुनिक सोच और व्यवस्था का परिणाम था जिसने खुद को मानवता, प्रगति और सुख के आदर्शों पर खड़ा किया था। यह हमें बताता है कि हमारी सभ्यता के भीतर ही ऐसी हिंसा, ऐसी विनाशकता की सम्भावनाएँ हमेशा से मौजूद रही हैं, बस कभी-कभी वे इतने संगठित रूप में सामने आ जाती हैं कि उनका भयावह चेहरा दिखने लगता है। इसी से हमें अपने आधुनिक समाज की असली ताक़त का अन्दाज़ा होता है, कि वह चाहे तो किसी भी दृश्य को अपने सामने साकार कर सकता है, चाहे वह कितना भी भयानक क्यों न हो। क्या हम इस तरह से रचित मृत्यु कक्ष की तारीफ़ नहीं कर सकते कि वह कितना आधुनिक, नवीन और बारीकी से डिज़ाइन किया गया था, जिसमें हर उद्देश्य पूरी तरह से निभाया गया? क्या हम यह देखकर ताली नहीं बजायेंगे कि तकनीकी रूप से कितनी कुशलता से इस पूरी प्रक्रिया को अंजाम दिया गया? क्या हम अपने सभ्य समाज के भौतिक और वैज्ञानिक विकास पर गर्व नहीं करेंगे, जबकि यह दृश्य उसी विकास का परिणाम है? होलोकॉस्ट हमारी सभ्यता का एक प्रतीक है। इसलिए यह कहना गलत नहीं होगा कि सभ्यता का दूसरा नाम है, दासता, युद्ध, शोषण और मृत्यु कक्ष। इसका अर्थ यह नहीं कि इस सभ्यता में चिकित्सा, संगीत, कला या आध्यात्मिक विचार नहीं हैं; वे सब भी इसके हिस्से हैं। लेकिन यही सभ्यता ऐसे भयावह रूप भी रचती है, जो यह सोचने पर मजबूर करते हैं कि शायद अब "सभ्यता" और "क्रूरता" एक ही सिक्के के दो पहलू बन गए हैं।

यह एक भूल है कि सभ्यता और क्रूरता विरोधी हैं। हमारे समय में, क्रूरता, जैसे कि हमारे अधिकांश अन्य पहलू, पहले से कहीं अधिक प्रभावित तरीक़े से प्रबन्धित की जाती हैं। ये कभी नहीं रुकी हैं और न ही रुकेंगी। रचना और विनाश, जिसे हम 'सभ्यता' कहते हैं, के अनिवार्य पहलू हैं। सभ्यता को समझने के लिए यह भी आवश्यक है कि समझा जाये कि तर्क का भावना पर हावी होना आधुनिक जीवन की एक पहचान है। आज के समय में हम सब तर्क के तरीक़ों से घिरे हुए हैं और हमारे हर क्रियाकलाप तर्क और बुद्धि से संचालित होते हैं। उदाहरण के लिए अगर हमें कोई चीज़ सही लगती है या ग़लत लगती है तो हमसे पूछा जाता है कि इसको आप कैसे उचित साबित करेंगे। इस प्रश्न का उत्तर इस बात पर निर्भर करता है कि क्या आपका निर्णय भावनाओं या विश्वास पर आधारित तो नहीं है और हम यह देखना चाहते हैं कि आपकी कार्य शैली कितनी तर्कसंगत है। हमारी स्वीकृति और निर्णय का समर्थन इस बात पर निर्भर करता है कि हमारे तरीक़े कितने तार्किक और मज़बूत हैं।

यहाँ पर यह बात कहने का अभिप्राय यह है कि क्रूरता, तर्क से लिये गये निर्णयों से बाहर आती है। क्योंकि जब हम तार्किक और तर्कसंगत होने की बात करते हैं, तो यह अपेक्षा की जाती है कि चीज़ें कितनी कुशलता से प्रबन्धित होंगी। जब ऐसे सोचना शुरू हो जाये तो ये समझ लेना चाहिए कि ये तभी सम्भव है जब क्रूरता का अन्तिम रूप में उपयोग किया जाये। आज का समय तर्कसंगत भावना से चलता है। हर चीज़ दक्षता का सिद्धान्त से संचालित होती है। हमारे कार्य करने के तरीक़े में वैज्ञानिक मानसिकता की खोज की जाती है। इसका सीधा मतलब यह है कि मानवीय मूल्य और भावनाओं के लिए कोई जगह नहीं है।

मूल्य किसी भी समाज का आधार बनते हैं, जो व्यक्तियों को उनके व्यवहार और निर्णयों में एक नैतिक दिशा प्रदान करते हैं। ये मूल्य संस्कृति की विरासत, नैतिक शिक्षाओं और सामुदायिक अनुभवों से रचे जाते हैं। उदाहरणार्थ, दया, ईमानदारी, और विविधता का सम्मान जैसे मूल्य एक समृद्ध

समाज की धारा में योगदान देते हैं। लेकिन, तेज़ी से बढ़ने वाली तकनीकी और प्रगतिशील उन्नतियों के सामने, ये मूल्य परीक्षण किये जा सकते हैं और कभी-कभी उन पर चोट पहुँच सकती है।

आधुनिक समाज में पारम्परिक मूल्यों और प्रगतिशील सिद्धान्तों के बीच एक निरन्तर संघर्ष देखने को मिलता है। एक ओर, पारम्परिक मूल्य उन नैतिक और सांस्कृतिक सिद्धान्तों पर आधारित होते हैं जो सदियों से समाज को दिशा प्रदान करते आये हैं। ये मूल्य न केवल सामूहिक अन्तरात्मा को परिभाषित करते हैं, बल्कि सामाजिक समरसता और अनुशासन को भी बनाये रखते हैं। दूसरी ओर, आधुनिक प्रगति और तकनीकी उन्नति ने समाज को तेज़ी से बदलने की ओर अग्रसर किया है। इस बदलाव ने नयी सम्भावनाओं को जन्म दिया है, लेकिन साथ ही पारम्परिक मूल्यों को चुनौती भी दी है।

प्रगतिशीलता का उद्देश्य परम्पराओं में जकड़ने के बजाय उन्हें नयी परिस्थितियों के अनुरूप ढालना होता है। यह परिवर्तनशीलता सामाजिक, राजनीतिक और आर्थिक प्रगति के लिए आवश्यक होती है। आधुनिक समाज में विज्ञान, तकनीक, और तर्कसंगतता के आधार पर नये विचारों को अपनाने की प्रवृत्ति बढ़ी है। इससे व्यक्तिगत स्वतन्त्रता, लैंगिक समानता, वैज्ञानिक सोच, और नवाचार को बढ़ावा मिला है। तकनीकी प्रगति और कृत्रिम बुद्धिमत्ता जैसी नयी खोजों ने न केवल हमारे जीवन को आसान बनाया है, बल्कि उन्होंने समाज में मूल्यों की पुनः व्याख्या भी की है। डिजिटल युग में निजता, नैतिकता, और सत्यता जैसे मुद्दे महत्त्वपूर्ण बन गये हैं। सोशल मीडिया और इंटरनेट ने जानकारी की पहुँच को आसान बनाया है, लेकिन साथ ही नैतिकता और गोपनीयता से जुड़े नये प्रश्न भी उत्पन्न किये हैं। पारम्परिक और प्रगतिशील मूल्यों के बीच सन्तुलन बनाना एक जटिल कार्य है। यदि समाज केवल परम्पराओं पर निर्भर रहेगा, तो वह जड़ता और रूढ़िवादिता में फँस सकता है। वहीं, यदि समाज अत्यधिक प्रगतिशील बन जायेगा, तो वह अपनी सांस्कृतिक पहचान और नैतिक मूल्यों को खो सकता है। इसलिए, एक ऐसा सन्तुलन आवश्यक है जहाँ परम्परा और प्रगति एक-दूसरे के पूरक बनें।

इन दोनों विपरीत बलों के बीच एक संवेदनशील सन्तुलन की आवश्यकता होती है। प्रगतिशीलता को स्वीकार करना प्रगति के लिए आवश्यक है, लेकिन

इससे सांस्कृतिक मूल्यों को त्याग देना उचित नहीं है। तकनीकों की उन्नति को स्वीकार करते हुए सांस्कृतिक और नैतिक सिद्धान्तों को भी बनाये रखना, यह एक समाज को केवल आर्थिक उन्नति में ही नहीं बल्कि उसकी अद्वितीयता में भी मज़बूत बनाये रखने में मदद करेगा। अन्त में, मूल्यों और प्रगतिशीलता के बीच के इस संघर्ष में, आधुनिक समाज का यह परिदृश्य जटिल और गहन है। एक मेल-जोल के लिए सहानुभूति, खुला संवाद, और सांस्कृतिक, नैतिक, और धार्मिक मूल्यों की जड़ों को सुरक्षित रखने की प्रतिबद्धता आवश्यक है। चुनौती यह है कि एक ऐसा समाज बनाया जाये जो केवल आर्थिक रूप से उन्नत हो, बल्कि जो अपने व्यक्तियों की उन्नति और उनके मूल्यों का पालन करता हो।

लेकिन दुर्भाग्य यह है कि जैसे-जैसे हम आधुनिक जीवन में आगे बढ़ते जा रहे हैं, हम दक्षता का सिद्धान्त और सांस्कृतिक मूल्यों में सामंजस्य की बात करना ही भूल गये हैं। धीरे-धीरे पश्चिमी प्रभाव में आकर हम अपने सांस्कृतिक मूल्यों को नज़रअन्दाज़ करके दक्षता को प्राथमिकता देते जा रहे हैं। किसी भी कार्य को परिणाम देने के बाद हम यही कहते हैं कि वैज्ञानिक रूप से यही व्यावहारिक विकल्प था। हम कभी यह नहीं कहते हैं कि हमारे सांस्कृतिक मूल्य यही थे, इसलिए हमने इस काम को अंजाम दिया। आपको रोज़ प्रतिदिन यह सिखाया जाता है कि कैसे अपने सांस्कृतिक मूल्यों और भावनाओं को हटाकर दक्षता के सिद्धान्त को ध्यान में रखते हुए निर्णय लेना है।

नॉरबर्ट एलियास द्वारा विकसित "द सिविलाइज़िंग प्रोसेस" (The Civilizing Process) समाजशास्त्र और मानविकी के क्षेत्र में एक महत्त्वपूर्ण योगदान है, जो सभ्यता, समाज के विकास, और मानव व्यवहार के परिवर्तन को समझाने का प्रयास करता है। यह सिद्धान्त उनकी पुस्तक 'The Civilizing Process : Sociogenetic and Psychogenetic Investigations' (1939) में प्रस्तुत किया गया था। इस पुस्तक में, एलियास ने यह विश्लेषण किया है कि कैसे पश्चिमी समाजों में मध्यकालीन युग से आधुनिकता की ओर बढ़ते हुए, सभ्यता के स्तर पर विभिन्न प्रकार के परिवर्तन हुए। ये परिवर्तन केवल बाहरी सामाजिक और राजनीतिक संस्थाओं में नहीं, बल्कि मनुष्य की आन्तरिक मानसिकता और व्यक्तिगत आत्म-नियन्त्रण में भी देखे गये।

नॉरबर्ट एलियास ने सुझाव दिया कि सभ्यता एक स्थिर अवस्था नहीं है, बल्कि यह एक गतिशील प्रक्रिया है। एलियास के अनुसार, सभ्यता की प्रक्रिया समय के साथ मानव व्यवहार और सामाजिक संरचनाओं का धीरे-धीरे परिवर्तन है। उनका कथन था कि समाज यह समझाने की कोशिश करता है कि जीवन में कुछ नहीं बदल रहा है लेकिन वास्तव में यह निरन्तर बढ़ रहा है। उन्होंने यह भी कहा कि समाज एक जाल की तरह है, और हम सब इसके अन्दर फँसे हुए पतंग हैं जो इसके अन्दर रह रहे हैं। नॉरबर्ट एलियास यह बताना भूल गये कि एक ऐसा समाज बन रहा है जिसमें स्वतन्त्रता, एक भ्रान्ति है, स्वायता केवल एक कहानी है। हम इसमें घुटते हुए भी रहेंगे, क्योंकि हमारे पास न तो इससे बाहर निकलने का कोई रास्ता होगा, और न ही इसे आगे बढ़ाए बिना या इसके भीतर रहे बिना एक अच्छी ज़िन्दगी जीने का कोई विकल्प।

आधुनिक समाज, पारम्परिक समाज को इसलिए बदल पाया क्योंकि पारम्परिक समाज मूल्यों और भावनाओं पर आधारित था। हम यह नहीं कह रहे हैं कि पहले का समाज आदर्श या सही था, यह बात हम बार-बार स्पष्ट कर चुके हैं। बल्कि, हमारा कहना यह है कि जिस समाज की पुरानी संरचना को गिराकर हम एक नया समाज बना रहे हैं, वह पहले से बेहतर नहीं, बल्कि और भी भयावह साबित हो रहा है। और दुःख की बात तो यह है कि धीरे-धीरे यह और भी भयावह होता जा रहा है जिसको हम चाहते हुए भी बदल नहीं पायेंगे क्योंकि यह ऐसा कोई विकल्प ही नहीं छोड़ेगा जिससे हमें सोचने का अवसर मिले कि इस नये समाज में कोई कमी है। यह हमें ऐसा महसूस करायेगा कि अगर हम ख़ुश नहीं हैं, स्वतन्त्र नहीं हैं, तो इसमें हमारी ग़लती है, न कि ये हमें पता भी चलेगा कि हमारी असन्तुष्टि वास्तव में इस समाज की देन है।

एलियास का 'सभ्यता की प्रक्रिया' सिद्धान्त मुख्य रूप से दो प्रमुख दृष्टिकोणों पर आधारित है : Psychogenetic और Sociogenetic दृष्टिकोण। इन दोनों दृष्टिकोणों को मिलाकर एलियास ने समाज में होने वाले समग्र परिवर्तनों को समझने का प्रयास किया।

Psychogenetic (मनोवैज्ञानिक) प्रक्रिया व्यक्ति की मानसिकता और व्यवहार में परिवर्तन को दर्शाती है, जबकि Sociogenetic (समाजजन्य) प्रक्रिया सामाजिक स्तर पर परिवर्तन को सम्बोधित करती है। Psychogenetic प्रक्रिया यह भी दिखाती है कि आनुवांशिक कारक कैसे मनोवैज्ञानिक प्रक्रिया और स्थिति को प्रभावित करते हैं। हम सभी जानते हैं कि आधुनिक समाज को आगे बढ़ाने में विज्ञान का अभूतपूर्व योगदान है, विशेषकर पश्चिमी विज्ञान का। हालाँकि, हमें आज तक यह स्पष्ट नहीं हुआ कि विज्ञान वास्तव में क्या है। जब तक हम पश्चिमी विज्ञान की स्थापित विधियों का पालन नहीं करेंगे, हमारे कार्य को वैज्ञानिक नहीं माना जायेगा। यह कितना दुर्भाग्यपूर्ण है कि हमारी बात तब तक मान्य नहीं होती जब तक वह पश्चिमी विज्ञान की विधियों या प्रक्रियाओं पर खरा नहीं उतरती।

Sociogenetic दृष्टिकोण से एलियास का तात्पर्य समाज के विकास और राजनीतिक संरचनाओं में बदलाव से है। उनका कहना था कि सभ्यता केवल आन्तरिक विचारधारा का परिणाम नहीं है, बल्कि यह सत्ता और समाज के संस्थागत ढाँचे में विकास के परिणामस्वरूप होती है। एलियास ने यह बताया कि मध्यकालीन समाजों में हिंसा और युद्ध के विभिन्न रूप सामाजिक जीवन का अभिन्न हिस्सा थे। प्रत्येक सामन्ती राज्य अपने अस्तित्व के लिए संघर्ष करता था, और यह संघर्ष समाज के भीतर हिंसा के प्रति सहिष्णुता को बढ़ावा देता था। लेकिन समय के साथ, जैसे-जैसे राज्य संरचनाएँ मज़बूत होने लगीं और सत्ता का केन्द्रीकरण हुआ, वैसे-वैसे युद्ध और हिंसा पर नियन्त्रण लगाया गया। यह राज्य के नियन्त्रण के बढ़ने का संकेत था, जिसके परिणामस्वरूप समाज में हिंसा और आक्रामकता में कमी आयी। राज्य के द्वारा हिंसा के इस केन्द्रीकरण ने समाज को अधिक नियन्त्रित और संरचित बना दिया। इस प्रक्रिया के परिणामस्वरूप, राज्य ने न केवल बाहरी आक्रमणों से बचने के लिए अपनी ताक़त को संगठित किया, बल्कि यह भी सुनिश्चित किया कि नागरिक अपने आप को नियन्त्रित रखें, ताकि समाज में अनुशासन और शान्ति बनी रहे। इसके कारण, समय के साथ व्यक्तिगत व्यवहार में भी बदलाव आया।

हालाँकि, एलियास उस व्यवस्थित हिंसा को नज़रअन्दाज़ कर गये, जो अधिकतर राज्य के पास केन्द्रित रहती थी। हमें ख़ुशी होती है कि हमने यह समझने का प्रयास किया कि कैसे आज के समय में हिंसा और भी भयावह हो गयी है। सभ्यता की प्रक्रिया एक सिद्धान्त है जो सुझाव देती है कि समाज धीरे-धीरे आधुनिक, जटिल, अन्तर्निर्भर और नियन्त्रित रूप ले लेता है, प्राचीन और क्रूर रूपों से। इस प्रक्रिया को अक्सर राज्य संरचनाओं का विकास, केन्द्रित अधिकारों की उन्नति, और मानव व्यवहार को नियन्त्रित करने वाले मूल्य और मूल्यों के स्थापित होने के साथ जोड़ा जाता है।

हालाँकि, एलियास ने इस सभ्यता की प्रक्रिया के इस विरोधाभासी पहलू को भी महसूस किया—नये रूपों में हुई हिंसा का समयसार होना। जब समाज प्रगति करता है और अधिक जटिल बनता है, तो एलियास ने कहा कि हिंसा आवश्यक रूप से कम नहीं होती, बल्कि अलग-अलग, अक्सर अधिक सूक्ष्म और सांस्थानिक रूप ले लेती है। ये नये रूप हिंसा व्यवस्था, क़ानूनी व्यवस्था, या समाज नियन्त्रण के अन्य तन्त्रों के माध्यम से प्रकट हो सकते हैं।

इस सिद्धान्त का एक उदाहरण यह है कि राज्य द्वारा हिंसा का आधिकारिक उपयोग। अधिक विकसित समाजों में, राज्य को बल का सहज अधिकार होता है, जो क़ानून और व्यवस्था का पालन करने के लिए है। यह व्यक्तियों के बीच के कुछ प्रकार की हिंसा में कमी लाता है, लेकिन इससे राज्य द्वारा समर्थित हिंसा का भी समर्थन होता है, जैसे कि युद्ध, पुलिस की अत्यधिकता, या सामाजिक संस्थाओं में स्थित संरचनात्मक हिंसा।

एलियास के 'संरचना सिद्धान्त' के अनुसार समाज में व्यक्तियों और संस्थाओं के आपसी सम्बन्ध इतने जुड़े होते हैं कि किसी भी बदलाव का असर समाज के अन्य हिस्सों पर भी पड़ता है। जब समाज में लोग और समुदाय अधिक घनिष्ठ रूप से जुड़े होते हैं, तो बदलाव का प्रभाव तेजी से और व्यापक रूप से फैलता है। इस वजह से बदलाव से लाभ भी हो सकते हैं और हानि भी। पहले, जब समुदाय एक-दूसरे से दूर रहते थे, ऐसे व्यापक प्रभाव कम देखने को मिलते थे। इस प्रक्रिया में सामाजिक, राजनीतिक या आर्थिक परिवर्तनों के अनजाने परिणामस्वरूप नई हिंसा और संघर्ष भी उत्पन्न हो सकते हैं।

उदाहरण के लिए, वैश्वीकरण के कारण विभिन्न संस्कृतियों और आर्थिक प्रणालियों के बीच अधिक सम्पर्क होने से नये विवाद और संघर्ष उत्पन्न हो सकते हैं। इसलिए, एलियास का संरचना सिद्धान्त हमें यह समझने में मदद करता है कि समाज में बदलाव कैसे व्यापक और अप्रत्याशित प्रभाव डाल सकते हैं।

आज के सन्दर्भ में, विद्वान और विचारक इस सामाजिक प्रगति और नये रूपों की हिंसा की जटिलताओं को समझने का प्रयास करते रहते हैं, जो वैश्वीकरण, तकनीकी उन्नति, और सांस्कृतिक परिवर्तनों के साथ जुड़ी होती है। नये रूपों की हिंसा का विश्लेषण समाज में शक्ति के कार्य करने के तरीक़े और मानव कल्याण के सम्भावित परिणामों को समझने में महत्त्वपूर्ण है।

अन्त में, सभ्यता की प्रक्रिया और नये रूपों की हिंसा का विचार सामाजिक विकास के जटिल पक्षों को समझने का एक दृष्टिकोण प्रदान करता है। यह समझने को प्रेरित करता है कि हिंसा का बहुआयामी स्वभाव क्या है और एक सच्चे, आदर्श और न्यायपूर्ण समाज की ओर बढ़ने में हमारा योगदान क्या हो सकता है?

एलियास के मनोवैज्ञानिक दृष्टिकोण का मुख्य उद्‌देश्य यह था कि सभ्यता की प्रक्रिया केवल बाहरी सामाजिक और राजनीतिक संरचनाओं तक सीमित नहीं है, बल्कि यह मानव के आन्तरिक मानसिक विकास से भी जुड़ी हुई है। उनका कहना था कि जैसे-जैसे समाज में बाहरी नियन्त्रण और अनुशासन बढ़े, वैसे-वैसे व्यक्तियों के भीतर आत्म-नियन्त्रण की भावना भी विकसित होती है। एलियास ने यह देखा कि जैसे-जैसे समाज में व्यक्तिगत व्यवहार पर नियन्त्रण बढ़ा, वैसे-वैसे लोगों को आत्म-नियन्त्रण सिखाया गया। वे यह मानते थे कि शिष्टाचार और सभ्य आचरण के नियमों का पालन करने से लोगों में आत्म-नियन्त्रण की भावना विकसित होती है। यही वह प्रक्रिया थी, जिसने समाज के भीतर हिंसा और आक्रामकता के स्तर को कम किया। एलियास के अनुसार, यह प्रक्रिया केवल बाहरी रूप से ही नहीं, बल्कि आन्तरिक रूप से भी व्यक्तियों के व्यवहार को प्रभावित करती थी। जैसे-जैसे लोग समाज के द्वारा निर्धारित शिष्टाचार के नियमों का पालन करते थे, वैसे-वैसे उनके भीतर शर्म और अपराध बोध की भावना भी विकसित होती थी। यह

आन्तरिक भावनाएँ व्यक्तियों को अपने आचरण को नियन्त्रित करने के लिए प्रेरित करती थीं, ताकि वे समाज में सम्मानित बने रहें।

चार्ल्स डार्विन और हर्बर्ट स्पेंसर के सिद्धान्तों ने वैज्ञानिक दृष्टिकोण से समाज और विकास के बारे में एक नयी सोच को जन्म दिया। डार्विन का *सिद्धान्त* (Theory of Evolution) ने ज़ीवन के विकास को प्राकृतिक चयन (natural selection) के माध्यम से समझाया, जबकि स्पेंसर ने सामाजिक विकास और समाज के विकास को भी प्राकृतिक चयन के सिद्धान्त पर आधारित किया, जिसे 'सामाजिक डार्विनिज़्म' कहा जाता है। इन दोनों के विचारों का बड़ा प्रभाव पड़ा और इसके बाद कई अन्य विचारकों ने इन्हें विस्तार से अपनाया और उन पर आधारित सिद्धान्तों का निर्माण किया।

लेकिन इस वैज्ञानिक धारा ने एक विवादास्पद दिशा भी अपनायी, जिसका परिणाम बाद में वैज्ञानिक नस्लवाद के रूप में सामने आया। 19वीं शताब्दी के अन्त और 20वीं शताब्दी के प्रारम्भ में, कुछ विचारकों ने यह मानना शुरू किया कि मनुष्यों के जीन यह निर्धारित करते हैं कि कौन कितना बुद्धिमान होगा, कौन प्रगति कर सकता है और कौन नहीं। इस समय में, एक नये विचारधारा के रूप में सुजननिकी (eugenics) का उदय हुआ, जिसका उद्देश्य समाज को और अधिक 'उन्नत' और 'उच्चतर' बनाने का था, और इसके लिए उस समय के वैज्ञानिकों ने जीन और आनुवंशिकी का इस्तेमाल किया।

सुजननिकी के विचारकों का मानना था कि जैसे कृषि में बेहतर फ़सल के लिए चयनित बीज लगाये जाते हैं, वैसे ही मानव जाति के विकास के लिए भी केवल 'श्रेष्ठ' जीन वाले व्यक्तियों का प्रजनन होना चाहिए। इसके लिए उन लोगों का प्रजनन नियन्त्रित करने की बात की गयी, जो 'नस्लीय रूप से नीचे' या 'अयोग्य' माने जाते थे। और, जैसा कि अक्सर होता है, इस प्रक्रिया में 'श्रेष्ठ' जीन के रूप में केवल गोरों की जाति को प्राथमिकता दी गयी। नस्लीय भेदभाव और अन्य सामाजिक भेदभाव को वैज्ञानिक रूप से सही ठहराने के लिए, जीन के माध्यम से यह सिद्धान्त फैलाया गया कि गोरे लोग काले लोगों से श्रेष्ठ होते हैं, और इस सिद्धान्त का समर्थन करने के लिए तथाकथित 'वैज्ञानिक प्रमाण' पेश किए गये।

यह एक ख़तरनाक विचारधारा थी, जिसने नस्लवाद को वैधता प्रदान की और उसके आधार पर कई देशों में नस्लीय भेदभाव और भेदभावपूर्ण नीतियाँ बनायी गयीं। उदाहरण के लिए, अमेरिका और यूरोप में, सुजननिकी के समर्थकों ने यह तर्क किया कि 'निम्न जाति' और 'अयोग्य' लोगों को नस्लीय दृष्टि से 'सुधार' करने के लिए प्रजनन से रोका जाना चाहिए, और यह नीति ख़ासकर अश्वेतों, आदिवासियों, और मानसिक रूप से अस्वस्थ व्यक्तियों के ख़िलाफ़ लागू की गयी। इसके परिणामस्वरूप नस्लीय असमानता, नस्लीय सफ़ाई और बर्बर नीति की दिशा में कई कार्यक्रमों का जन्म हुआ।

वैज्ञानिक नस्लवाद और सुजननिकी ने समाज में एक ऐसा ख़तरनाक वातावरण उत्पन्न किया, जिसमें न केवल उत्पीड़न और भेदभाव बढ़ा, बल्कि इसे विज्ञान और तथाकथित तथ्यों के रूप में प्रस्तुत किया गया। यह एक विचलित करने वाली सच्चाई है कि विज्ञान ने समाज में कुरीतियाँ फैलाने और उनके लिए ठोस आधार बनाने में भी अपनी भूमिका निभायी। विज्ञान को हमेशा तटस्थ और निष्पक्ष समझा जाता है, लेकिन जैसे-जैसे यह समाज के विभिन्न क्षेत्रों में गहरी पैठ बनाता है, इसका प्रभाव सिर्फ़ विकासात्मक दृष्टिकोण तक सीमित नहीं रहता; यह सामाजिक, सांस्कृतिक और राजनीतिक दृष्टिकोणों को भी प्रभावित करता है। और इसी कारण, कई बार विज्ञान, समाज की असमानताओं और कुरीतियों को मान्यता देने का एक साधन बन जाता है। इतिहास गवाह है कि विज्ञान ने समाज में कितनी कुरीतियाँ फैलायीं और जो थीं उनको कितना व्यवस्थित बना दिया। हम विज्ञान के विरोधी नहीं हैं, लेकिन हमें विज्ञान के अन्य पहलुओं को देखने का प्रयास भी करना चाहिए।

हम Sociogenetic दृष्टिकोण से इस बात पर विचार करते हैं कि मानव विकास में nature (प्रकृति/आनुवंशिक कारक) और nurture (पालन-पोषण/सामाजिक कारक) एक-दूसरे को पारस्परिक रूप से प्रभावित करते हैं। हमें इन विचारों से कोई समस्या नहीं है, बल्कि हमारी चिन्ता यह है कि इन्हें अपने उद्देश्य में सफलता पाने के लिए किस तरह इस्तेमाल किया जाता है।

उदाहरण के लिए अगर कोई सामाजिक या आर्थिक रूप से पिछड़े इलाके से है, और वह हमारे बीच में है तो उसे हम शक की निगाह से देखते हैं कि

ये चोरी कर सकता है या अच्छे स्वभाव का नहीं है, इसीलिए ये समाज में लिए बुरा है। आज के सभ्य समाज में होने का मतलब यह है कि हमें एक आदर्श की शिक्षा दे दी जाती है और उसी का अनुसरण करना होता है। यदि हम असफल होते हैं, तो हम आधुनिक समाज के लिए अयोग्य माने जाते हैं।

एलियास के अनुसार, ये प्रक्रियाएँ एक-दूसरे के साथ जुड़ी हुई हैं और एक-दूसरे को प्रभावित करती हैं। इन विचारों ने धीरे-धीरे हमारे मन में घर कर लिया है और हमारे लोगों को देखने और समझने के तरीक़ों को बदल दिया है। हम बहुत आसानी से बाक़ी जटिलताओं को नकारते हुए किसी भी व्यक्ति को आँकना शुरू कर देते हैं। और यह इसलिए होता है क्योंकि हमें बता दिया गया कि प्रकृति और सामाजिक कारक ही आपके व्यवहार को नियन्त्रित करते हैं। इसीलिए हम पहले से ही एक प्रकृति की श्रेणी और nurture को अस्वीकृत कर चुके हैं, जिनका स्थान हमारे समाज में नहीं है, और अगर है भी तो बहुत कम है, इसलिए हम किसी के काम की जटिलताओं पर जाना ही नहीं चाहते हैं और उसे पहले से ही निर्णय करके बैठे हुए हैं। क्या ये आज एक समाज का दुर्भाग्य नहीं है?

आज के भारतीय परिवारों में हम देख सकते हैं कि माता-पिता अपने बच्चों को छोटी उम्र से ही शिष्टाचार और अनुशासन सिखाते हैं। बच्चों को यह सिखाया जाता है कि कैसे सार्वजनिक स्थानों पर बड़ों का आदर करें, किस तरह से बोल-चाल की भाषा शिष्ट और विनम्र होनी चाहिए, और कैसे अपने कार्यों के लिए ज़िम्मेदारी का अहसास होना चाहिए। यह मानसिकता हमें एलियास के सिद्धान्त की याद दिलाती है, जहाँ वह यह कहते हैं कि सभ्यता की प्रक्रिया केवल बाहरी नियमों के माध्यम से नहीं, बल्कि आन्तरिक मानसिकता और भावनाओं के विकास के द्वारा भी होती है।

एलियास के सिद्धान्त में एक मुख्य विचार है सामाजिक रोक और स्वयं नियन्त्रण में वृद्धि का। जब समाज विकसित होता है, तो व्यक्ति अपने व्यवहार और उसके परिणाम के प्रति अधिक जागरूक हो जाता है। सामाजिक नियम और अपेक्षाएँ महत्त्वपूर्ण हो जाती हैं, जिससे व्यक्ति में अधिक स्व-नियन्त्रण और सावधानी पैदा होती है। यहाँ यह कहने की ज़रूरत नहीं है कि सामाजिक

नियम यह निर्धारित करते हैं कि आधुनिक जीवन कैसे जीना है? अगर हमसे कभी ग़लती हो जाती है, तो हम कभी इस बात पर क्यों नहीं विचार करते हैं कि कैसे सामाजिक रोक और स्वयं नियन्त्रण का दिया हुआ सिद्धान्त किसी से ठीक से अनुसरण नहीं हो पाया। यहाँ पर हम नियमों का अनुसरण न कर पाने से ज़्यादा हम व्यक्ति को दण्ड देने में विश्वास करते हैं, बजाय इसके कि यह सोचें कि हो सकता है कि समाज में नियमों में भी ग़लती हो सकती है।

उदाहरण के लिए एक वर्ग में पचास विद्यार्थी हैं और सबको एक ही पाठ्यक्रम दे दिया गया है। अगर कोई बच्चा अच्छी श्रेणी नहीं लाता है, तो हम उससे कहते हैं कि "अगर X ला सकता है तो तुम क्यों नहीं ला सकते हो?" हम भूल जाते हैं X की स्थिति अलग हो सकती है, यहाँ हम X के स्वभाव और nurture की बात नहीं कर रहे हैं, बल्कि नोम चॉमस्की ने अपने सिद्धान्त में यह भी बताया है, कि सबका मस्तिष्क अलग होता है और ज़रूरी नहीं है कि हर बच्चे का मस्तिष्क एक जैसा हो और उन्होंने इस बात के लिए स्वभाव या nurture को ज़िम्मेदार नहीं पाया है।

अब लोग इस निष्कर्ष पर पहुँच सकते हैं कि इसका मतलब यह हुआ कि उस बच्चे का मस्तिष्क कमज़ोर है। कब हम इस तरह के सोच से बाहर निकलेंगे कि अगर कोई बच्चा गणित में तेज़ है तो बुद्धिमान है? यह आधुनिक समाज की देन है कि हम इस तरह सोचने में कुछ ग़लत नहीं पाते हैं। क्या हम नहीं जानते हैं की एक बल्लेबाज़ और एक हॉकी खिलाड़ी में अन्तर होता है? अन्तर सिर्फ़ प्रसिद्धि का नहीं है, बल्कि यह भी है एक ऐसा समाज बनाया गया है जिसमें क्रिकेट को ज़्यादा महत्त्व मिले और उसको खेलने वाले को ज़्यादा सम्मान और प्रसिद्धि। इसमें बाक़ी खेलों के खिलाड़ियों की कोई ग़लती नहीं है; उनकी ग़लती सिर्फ़ इतनी है कि वे जिस खेल में दक्ष हैं, उसका समाज में महत्त्व नहीं है। अब सोचिए कि क्या यह प्रश्न नहीं उठता है कि ग़लती समाज की है या व्यक्ति की? लेकिन अफ़सोस, व्यक्ति को ज़िम्मेदार ठहराया जाता है, न कि समाज को। क्या यह पुराना विवाद नहीं है कि अंग्रेज़ी और हिन्दी दोनों सिर्फ़ भाषाएँ हैं, लेकिन अंग्रेज़ी बोलने वालों को हमारे समाज में ज़्यादा आदर मिलता है? इसमें भाषा की या उसके बोलने वालों की कोई ग़लती

नहीं है। फिर जो समस्या है, उस पर हम ध्यान क्यों नहीं देते हैं? जैसा कि हम कई बार कहते आ रहे हैं, कि जब तक हम ग़लत प्रश्न पूछते रहेंगे, हमें सही उत्तर नहीं मिलेगा। कहने का मतलब यह है कि आन्तरिक जटिलताओं पर भी ध्यान देना चाहिए। लेकिन आधुनिक समाज इन सब को नकार करके बस एकरूपता और सार्वभौम व्यवस्था को स्थापित करना चाहता है, जिसमें आपको किसी भी तरह योग्य होना है।

नोर्बर्ट एलियास के सिद्धान्त का प्रभाव इस विचार पर स्पष्ट है, लेकिन इसके विरोध भी उभरे हैं। कुछ विद्वानों का मानना है कि एलियास का लगातार सभ्यता की प्रक्रिया पर ध्यान केन्द्रित करना इतिहास में विकास और हिंसा के कुछ महत्त्वपूर्ण समयों को छोड़ देता है। इसके अलावा, एलियास के सिद्धान्त को ग़ैर-यूरोपीय संस्कृतियों में लागू करने पर भी विवाद है। इन विरोधों के बावजूद, नोर्बर्ट एलियास का काम समाजशास्त्र और सभ्यता के अध्ययन में एक गहरा प्रभाव छोड़ता है। उनकी विचारधारा ने विभिन्न क्षेत्रों के विद्वानों पर प्रभाव डाला है, और सभ्यता की प्रक्रिया के सिद्धान्त को मानव समाजों के विकास पर चर्चा करने में एक मूल्यवान दृष्टिकोण प्रदान किया है।

एंथनी गिडेंस इस बात से सहमत हैं कि सभ्यता की प्रक्रिया एक दीर्घकालिक ऐतिहासिक प्रवृत्ति को सम्बोधित करती है, जो सामाजिक और व्यक्तिगत आत्म-नियन्त्रण और संयम की दिशा में बढ़ती है। उनके अनुसार, समय के साथ समाजों ने मानव व्यवहार को नियन्त्रित करने के लिए संरचनाएँ और तन्त्र विकसित किये हैं, जिससे सभ्यता धीरे-धीरे विकसित हुई है। गिडेंस ने आधुनिकता और वैश्वीकरण के प्रभाव को भी महत्त्वपूर्ण माना है। वे कहते हैं कि आधुनिकता के साथ, पारम्परिक सामाजिक नियन्त्रण संरचनाएँ, जैसे परिवार, धर्म, और समुदाय, महत्त्वपूर्ण परिवर्तनों का सामना कर रही हैं। आधुनिकता सामाजिक सम्बन्धों के विनिक्षेपण की प्रक्रिया लाती है, जहाँ व्यक्ति स्थानीय और पारम्परिक बन्धनों से नहीं, बल्कि एक व्यापक वैश्विक तन्त्र से जुड़े होते हैं।

गिडेंस के अनुसार, आधुनिकता में सभ्यता की प्रक्रिया व्यक्तियों और समाज के बीच एक परस्पर सन्दर्भित रिश्ते (reflexive relationship) के

परिणामस्वरूप उत्पन्न होती है, जिसमें सामाजिक संरचनाएँ और नैतिकताएँ निरन्तर बदलती रहती हैं। जैसे-जैसे जीवन की जटिलताएँ बढ़ती हैं, व्यक्तियों का स्वयं-जागरूक और परिवर्तनशील व्यवहार भी बढ़ता है।

गिडेंस ने सभ्यता की प्रक्रिया पर वैश्वीकरण के प्रभाव पर ज़ोर दिया है। आधुनिक समाज वैश्विक स्तर पर एक-दूसरे से जुड़े हुए हैं, और यह सम्बन्ध सामाजिक नैतिकताओं और व्यक्तिगत व्यवहार पर गहरा प्रभाव डालता है। वैश्वीकरण को पहले समझने का प्रयास करते हैं। वैश्वीकरण से तात्पर्य देशों और अर्थव्यवस्थाओं के बीच वस्तु, सेवाएँ, जानकारी और विचारों के आदान-प्रदान से है, जिससे एक जटिल और आपस में जुड़े हुए रिश्ते बनते हैं। इसके प्रभाव जटिल और बहुपक्षीय होते हैं, और इसके सकारात्मक और नकारात्मक परिणाम दोनों होते हैं।

आर्थिक दृष्टि से वैश्वीकरण व्यापार में वृद्धि और विशेषज्ञता ला सकता है, जिससे विकासशील देशों को पूँजी, प्रौद्योगिकी और विशेषज्ञता मिल सकती है। लेकिन वहीं, आउटसोर्सिंग और बाहरीकरण के कारण कुछ क्षेत्रों में नौकरियों का नुक़सान भी हो सकता है। सांस्कृतिक दृष्टिकोण से, वैश्वीकरण सांस्कृतिक आदान-प्रदान को बढ़ावा देता है, लेकिन यह स्थानीय परम्पराओं को कमज़ोर भी कर सकता है। राजनीतिक दृष्टिकोण से, वैश्वीकरण देशों के बीच सहयोग को बढ़ावा दे सकता है, लेकिन इसके कारण शक्ति असन्तुलन भी पैदा हो सकता है। सामाजिक दृष्टिकोण से, वैश्वीकरण विचारों, जानकारी और प्रौद्योगिकियों के प्रसार से जीवन स्तर में सुधार कर सकता है, लेकिन आय असमानता और सामाजिक अस्थिरता को भी बढ़ा सकता है। पर्यावरणीय दृष्टिकोण से, वैश्वीकरण पर्यावरणीय समस्याओं को हल करने के लिए सहयोग बढ़ा सकता है, लेकिन साथ ही इसे बढ़ावा देने वाले कुछ पहलू पर्यावरणीय क्षति का कारण बन सकते हैं।

संक्षेप में, हम देखते हैं कि वैश्वीकरण के परिणाम जटिल और बहुपक्षीय हैं, जो अर्थव्यवस्था, संस्कृति, राजनीति, समाज और पर्यावरण को सकारात्मक और नकारात्मक दोनों रूपों में प्रभावित करते हैं। हम जानते हैं कि वैश्वीकरण से जुड़ी चुनौतियों का समाधान ज़िम्मेदार नीतियों और अन्तरराष्ट्रीय सहयोग के

बिना सम्भव नहीं है, ताकि इसके लाभ बढ़ाए जा सकें और नकारात्मक प्रभाव कम किए जा सकें। अक्सर हम इसके नकारात्मक प्रभावों को नज़रअन्दाज़ कर देते हैं।

गिडेंस ने संरचनाकरण के सिद्धान्त (theory of structuration) को प्रस्तुत किया, जिसमें उन्होंने यह बताया कि आधुनिक समाज यूरोप-केन्द्रित दृष्टिकोण से व्याप्त है। इसका परिणाम यह है कि विविध संस्कृतियों और समाजों को हाशिये पर धकेल दिया जाता है, और इससे समृद्ध मानव अनुभवों को कम किया जाता है। वे यह भी सवाल उठाते हैं कि क्यों विकास, प्रगति, और समानता केवल एक हिस्से में हुई जबकि दूसरे हिस्से में असमानता और ग़रीबी बनी हुई है, और क्यों यह अन्तर बढ़ता जा रहा है।

एक दूसरा जो महत्त्वपूर्ण विचार हमारे सामने आता है वो है कि ऐसा क्यों है विकास, प्रगति, और समानता दुनिया के एक ही हिस्से में हुआ जबकि दूसरे हिस्से में अभी तक असमानता और ग़रीबी है। यहाँ तक कि यह जो अन्तर है वो और भी बढ़ता जा रहा है जिसका मतलब है कि आधुनिकता का उद्देश्य समानता, स्वतन्त्रता, और समृद्धि लाना है, लेकिन इसके बजाय कुछ लोगों को इसका लाभ नहीं मिल पा रहा है।

ऐसा इसलिए हुआ कि आधुनिकता का उद्देश्य अब हथियारों से नहीं, बल्कि भौतिक और वैचारिक साधनों से आधी दुनिया को नियन्त्रित करना है। यह सोचना कि समानता, स्वतन्त्रता और समृद्धि इसका मूल उद्देश्य हैं और सभी को ये समान रूप से मिलते हैं, भ्रम से ज़्यादा कुछ नहीं है। असल में, आधुनिकता शोषण पर आधारित है, और यह देखा जाता है कि लोग अपने शोषण को कब और कैसे स्वीकार करते हैं। आधुनिकता का पूरा तन्त्र इस बात पर केन्द्रित है कि लोग लगातार बिना विरोध के अपने शोषण को स्वीकार करते रहें। इस बात को बेहतर तरीक़े से समझने के लिए मैक्स वेबर के विचार महत्त्वपूर्ण हैं। वेबर ने आधुनिक संस्थाओं के काम करने के तरीक़ों का विश्लेषण किया है। आधुनिकता का तन्त्र तर्कसंगत प्रणाली पर आधारित है, जिसमें पारम्परिक और भावनात्मक सोच को गणना और तर्क द्वारा बदला जाता है। इसमें मानव जीवन के विभिन्न पहलुओं, जैसे सामाजिक, आर्थिक

और प्रशासनिक प्रक्रियाओं में तर्क, तार्किकता और कुशलता का व्यापक रूप से उपयोग होता है।

वेबर ने तर्कसंगतिकरण के कई महत्त्वपूर्ण पहलुओं पर ज़ोर दिया। पहला पहलू कुशलता है, जिसका प्रमुख उद्देश्य संसाधनों का सर्वोत्तम उपयोग करना है। इसका मतलब यह है कि निर्णय और क्रियाएँ उस तरीक़े से की जाती हैं, जिससे सबसे अच्छे परिणाम प्राप्त हो सकें। यह एक प्रकार की तार्किक प्रक्रिया होती है, जो सुनिश्चित करती है कि कोई भी कार्य बिना किसी बेकार की गतिविधि के सम्पन्न हो। वेबर का मानना था कि आधुनिकता में निर्णयों और कार्यों को जितना सम्भव हो सके, तार्किक और कुशल तरीक़े से करना चाहिए। दूसरा पहलू है पूर्वानुमानीयता, जिसका अर्थ है कि तर्कसंगतिकरण के कारण, समाज में व्यवहार और परिणामों में मानकीकरण हो जाता है। इससे यह सुनिश्चित होता है कि परिणाम अधिक पूर्वानुमानित हों। यह अनिश्चितता और जोखिम को कम करता है, क्योंकि अब हर निर्णय और क्रिया एक सामान्य और तय तरीक़े से होती है, जिससे भविष्य के परिणामों का अनुमान अधिक सटीकता से किया जा सकता है। गणनाकरण तीसरी महत्त्वपूर्ण विशेषता है, जिसका अर्थ है कि निर्णय और मूल्यांकन में मापनीय मापदंड और हिसाब-किताब को प्राथमिकता दी जाती है। उदाहरण के तौर पर, उत्पादकता या प्रदर्शन को मापने के लिए मानक बनाना, और हर परिणाम का मूल्यांकन और तुलना उसी के आधार पर करना। यह एक तरह का औपचारिक और मापने योग्य तरीक़ा है, जिससे किसी भी प्रक्रिया या घटना की सफलता या विफलता को एक ठोस मापदंड पर जाँचा जा सकता है। चौथी विशेषता है विशेषज्ञता, जो यह सुनिश्चित करती है कि कार्यों का विभाजन और विशेषज्ञता का समावेश होता है। इसका मतलब है कि एक बड़ा कार्य छोटे-छोटे हिस्सों में विभाजित किया जाता है, और हर हिस्सा एक विशेषज्ञ द्वारा किया जाता है, ताकि उसे अधिक कुशलतापूर्वक किया जा सके। उदाहरण के लिए, एक उत्पादन लाइन में हर व्यक्ति का कार्य विशेष होता है और वह केवल उसी पर ध्यान केन्द्रित करता है, जिससे कार्य की गति और गुणवत्ता में वृद्धि होती है।

हालाँकि, वेबर ने तर्कसंगतिकरण और प्रशासनिक तन्त्र के लाभों को स्वीकार किया, लेकिन उन्होंने इसके साथ जुड़ी कई समस्याओं पर भी प्रकाश डाला है। सबसे महत्त्वपूर्ण आलोचना जो वेबर ने की, वह थी 'लौह पिंजरे' (Iron Cage) की अवधारणा। वेबर के अनुसार, जब तर्कसंगतिकरण अत्यधिक बढ़ जाता है, तो समाज में एक ऐसी स्थिति उत्पन्न हो सकती है, जिसमें व्यक्ति अपने आप को 'तर्कसंगतता के लौह पिंजरे' में फँसा हुआ महसूस करता है। इसका मतलब यह है कि जब संस्थाएँ पूरी तरह से तर्कसंगत हो जाती हैं, तो व्यक्ति का व्यक्तिगत जीवन, रचनात्मकता और व्यक्तिगतता पूरी तरह से नियन्त्रित हो जाती है। लोग सिर्फ़ तर्क और गणना के हिसाब से अपने कार्य करने लगते हैं, जिससे वे एक यान्त्रिक प्रक्रिया का हिस्सा बन जाते हैं और ख़ुद को स्वतन्त्र रूप से व्यक्त नहीं कर पाते। यह 'लौह पिंजरा' एक ऐसी क़ैद होती है, जो उनके व्यवहार को पूर्व निर्धारित करती है, और यही वेबर के लिए समस्या का कारण बनता है। इसके अलावा, वेबर ने प्रशासनिक तन्त्र में अत्यधिक औपचारिकतावाद और लालफ़ीताशाही की समस्या को भी पहचाना। वे मानते थे कि प्रशासनिक तन्त्र में नियमों और प्रक्रियाओं की अत्यधिक आवश्यकता होती है ताकि समानता और निष्पक्षता बनी रहे, लेकिन जब यह औपचारिकतावाद अत्यधिक बढ़ जाता है, तो यह समस्याओं को जन्म देता है। ऐसे तन्त्रों में बदलाव की गति धीमी हो जाती है, नये विचारों और चुनौतियों के प्रति प्रतिक्रिया बढ़ जाती है, और निर्णय लेने की प्रक्रिया में अत्यधिक समय और संसाधनों का व्यय होता है।

इसके अलावा, वेबर का यह भी मानना था कि जब कोई प्रशासनिक तन्त्र विकसित हो जाता है, तो निर्णय लेने का अधिकार नियमों और प्रक्रियाओं के अधीन होता है। इसका मतलब यह है कि व्यक्तिगत निर्णय की स्वतन्त्रता बहुत सीमित हो जाती है। फ़ैसले पहले से तय नियमों पर आधारित होते हैं, और इन नियमों से बाहर जाकर निर्णय लेना मुश्किल हो जाता है। इससे व्यक्ति की रचनात्मकता और मनोबल पर नकारात्मक प्रभाव पड़ सकता है। उन्होंने यह भी बताया कि प्रशासनिक तन्त्र अपनी प्रकृति के अनुसार जोखिम से बचने की प्रवृत्ति रखता है। इसका मतलब यह है कि संस्थाएँ नये विचारों, नवाचारों और बदलती परिस्थितियों के प्रति अधिक सतर्क रहती हैं। तन्त्र के भीतर बदलाव

के प्रति प्रतिरोध होता है, क्योंकि किसी भी नयी चीज़ को अपनाने का मतलब होता है जोखिम उठाना। यह दृष्टिकोण संस्थाओं को नये विचारों और प्रयोगों से दूर रख सकता है, जिससे वे पुरानी और धीमी प्रक्रियाओं में फँसकर रह जाते हैं।

वेबर ने तर्कसंगतिकरण और प्रशासनिक तन्त्र के लाभों को स्वीकार किया, लेकिन इसके साथ जुड़ी समस्याओं का भी उल्लेख किया। उन्होंने यह बताया कि जब तर्कसंगतिकरण और औपचारिक प्रक्रियाएँ अत्यधिक बढ़ जाती हैं, तो यह मानवता, रचनात्मकता और व्यक्तिगत स्वतन्त्रता को दबा सकता है। वेबर का यह विचार आज भी प्रासंगिक है, ख़ासकर वर्तमान संगठनों और प्रशासनिक तन्त्रों की प्रकृति को समझने में। उनकी आलोचनाएँ हमें यह सोचने पर मजबूर करती हैं कि क्या हम आज भी अपने समाज और संगठनों को यान्त्रिक दृष्टिकोण से देख रहे हैं, और क्या हमें अपनी प्रक्रियाओं और तन्त्रों को अधिक लचीला और रचनात्मक बनाने की आवश्यकता है। वेबर ने इस बात पर ज़ोर दिया कि प्रशासनिक तन्त्र के भीतर बदलाव और नवाचार की आवश्यकता है, ताकि हम समाज और व्यक्ति दोनों को बेहतर तरीक़े से समझ सकें और उनके हितों का संरक्षण कर सकें।

समाज को आधुनिकता के नियमों के अनुसार व्यवस्थित किया जा रहा है। हम जानबूझकर "बाग़वानी" का रूपक इस्तेमाल कर रहे हैं, ताकि इस प्रक्रिया को आसानी से समझा जा सके। बाग़वानी में हम कोई नया परिदृश्य नहीं लाते, बल्कि वही पुराना परिदृश्य जो पहले से है, उसे देखते हैं। जब हमें लगता है कि यह सही नहीं है या सुन्दर नहीं लग रहा है, या हमारे सौन्दर्य बोध को आकर्षित नहीं कर रहा है, तो हम इसे बदलने की कोशिश करते हैं।

एक चीज़ यहाँ पर ग़ौर करने की है वो यह है कि सौन्दर्य बोध व्यक्ति-निष्ठ होता है। हर आदमी को अपने हिसाब से अच्छा लगता है लेकिन जैसा हमने पहले बताया कि धीरे-धीरे एक ही मापदंड अब सबको अपनाना है इसीलिए कोई और अब हमें बताता है कि कौन-सी चीज़ कैसे अच्छी लगती है। बाग़वानी की अवधारणा इसी से जुड़ी हुई है कि बाग़वानी हम सिर्फ़ शौक़ के लिए नहीं करते बल्कि इसीलिए भी करते हैं कि सौन्दर्य की भावना को कैसे बढ़ाया जाये।

एक चीज़ जो महत्त्वपूर्ण है यहाँ पर, वह यह है कि परिदृश्य वही रहता है, हमें अचानक से लगता है कि इसको बदलने की ज़रूरत है। मतलब यह कि आधुनिक संस्थाएँ पुरानी पारम्परिक प्रणाली को सुसज्जित करने का प्रयास करती हैं क्योंकि उन्हें वो ठीक नहीं लग रही होती हैं और उसका उद्देश्य बदलना चाहती हैं। उदाहरण के लिए, अब उसमें बैठकर तस्वीर लेना है या कुछ समय बिताना है। इसका मतलब यह है कि जो पारम्परिक संस्थाएं हैं उसको इसलिए सुसज्जित करना है जिससे हमारी नयी ज़रूरतें पूरी की जा सकें।

बाग़वानी होती कैसे है? हम चुनते हैं कि उसमें अवांछित क्या है उसको दूर करते हैं। मतलब ऐसे तत्त्व जो हमें लगता है कि बाग़वानी के लिए ठीक नहीं हैं, उन्हें हटाया जाये। यहाँ पर ध्यान देने वाली बात है कि अब तक जो अवांछित कहे जा रहे हैं, जिनको हटाने की बात हो रही है, वे उस परिदृश्य के अभिन्न अंग थे, वे वहीं पर कई सालों से उगते आ रहे हैं। लेकिन अब हमें लगता है कि उन्हें वहाँ से हटाया जाये। इसी तरह से समाज के वो लोग या सोच जो कि आधुनिकता को ठीक नहीं लगता है, उसे हटा दिया जाता है। उन्हें हम एक दिन अवांछित समझने लगते हैं। तो प्रश्न अब यह है कि अगर बाग़वानी का हिस्सा बनाना है तो यह ज़रूरी है कि आप अवांछित न बनो या यूँ कहें कि कहीं ऐसा न हो आपकी अवांछित पहचान कर ली जाये, जैसे यहूदियों की गयी थी विश्वयुद्ध के समय।

आधुनिक राज्य को समझने के लिए हम “Gardening” (बाग़वानी) रूपक का प्रयोग कर सकते हैं, यानि ऐसा राज्य जो केवल समाज के संवर्धन और निर्माण में ही नहीं लगा है, बल्कि इस प्रक्रिया में खरपतवार नियन्त्रण यानी अवांछित या अस्वीकार्य तत्त्वों को हटाने का कार्य भी करता है। हम खरपतवार नियन्त्रण और निर्माण और उत्पादन को अलग-अलग देखने की ग़लती कर लेते हैं, जबकि समझना यह है कि उत्पादन और निर्माण सम्भव ही नहीं है बिना विषाक्तता के। कीटनाशक का उपयोग बाग़वानी का बहुत ही महत्त्वपूर्ण हिस्सा है। बाग़वानी करनी है तो विषाक्तता करनी ही होगी।

महात्मा गांधी ने ब्रिटिश अत्याचार को रोकने के लिए अहिंसा अपनायी। उनका मानना था कि एक समय ऐसा आयेगा जब ब्रिटिश अपनी हिंसा को छोड़ देंगे, और मानवता के रूप में यह सम्भव नहीं है कि हम उस आदमी से लगातार लड़ते रहें जो चुपचाप आपकी हिंसा को झेल रहा है। एक समय के बाद हमें नैतिक रूप से ख़राब लगेगा और हम रुक जायेंगे। गांधी जी का सिद्धान्त मानसिक रूप से बहुत प्रभावी था। लेकिन हम मानते हैं कि यह आवश्यक नहीं है कि ये सभी स्थितियाँ हर बार लागू हों। लेकिन यह भी आवश्यक नहीं है कि ये सभी पर लागू न होने का मतलब यह नहीं है कि यह सिद्धान्त निरर्थक है। इसकी सम्भावना है कि बहुत से लोग लगातार हिंसा बिना विरोध के न कर पायेंगे, या करेंगे तो एक समय के बाद बन्द कर देंगे।

आधुनिकता में, जैसा कि हमने बताया कि दक्षता पर ज़ोर दिया गया है। ऐसी प्रणाली विकसित की गयी है जो व्यक्ति हिंसा उत्पन्न कर रहा है, उसका सीधा शामिल होना ही न हो, जिससे नैतिकता का प्रश्न ही न उठे। जैसा कि रॉल हिलबर्ग लिखते हैं : "याद रखना आवश्यक है कि अधिकांश नरसंहार के भागीदारों ने यह काम नहीं किया कि वे यहूदी बच्चों पर बन्दूक चलाएँ या गैस कक्ष में गैस डालें...अधिकांश कर्मचारी ज्ञापन लिखते थे, नक़्शे तैयार करते थे, टेलीफ़ोन पर बात करते थे, और सभाओं में भाग लेते थे। वे अपनी मेज़ पर बैठकर एक पूरी जनसंख्या को नष्ट कर सकते थे।"

जो यह कर रहे थे वो तो क्षेत्र में थे भी नहीं, उन्हें तो पता भी नहीं था कि आख़िरी उत्पाद क्या है, जिस पर उनकी योजना का क्रियान्वयन होने जा रहा है। जो कर रहा था वो तो अपने आप को नैतिक रूप से यह कहकर अलग कर ले रहा था कि वह आदेश का अनुसरण कर रहा है और आदेश मानना उसका नैतिक कर्तव्य है, और जो आदेश जारी करवा रहा था वह तो स्थल पर था ही नहीं कि उसका हृदय पिघले भी। कहने का मतलब यह है हमें इस प्रकार तैयार किया जाता है कि सिर्फ़ हमें परिणाम से मतलब हो और उस प्रक्रिया पर ध्यान देना है जिससे परिणाम कितने आसानी से प्रभावी रूप से बाहर आ सके। एक श्रृंखला बना दी जाती है जिससे नैतिकता का प्रश्न ही न उठे। हर किसी को परिणाम देना ही उसका कर्तव्य बन जाता है, और मज़े की बात तो यह है कि कितनी आसानी से हम क्षेत्र में न होते हुए भी उद्देश्य

को पूरा कर लेते हैं। यहाँ पर हम यह बताने का प्रयास कर रहे हैं, कि कैसे शारीरिक दूरी कार्यों और उनके परिणामों में हमारे अन्दर की नैतिकता को निरस्त कर देती है।

अगर पीड़ित अदृश्य हो जाये तो हम किसी कार्य को और आसानी से कर सकते हैं। आधुनिकता का लक्ष्य यही रहता है कि तकनीकी हस्तक्षेप इतना बढ़ जाता है कि कर्ता और पीड़ित के बीच की दूरी बढ़ जाती है। इस पर अच्छे से विचार करने के लिए एक बार फिर से हम होलोकॉस्ट का उदाहरण लेते हैं। डीवाइट मैकडोनाल्ड ने 1945 में कहा था कि हमें उन से ज़्यादा डरना चाहिए जो क़ानून को बहुत ईमानदारी से अनुसरण करते हैं, उनकी अपेक्षा जो क़ानून को तोड़ते हैं। उन्होंने ऐसा क्यों कहा? अगर हम होलोकॉस्ट को ठीक से समझें तो पायेंगे कि मानव इतिहास में जो सबसे बड़ा अधर्म हमारी स्मृति में है, वह व्यवस्था के विघटन का परिणाम नहीं रहा है बल्कि एक त्रुटिहीन, निर्दोष, अविवादित नियम के आदेश से रहा है। यह एक उग्रवादी और अनियन्त्रित भीड़ का कार्य नहीं था, बल्कि वे व्यक्ति थे जो सैन्य वर्दी में थे, आदेशनिष्ठ और अनुशासित थे, निर्देशों का पालन कर रहे थे और जो भी आदेश था, उसको अक्षरशः पालन कर रहे थे। बहुत जल्दी ही पता चला कि जब ये लोग अपनी वर्दियाँ उतारते थे, तो वे किसी भी तरह की बुराई में नहीं होते थे। वे हम सभी की तरह व्यवहार करते थे। उनकी भी पत्नियाँ थीं जिनसे उन्हें प्रेम था, उनके बच्चे थे जिनकी वे देखभाल करते थे, और उनके दोस्त थे जिनकी मदद और सांत्वना वे किसी संकट की स्थिति में करते थे। यह अविश्वसनीय लगता था कि एक बार जब ये लोग वर्दी पहनते थे, तो वे ही लोग हज़ारों अन्य लोगों को गोली मारते, गैस कक्ष में डालते, या उनकी हत्या करते थे, जिनमें से कुछ किसी की प्रिय पत्नियाँ और कुछ किसी के बच्चे होते थे। यह भयावह था कि हम सामान्य लोग कैसे यह कर सकते हैं?

क्या ऐसा हो सकता है कि वे लोग हमसे अलग थे, या उनमें कुछ भिन्न था जो इस तरह का काम करने के लिए प्रेरित करता था? या फिर यह हो सकता है कि वे हमारे समृद्ध, सभ्य समाज के प्रभाव से बच गये हों? या शायद वे विकृत किए गए हों, कुछ विकृत शैक्षिक या सामाजिक कारकों के कारण उनका व्यक्तित्व प्रभावित हुआ हो? यहाँ हम यही बताने का प्रयास

करते हैं कि हमारे सभ्य समाज में भी लोग ऐसे हैं जो यह कर सकते हैं। एक बार उन्हें अगर आदेश मिला तो ऐसी विस्मयकारी क्रिया का परिणाम बहुत ही ख़ूबसूरती से देंगे। क्या यह हमें हमारी सभ्यता की प्रक्रिया या उद्देश्य पर प्रश्न उठाने के लिए नहीं मजबूर करता?

होलोकॉस्ट और उसके अपराधियों के बारे में सबसे भयानक तथ्य यह नहीं था कि यह हमारे साथ हो सकता है, बल्कि यह था कि यह हमें सोचने पर मजबूर करता है कि हम यह कर सकते हैं। येल विश्वविद्यालय के मनोवैज्ञानिक, स्टेनली मिलग्राम ने इस विषय पर विचार करते हुए 1974 में अपने शोध प्रकाशित किए। मिलग्राम के निष्कर्ष स्पष्ट थे : हाँ, हम यह कर सकते हैं, और यदि परिस्थितियाँ सही हों तो हम अभी भी यह कर सकते हैं। ऐसे निष्कर्षों के साथ जीना आसान नहीं है। और जैसे ही उन्होंने ये निष्कर्ष दिया, लोग इस बात को मानने के लिए तैयार ही नहीं थे और उनकी बातों को नकारना शुरू कर दिया। मिलग्रैम की तकनीकों की आलोचना हुई, उन्हें ख़राब और शर्मनाक क़रार दिया गया, और उन्हें दोष दिया गया। हर क़ीमत और हर तरीक़े से, शैक्षिक दुनिया ने उस ज्ञान को बदनाम और इनकार करने की कोशिश की जिसका वादा था कि ऐसे परिणाम हमें भय के माहौल में रखेंगे। इसलिए इसे नहीं मानना चाहिए। वैज्ञानिक इतिहास में कुछ घटनाएँ हैं जो कथित तौर पर मूल्यमुक्त ज्ञान की तलाश और वैज्ञानिक जिज्ञासा के अनैतिक उद्देश्यों की सच्चाई को अधिक से अधिक प्रकट करती हैं। लेकिन ऐसा कोई भी सही ठोस प्रयोग नहीं किया गया जिससे मिलग्रैम के अनुसन्धान को ग़लत साबित किया जा सके। मिलग्रैम सही थे, निस्सन्देह, और अब भी सही हैं। उनके मूल अध्ययन के बाद वर्षों बीत गये हैं, लेकिन उनका पाया जाना वाला ज्ञान, जो मानव व्यवहार को सामने लाकर आज भी खड़ा कर देता है।

अब हम जानने का प्रयास करते हैं कि मिलग्रैम का प्रयोग क्या था। स्टैनली मिलग्रैम के अनुसार, जो 1960 के दशक में किये गये थे, यह एक मनोविज्ञान के इतिहास में सबसे प्रसिद्ध और विवादित अध्ययनों में से एक है। मिलग्रैम, जो कि सामाजिक मनोवैज्ञानिक थे, उन्होंने एक प्रयोग किया जिसका मक़सद यह परीक्षण करना था कि क्या लोग अपने अधिकारी की सुनेंगे और कोई भी कार्य करेंगे, चाहे वह भले ही उनके नैतिक विश्वासों

के विरुद्ध हो? मिलग्रैम के अध्ययन का मूल व्यवस्थापन तीन भागीदारों पर आधारित था : प्रयोगकर्ता, शिक्षक, शिक्षार्थी। हालाँकि, शिक्षार्थी असल में एक सहायक (अभिनेता) था और असली ध्यान शिक्षक पर था। शिक्षक को यह आदेश दिया गया थी कि एक स्मृति पाठ के दौरान हर ग़लत उत्तर के लिए शिक्षार्थी को लगातार गम्भीर विद्युत का झटका दिया जाये। झटका असली नहीं था, लेकिन शिक्षक को यह विश्वास दिलाया गया था कि वह असली है। मिलग्रैम के अनुसार प्राप्त नतीजे भयावह थे। प्रतीत होते हुए भी शिक्षार्थी के व्यक्तिगत दुःख और रोकने की प्रतिज्ञा के बावजूद, एक बड़ी संख्या में भागीदारों ने चेतना को अधिकतम स्तर तक विद्युत झटका दिया, बस इसलिए क्योंकि अनुसन्धानकर्ता ने उन्हें ऐसा करने की प्रेरणा दी। इसने दिखाया कि कर्मचारियों के व्यवहार पर अधिकारी व्यक्तियों का प्रभाव बहुत गहरा होता है, क्योंकि भागीदार व्यक्ति बस उनके आदेशों का पालन कर रहे थे, चाहे वह दूसरे व्यक्ति को नुक़सान पहुँचा रहे थे। इस निष्कर्ष को लोग खंडित तो नहीं कर पाये लेकिन इसे मानने से अस्वीकार कर दिया।

थिओडोर एडोर्नो की एक किताब है 'द ऑथॉरिट्रेन पर्सनैलिटी' जिसमें एक महत्त्वपूर्ण तर्क दिया गया कि जो व्यक्ति प्राधिकरण को बहुत सम्मान देता है, वह अपने मालिक के प्रति बहुत ही आज्ञाकारी होता है। और यह भी निष्कर्ष निकलता है कि नाज़ीवाद निर्दयी था क्योंकि नाज़ी निर्दयी थे। नाज़ी निर्दयी थे क्योंकि लोग निर्दयी बनाना चाहते थे। कहने का मतलब यह है कि जितना सामाजिक रिश्तों को तर्कसंगत किया जायेगा और तकनीकी रूप से सम्पन्न किया जायेगा उतना ही अमानवीयता समाज में बढ़ेगी।

यहाँ फ्रांसीसी दार्शनिक मिशेल फूको का उल्लेख करना आवश्यक है। फूको के बिना आधुनिक उपकरणों और संस्थाओं के काम को समझना मुश्किल है। उनका काम इस बात का विश्लेषण करना था कि कैसे मानव शरीर को आधुनिकता को आगे बढ़ाने के लिए केन्द्र में लाया गया। फूको ने मानव शरीर को उस स्थान के रूप में देखा जहाँ शक्ति और ज्ञान (power-knowledge) एक-दूसरे के साथ काम करते हैं और एक-दूसरे को प्रभावित करते हैं। शरीर एक शक्ति-ज्ञान के स्थल के रूप में विभिन्न शाखाओं, जैसे कि दर्शनशास्त्र, समाजशास्त्र, मानवविज्ञान, और लैंगिक अध्ययन, के

सहयोग से यह विचार उभर आता है। इन जटिलताओं से भरे तत्त्व में, शरीर को शक्ति का प्रयोग और ज्ञान के उत्पादन के लिए एक केन्द्र माना जाता है। इस अनुसन्धान में शरीर को सिर्फ़ एक भौतिक वस्तु के रूप में नहीं देखा जाता, बल्कि एक सामाजिक और सांस्कृतिक रचना के रूप में भी देखा जाता है, जो शक्ति सम्बन्धों और ज्ञान की व्यवस्थाओं और तन्त्रों से प्रभावित होती है।

इस व्यापक चर्चा में, हम इस सिद्धान्त के सैद्धान्तिक आधारों को समझेंगे, जो मिशेल फूको के पुस्तकों में निहित हैं, और इसके बाद नारीवादी और उत्तर-औपनिवेशिक विमर्शों में इसके विकास को भी देखेंगे। इसके अलावा, हम यह भी जानेंगे कि शरीर कैसे एक विवादित क्षेत्र बन जाता है, जहाँ शक्ति गतिशीलता (power dynamics) प्रतिबिम्बित और पुनरुत्पादित होती है, साथ ही यह विरोध और उलटफेर का भी एक स्थल बन जाता है।

फूको ने शक्ति-ज्ञान के स्थल के रूप में शरीर को समझने का आधार रखा। उनकी पुस्तकों, विशेष रूप से Discipline and Punish और The History of Sexuality में, फूको ने बायोपावर (जीवनशक्ति) की अवधारणा प्रस्तुत की, जो जनसंख्या को नियन्त्रित करने के माध्यमों द्वारा शासन करने का तरीक़ा है। फूको के अनुसार, शरीर केवल एक व्यक्ति या जीवित सत्ता नहीं है, बल्कि वह स्थल है जहाँ शक्ति और ज्ञान (power and knowledge) आपस में गठित होते और क्रियाशील होते हैं। संगठन, विद्यालय और अस्पताल जैसे संस्थान शरीर को अनुशासित और नियन्त्रित करने में महत्त्वपूर्ण भूमिका निभाते हैं, और सामाजिक नियमों और व्यवस्थाओं को मज़बूत करते हैं।

मिशेल फूको का शरीर पर विचार गहरे सामाजिक एवं राजनीतिक प्रश्नों से जुड़ा है। उन्होंने यौनिकता की बायो-राजनीति (bio-politics of sexuality) पर चर्चा की और बताया कि शरीर केवल व्यक्तिगत अनुभव का क्षेत्र नहीं है, बल्कि वह वह स्थल है जहाँ शक्ति के सम्बन्ध दिखते और काम करते हैं। उनका यह मानना था कि शरीर सिर्फ़ एक भौतिक रूप नहीं है, बल्कि यह समाज में शक्ति के संचार का एक महत्त्वपूर्ण स्थल है। शरीर पर शक्ति के प्रभाव और उसके नियन्त्रण के विचार ने आधुनिक समाज की सामाजिक संरचनाओं को नये तरीक़े से समझने की दिशा दी।

शक्ति का असर हमारे शरीर पर सीधे दिखता है। यह हमें नियन्त्रित कर सकती है या हमारे शरीर और स्वास्थ्य के तरीक़ों को तय कर सकती है। इससे साफ़ होता है कि समाज में शक्ति कैसे काम करती है और लोगों पर उसका असर होता है। यह विचार फूको के लिए काफ़ी महत्त्वपूर्ण था क्योंकि वह यह मानते थे कि जब हम शरीर के नियन्त्रण की बात करते हैं, तो हम केवल भौतिक या शारीरिक नियन्त्रण नहीं, बल्कि सामाजिक और मानसिक नियन्त्रण की बात भी कर रहे होते हैं।

फूको के अनुसार, शरीर सिर्फ़ एक जीवित सत्ता नहीं है, बल्कि उसे समाज में शक्ति के काम करने का एक ज़रिया बनाया जाता है। शरीर को इस तरह ढाला जाता है कि वह समाज और राजनीति के लिए उपयोगी हो सके। यह काम हमेशा हिंसा या डर से नहीं होता, बल्कि कई बार यह बहुत सामान्य और रोज़मर्रा के तरीक़ों से किया जाता है, जैसे अनुशासन, नियम, या आदतों के ज़रिए। फूको कहते हैं कि जब शरीर समय के हिसाब से काम करने वाला और आज्ञाकारी बन जाता है, तभी वह शक्ति के लिए एक उपयोगी साधन बनता है।

फूको का मतलब था कि शरीर सिर्फ़ मांस या हड्डियों का ढाँचा नहीं है, बल्कि उसमें एक तरह का ज्ञान (knowledge) भी होता है, ऐसा ज्ञान जो हमारे व्यवहार, आदतों और चाल-ढाल में दिखाई देता है। उन्होंने कहा कि शरीर पर नियन्त्रण सिर्फ़ ताक़त या ज़बरदस्ती से नहीं होता, बल्कि समाज धीरे-धीरे शरीर को सिखाता है कि कैसे बैठना, चलना, बोलना या काम करना है। इस प्रक्रिया को फूको ने "शरीर की राजनीतिक तकनीक" (Biopolitics) कहा, यानी ऐसा तरीक़ा जिससे सत्ता शरीर को नियन्त्रित और उपयोगी बनाती है। इस तकनीक का असर समाज के विभिन्न पहलुओं में जैसे चिकित्सा, राजनीति, मनोरंजन, और अन्य सामाजिक प्रयासों के माध्यम से प्रकट होता है।

इसके अलावा, फूको का कहना था कि राजनीतिक तकनीकें, जो व्यक्तियों और जनसंख्या के सदस्यों पर कार्य करती हैं, आधुनिक समाज में बहुत महत्त्वपूर्ण हैं। ये तकनीकें शरीर की शिक्षा और जनसंख्या के व्यवस्थापन में प्रकट होती हैं, जो आधुनिक न्यायिक स्वतन्त्रताओं और सरकारी कार्यों के साथ मिलकर एक व्यापक सामाजिक संरचना का निर्माण करती हैं। फूको ने चिकित्सा के क्षेत्र में भी इन राजनीतिक तकनीकों को पहचाना, और यह

बताया कि कैसे चिकित्सा ने एक शताब्दी के दौरान 'राष्ट्रीय प्रयास' के रूप में एक नया रूप लिया।

फूको ने अपनी प्रसिद्ध पुस्तक 'द बर्थ ऑफ़ द क्लिनिक' में यह दिखाया कि कैसे चिकित्सा, विशेष रूप से फ्रांसीसी क्रान्ति और साम्राज्य के दौर में, राज्य के कार्यों से अलग नहीं हो सकी। चिकित्सा ने इस दौरान एक नया स्थान प्राप्त किया, जिसमें चिकित्सा की ज्ञानशास्त्रीय और राजनीतिक संरचनाओं में प्रगति हुई। इसके परिणामस्वरूप, चिकित्सा एक सामाजिक और राजनीतिक उपकरण के रूप में उभरी, जो न केवल लोगों के स्वास्थ्य को नियन्त्रित करती थी, बल्कि समाज के आदर्शों और नैतिकता को भी प्रभावित करती थी।

यह प्रक्रिया केवल चिकित्सा तकनीक या ज्ञान तक सीमित नहीं थी, बल्कि इससे यह भी पता चलता है कि कैसे एक व्यक्ति 'अच्छा' नागरिक बनते-बनते 'आदर्श' नागरिक बनने की दिशा में ढलता गया। इसका मतलब था कि यह तकनीक न केवल व्यक्तिगत स्वास्थ्य, बल्कि राष्ट्रीय क्रम, मज़बूत सेनाएँ, लोगों का जन्म, और उनके धैर्य और लगातार काम को भी नियन्त्रित करने का एक माध्यम बन गयी। इस तरह से, चिकित्सा और स्वास्थ्य के क्षेत्र में जो परिवर्तन हुए, वे समाज के जीवन के सभी पहलुओं में आदर्श, साधारण और प्रभावी बन गये, जो कि अब समाज और राज्य के संचालन के लिए एक महत्त्वपूर्ण उपकरण बन गये।

फ्रांसीसी क्रान्ति के पहले और बाद के समय में दो बड़े मिथक उभरे। पहले मिथक के अनुसार, एक राष्ट्रीय चिकित्सा पेशेवर की धारणा थी, जो धर्म की तरह काम करती थी और स्वास्थ्य के स्तर पर, शरीरों और आत्माओं पर असर डालती थी। दूसरे मिथक में यह विश्वास फैलाया गया कि बीमारी पूरी तरह से अदृश्य हो जायेगी, जिसमें यह माना गया कि जीवन से सारी उत्तेजना और राग ख़त्म हो जायेंगे और समाज से सभी हानिकारक तत्त्व ग़ायब हो जायेंगे, और इस तरह स्वास्थ्य की एक आदर्श स्थिति बन जायेगी।

इस दौर में डॉक्टर का काम सिर्फ़ चिकित्सा तक सीमित नहीं रहा, बल्कि वह राजनीतिक दृष्टिकोण से भी जुड़ गया। स्वास्थ्य समस्याओं के ख़िलाफ़ संघर्ष, दमनकारी सरकार के ख़िलाफ़ संघर्ष की तरह देखा जाता था। इसका मतलब यह था कि, जब चिकित्सा राजनीतिक प्रभावी होगी, तो पारम्परिक दृष्टिकोण को छोड़कर, यह एक नयी दिशा में विकसित होगा। अन्ततः, जब

समाज समानता की दिशा में बढ़ेगा और असमानताएँ ख़त्म होंगी, तब चिकित्सक की भूमिका भी सीमित होकर केवल एक अस्थायी भूमिका रह जायेगी।

आगे फूको ने 'अनुशासनात्मक शक्ति' के बारे में भी बात की। इस शक्ति का सम्बन्ध व्यक्तिगत शरीरों पर लागू होने वाली निगरानी, सामान्यीकरण और संस्थागत नियन्त्रण से है। इसके ज़रिये फूको ने यह बताया कि कैसे शरीर एक नये राजनीतिक और शारीरिक सम्बन्ध का हिस्सा बन जाता है, जहाँ शरीर को नियन्त्रित करने के तरीक़े अधिक उपयोगी और आज्ञाकारी बनाने के लिए डिज़ाइन किये जाते हैं। इस तरह से, यह शक्ति सिर्फ़ शारीरिक ताक़त को नहीं बढ़ाती बल्कि शरीर को एक नियोजित और नियन्त्रित ढंग से व्यवस्थित करती है। शरीर को एक 'विनम्र शरीर' बना दिया जाता है, जो किसी भी राजनीतिक शक्ति द्वारा निर्देशित और शासित होता है।

फूको की 'अनुशासन और दण्ड' (1975) में यह दिखाया गया कि कैसे शक्ति के इन निवेशों के साथ मानव शरीर को एक वस्तु और लक्ष्य के रूप में देखा जाता था। शास्त्रीय युग में, शरीर को प्रशिक्षण और अनुशासन के ज़रिये एक कुशल, आज्ञाकारी और अधिक शक्ति-सम्पन्न मशीन में बदल दिया गया था। यह एक बड़ा बदलाव था, जिसमें शरीर न केवल शारीरिक सन्दर्भ में बल्कि राजनीतिक सन्दर्भ में भी एक महत्त्वपूर्ण स्थान रखता था। फूको का यह विचार आज भी सामाजिक संरचनाओं और शक्ति के खेल को समझने के लिए प्रासंगिक है। उनके दृष्टिकोण से, शक्ति का कार्य सिर्फ़ भौतिक बल तक सीमित नहीं है, बल्कि यह शरीर के अन्दर और बाहर, समाज के हर क्षेत्र में मौजूद है, और इसे नियन्त्रित करने की प्रक्रिया पूरी तरह से राजनीतिक है।

जब हम 'आधुनिकता' जैसे शब्द सुनते हैं, तो आमतौर पर हमें यह समझ आता है कि यह किसी कालखंड से जुड़ा हुआ है, एक ऐसा समय जो आने वाला है और जो अपने आप को पहले के समय से अलग करता है। लेकिन इस पर दो प्रमुख ग़लतफ़हमियाँ होती हैं। पहली बात यह कि आधुनिकता हमेशा यह कोशिश करती है कि वह अपने आप को अतीत से अलग कर ले, लेकिन यह पूरी तरह से सम्भव नहीं है। दरअसल, यह अतीत का ही एक विस्तार होता है, सिर्फ़ एक नया रूप होता है। उदाहरण के तौर पर, हम किसी ख़ास दशक को पकड़ सकते हैं और कह सकते हैं कि उस समय कुछ ख़ास

आन्दोलन या तकनीकी उन्नति शुरू हुई, लेकिन इसका मतलब यह नहीं है कि हम इसे साफ़-साफ़ अतीत से अलग कर सकें। कोई भी स्पष्ट विभाजन नहीं होता है, बल्कि यह एक जटिल, निरन्तर प्रक्रिया होती है, जिसमें बदलाव धीरे-धीरे होते हैं।

दूसरी बात यह है कि आधुनिकता को केवल समय के क्रम में नहीं, बल्कि एक स्वयंसिद्ध (axiological) रूप में समझना चाहिए। यानी, हमें यह मानना होगा कि अब वापसी का कोई अर्थ नहीं है, अब कुछ ऐसा मौजूद है जो पहले नहीं था, जो तब असम्भव था लेकिन अब सम्भव हो गया है। यह सवाल खड़ा करता है कि आज ऐसा क्या है जो पहले सम्भव नहीं था? अगर हम कालक्रम से आधुनिकता के विचार को देखते हैं तो क्या उसका असल मतलब निकलता है? और अगर हम इसे एक्सिओलॉजिकली देखें, तो क्या परिवर्तन होते हैं, जो इसे एक नया अर्थ देते हैं? अन्त में, ऐतिहासिक सन्दर्भ में आधुनिकता की अवधारणा को हम कैसे परिभाषित करेंगे? क्या हम इसे काल विभाजन से जोड़ सकते हैं, या फिर इसका कोई और दृष्टिकोण हो सकता है?

अगर हम एक सरल तरीक़े से इसे समझें, तो हम कह सकते हैं कि आधुनिकता के सिद्धान्त में 'अलौकिक' या धार्मिकता का स्थान नहीं होता। अब सवाल उठता है कि ऐसा क्यों है? इसका मतलब यह है कि आधुनिकता के विचार में धार्मिक और आध्यात्मिक भावनाओं को नहीं शामिल किया जाता। आधुनिकता का दर्शन तब तक आधुनिक नहीं माना जायेगा जब तक यह दावा नहीं करता कि वह प्राचीन और मध्यकालीन ईसाई विचारों को छोड़ चुका है। यह उस समय को ख़ारिज करता है, और मानता है कि अब एक नया काल आ चुका है, जो पहले के धार्मिक दृष्टिकोण से अलग है। इसका यह भी मतलब है कि अब हमें एक नया दर्शन चाहिए, जो पुराने धार्मिक दृष्टिकोण को अस्वीकार करता हो और मानवविज्ञान या तर्क पर आधारित हो।

इसके बाद, हेगेल का विचार आता है, जो यह मानते थे कि जब ईसाई धर्म के 'अलौकिक' तत्त्वों को हटा दिया जायेगा, तो वह आधुनिक दर्शन का हिस्सा बन जायेगा। यानी अब ईसाई धर्म को एक दार्शनिक रूप में पेश किया जायेगा, जहाँ ईश्वर के सवाल अप्रासंगिक हो जायेंगे। दूसरे शब्दों में, अब यह ईश्वर-विरोधी दर्शन होगा, जैसा फ्रेडरिक नीत्शे का मानना था। नीत्शे के

अनुसार, ईश्वर का सवाल ख़त्म होने के बाद, तर्क और नास्तिकता को महत्त्व मिलेगा, क्योंकि अब तर्क ही मुख्य तत्त्व होगा।

यहाँ पर हम यह बताना चाह रहे हैं कि आज भी ईसाई धर्म अस्तित्व में है, लेकिन अब इसे एक धर्म के तौर पर नहीं, बल्कि दर्शन के रूप में देखा जाना चाहिए। यह एक क्रमिक बदलाव है, न कि एक अचानक विभाजन। द्वितीय विश्वयुद्ध के बाद पश्चिमी दर्शन ने 'ईश्वर की मृत्यु' का ऐलान किया। इस समय धर्म को दर्शन के रूप में स्वीकार नहीं किया गया, और यह माना गया कि ईश्वर का अस्तित्व अब बिना किसी निशान के ख़त्म हो चुका है। अब सवाल यह है कि नास्तिकता को शामिल करके आधुनिक दर्शन क्या हासिल करना चाहता था? नास्तिकता का मतलब सिर्फ़ निषेध से था, यानी मिथकों और धर्म से मुक्ति।

संक्षेप में, यह माना जाता है कि नास्तिकता मिथकों से आज़ादी का परिणाम है। अगर हम इस नज़रिए से देखें तो आधुनिक दर्शन का आरम्भ हमें पुनर्जागरण काल में मिलता है, क्योंकि यहीं से पुरातन विचारों का पुनर्जन्म हुआ और प्रोटेस्टेंट धर्म सुधार ने इसे एक नयी दिशा दी। 18वीं सदी में डेकार्ट ने अपने विचारों से पारम्परिक सोच को चुनौती दी और तर्क को ही सर्वोच्च माना। उनका प्रसिद्ध कथन "मैं सोचता हूँ, इसलिए मैं हूँ" (I think, therefore I am) इस विचार को स्पष्ट करता है कि मेरा अस्तित्व केवल इस कारण है कि मैं सोच रहा हूँ। डेकार्ट के अनुसार, यह पहला सच है कि मैं हूँ, और मैं इस वास्तविकता पर सन्देह कर सकता हूँ। इस तरह से, आधुनिकता की शुरुआत के साथ तर्क को मुख्य आधार माना गया, जो अतीत की धार्मिक मान्यताओं से अलग था।

आधुनिकता के नाम पर कई बड़े बदलाव और विचार लाये गये–जैसे मुक्ति, पुनर्जागरण, राष्ट्रीयता की पुनर्स्थापना। लेकिन इनमें से कोई भी बदलाव बिना हिंसा के नहीं आया। उदाहरण के लिए, जब उपनिवेशमुक्ति (decolonization) की प्रक्रिया शुरू हुई, तो वह बिना हिंसा के सम्भव नहीं हो पायी। अब उपनिवेशमुक्ति को अगर सिर्फ़ इस रूप में देखा जाये कि हमें अंग्रेज़ों से आज़ादी मिली, तो यह एक अधूरी समझ होगी। असल में, यह सिर्फ़ अंग्रेज़ों की राजनीतिक सत्ता से मुक्त होने की बात नहीं थी,

बल्कि उन विचारों, तौर-तरीक़ों और जीवनशैली से भी मुक्ति पाना था, जो उन्होंने हम पर थोप दिये थे। लेकिन सच्चाई यह है कि हम अभी भी पूरी तरह से उपनिवेशमुक्त नहीं हुए हैं। अंग्रेज़ चले गये, लेकिन जो सामाजिक और मानसिक ढाँचा उन्होंने तैयार किया, वह आज भी हमारी ज़िन्दगी में मौजूद है। मैकॉले के 'मिनट्स' को पढ़ना इसीलिए ज़रूरी हो जाता है, जिसमें वह साफ़ लिखते हैं कि उन्हें ऐसे भारतीय चाहिए जो ख़ून और रंग से भारतीय हों, लेकिन सोच, बुद्धि और नैतिकता में अंग्रेज़। और दु:ख की बात यह है कि यह योजना काफ़ी हद तक सफल भी रही। यही वजह है कि जब हम भारतीय आधुनिकता (Indian modernity) की बात करते हैं, तो उसे उपनिवेश और उपनिवेशमुक्ति के सन्दर्भ के बिना समझना लगभग नामुमकिन हो जाता है।

फ्रांज़ फैनन ने जो कहा, वह आज भी सच लगता है–विऔपनिवेशिकरण (decolonization) को हम चाहे जैसे समझें, यह असल में सिर्फ़ एक समूह को दूसरे समूह से बदलने का नाम बनकर रह गयी है। अगर आप ध्यान दें, तो देखेंगे कि संस्थाएँ बदली हैं, नाम बदले हैं, चेहरे बदले हैं, लेकिन तरीक़ा वही पुराना है। बदलाव (transition) कम हुआ है, प्रतिस्थापन (substitution) ज़्यादा। हर दिन हमारे आस-पास नयी चीज़ें होती दिखती हैं–नये स्कूल खुलते हैं, नये पाठ्यक्रम लाये जाते हैं, नये राज्य बनाये जाते हैं–लेकिन असल में यह सब सिर्फ़ पुराने सिस्टम का ही नया रूप होता है। बाहर से देखने पर ऐसा लगता है कि उपनिवेशमुक्ति हो रही है, लेकिन हक़ीक़त में ऐसा कुछ नहीं है। असली बदलाव तो तब होगा जब समाज की पूरी संरचना जड़ से बदल जायेगी।

लेकिन असली डर यह है कि इस बदलाव की प्रक्रिया में कहीं हम ख़ुद नये उपनिवेशीकरण करने वाले न बन जायें। सवाल उठता है–तो फिर क्या हमें यह सब नहीं करना चाहिए? ऐसा भी नहीं है। हम जो भूल जाते हैं, वह यह है कि जब तक हम 'व्यवस्था, पुनर्व्यवस्था और नयी व्यवस्था' की बात करते रहेंगे–जो कि आधुनिकता की बुनियाद है–तब तक हम एक नये उपनिवेशीकरण (colonization) की तरफ़ बढ़ते रहेंगे। हम यहाँ परिवर्तन के विरोध में नहीं हैं, और न ही विऔपनिवेशीकरण के ख़िलाफ़ हैं। हमारा

उद्देश्य केवल आधुनिकता के उस पहलू को दिखाना है जो अक्सर हमारी नज़रों से अदृश्य रहता है, लेकिन लगातार मौजूद रहता है।

व्यवस्था क्या होती है? हम रोज़ सुनते हैं कि एक सुव्यवस्थित समाज होना चाहिए। हम कभी यह नहीं सोचते कि यह सुव्यवस्थित समाज की परिकल्पना कैसे होती है, कौन करता है? समाज को सुव्यवस्थित कौन बनाता है, ऐसा क्या होना चाहिए कि समाज सुव्यवस्थित होना चाहिए? जब इन सब प्रश्नों के उत्तर मिलने लगें, तो यह सोच लेना चाहिए कि क्या सुव्यवस्थित समाज बिना हिंसा के सम्भव है या फिर सुव्यवस्थित समाज का आधार ही हिंसा है। बिना हिंसा के सुव्यवस्थित समाज की परिकल्पना कर पाना सम्भव नहीं है।

अगर हम इतिहास देखें, तो पायेंगे कि उपनिवेशियों को हमेशा लगता था कि वे आदिवासियों और मूल निवासियों के बारे में सब कुछ जानते हैं। उपनिवेशियों को यह 'अधिकार' लगता है कि उन्हें आदिवासियों के बारे में सब सही पता है। उपनिवेशियों को यहाँ तक लगता है कि उनके बिना आदिवासियों का अस्तित्व नहीं है, आदिवासियों के जीवन का अर्थ बिना उपनिवेशियों के सम्भव नहीं है। इसी तरह, आधुनिकता की यह सुव्यवस्थित समाज की कल्पना भी इसी सोच पर आधारित है, जिसमें सम्बन्ध उपनिवेशी और आदिवासी जैसे होते हैं। आधुनिकता नए तरह के लोगों का निर्माण करती है, और इसमें ज़्यादातर सक्रियता (agency) वस्तुओं के पास होती है, न कि लोगों के पास।

आधुनिकता बिना विभाजन रेखा के अस्तित्व में रह ही नहीं सकती। क्या हम ऐसे समाज में, जिसे हम सुव्यवस्थित समझते हैं, बिना किसी ख़तरे के रह सकते हैं? अगर हाँ, तो पुलिस प्रणाली की क्या ज़रूरत है? और अगर लगातार इस डर में रहना है कि हम सुरक्षित नहीं हैं, तो कैसे इस समाज को हम सुव्यवस्थित कह सकते हैं? जैसे उदाहरण के लिए हम यक़ीन नहीं कर सकते कि हम अभी स्वस्थ हैं और लम्बे समय तक स्वस्थ रहेंगे, तो इस स्थिति में हम कैसे यह कह सकते हैं कि हम एक स्वस्थ शरीर हैं? क्या यह विरोधाभास नहीं है कि हम दवाइयाँ भी उसी बक्से में लेकर चलते हैं जिसमें हमने अपने स्वस्थ होने का प्रमाण रखा है? किसी भी अन्तरराष्ट्रीय यात्रा के

समय हम अपने स्वस्थ होने का प्रमाण देते हैं और उसी समय हम दवाइयाँ लेकर जाते हैं। कहने का मतलब यह है कि हम एक ऐसी व्यवस्था बना रहे हैं जहाँ उस व्यवस्था के अन्दर ही विकार की अवधारणा हमने प्रस्तुत कर दी है और फिर हम कहते हैं कि हमारा समाज आधुनिकता के चरम पर है।

एक और उदाहरण लेते हैं। हमारी शिक्षा प्रणाली में यह परम्परा है कि यदि कोई लड़का या, लड़की अपनी कक्षा में प्रथम स्थान प्राप्त करता है, तो हम उसे उत्साहवर्धन के लिए एक पदक देते हैं। लोग ताली बजाते हैं और इसका एक अच्छा आयोजन किया जाता है। पदक इस बात का प्रमाण है कि यह लड़का बहुत ही अच्छे तरीक़े से अपना काम कर रहा है और पढ़ाई पर ध्यान दे रहा है। उसका व्यवहार बहुत ही अच्छा रहा और शिक्षकों और प्रणाली के साथ बहुत ही बेहतरीन व्यवहार के साथ पेश आया है। अब जो हम नहीं देख पाते हैं वह यह है कि वह लड़का नयी 'आधुनिक' शिक्षा प्रणाली का परिणाम है। उसके ऊपर शिक्षा प्रणाली अच्छे से लागू हो पायी या नहीं, उस लड़के का पदक एक प्रतीक है जो बताता है कि आधुनिक शिक्षा प्रणाली ऐसे ही 'नये मनुष्यों' का निर्माण करना चाहती है। पदक अकेले में इसलिए नहीं देते क्योंकि प्रदर्शनी की भूमिका समझना भी आवश्यक है। फूको अपनी पुस्तक 'विधान और दण्ड' में लिखते हैं कि पुराने समय में दण्ड खुले स्थान पर दिया जाता था। लोग इकट्ठा होते थे और अपराधी को क्रूरता से दण्डित किया जाता था। इस दण्ड का उद्देश्य सिर्फ़ सजा देना नहीं था, बल्कि यह दिखाना था कि ऐसा व्यवहार स्वीकार्य नहीं है। लोग समझें कि ऐसा नहीं करना चाहिए, और प्रणाली के प्रति आज्ञाकारी और अनुशासित रहना चाहिए। इसी तरह इस नये आधुनिक समाज में पदक इस बात का प्रतीक है कि अगर आप इसी तरह से आज्ञाकारी और प्रणाली का पालन करेंगे तो आपको भी पदक मिलेगा। पुराने समाज में लोग उस प्रणाली का पालन करते थे जिसमें कोई स्वतन्त्रता नहीं थी, आज के समाज में लोग आधुनिक प्रणाली का पालन करते हैं जिसमें स्वतन्त्रता है। बस अन्तर यह है कि मध्यकालीन प्रणाली सिर्फ़ दण्ड पर ज़्यादा ध्यान देती थी और नयी प्रणाली दण्ड के साथ-साथ पुरस्कार, पदक पर भी ध्यान देती है। क्योंकि आधुनिक प्रणाली का प्रयास शारीरिक हिंसा से ज़्यादा ज्ञानात्मक है।

आज के समाज में स्वतन्त्रता की परिभाषा भी बदल गयी है। पहले के ज़माने में स्वतन्त्रता निजी स्थानों में थी–व्यक्ति अपने घर में जो चाहे कर सकता था। लेकिन आधुनिक व्यवस्था में निजी स्थानों में भी स्वतन्त्रता नहीं बची है। अब हर जगह निगरानी है, हर जगह सुरक्षा के नाम पर नियन्त्रण है। यहाँ तक कि स्वतन्त्रता और सुरक्षा को साथ-साथ चलाया जाता है, और हमें यह समझाया जाता है कि अगर हमें सुरक्षित रहना है, तो हमें कुछ हद तक अपनी स्वतन्त्रता त्यागनी होगी। तो फिर सवाल यह है–आधुनिकता हमें वास्तव में क्या दे रही है? क्या यह हमें सच में मुक्ति की ओर ले जा रही है, या बस एक नये नियन्त्रण तन्त्र में बाँध रही है? सोचने वाली बात है कि आधुनिक समाज में 'व्यवस्था' के नाम पर हमें जिन नियमों का पालन करना सिखाया जा रहा है, वे कहीं न कहीं उसी पुराने उपनिवेशीकरण की छाया मात्र हैं।

अगर हम समाज में पागलपन, शक्ति और नियन्त्रण को समझना चाहते हैं, तो मिशेल फूको को पढ़ना बहुत मददगार हो सकता है। फूको एक फ्रांसीसी दार्शनिक थे, जिन्होंने शक्ति, ज्ञान और सामाजिक संस्थाओं को गहराई से समझने की कोशिश की। उनकी किताबें 'Madness and Civilization', 'The Birth of the Clinic', 'Discipline and Punish', और 'The History of Sexuality' हमें यह दिखाती हैं कि समाज में अलग-अलग चीज़ों को परिभाषित करने के लिए किस तरह की संरचनाएँ बनायी जाती हैं और कैसे ये संरचनाएँ लोगों की सोच और व्यवहार को प्रभावित करती हैं।

जैसा कि हम सब जानते हैं, समाज में पागल समझे जाने वाले लोगों के साथ हमेशा कैसा व्यवहार किया जाता रहा है। पागलपन को एक बीमारी बताकर उन्हें समाज से बाहर रखा जाता रहा है, ऐसा समाज में माना जाता है कि अगर कोई व्यक्ति पागल है तो ज़रूर वह आदमी कोई न कोई पाप किया होगा जिसकी सज़ा उसे इस पागलपन के रूप में मिल रही है। फूको की किताब '*Madness and Civilization*', जो उनकी पहली पुस्तक थी, इसी बात को बहुत गहरे से समझने की कोशिश करती है कि पागल लोगों को कैसे देखा जाता है, कैसे उनका इलाज किया जाता है, उनकी यह स्थिति अभी ऐसी क्यों है, क्या उनकी ऐसी स्थिति पहले के समाज में कुछ और थी और अब और है? पहले के लोग पागलपन को कैसे सँभालते थे? इत्यादि। फूको

इस पर विस्तार से अपने विचार रखते हैं जिसमें वह बताते हैं कि पागल लोगों को उनकी यह स्थिति करने में किन सामाजिक मानदंडों और संस्थाओं का योगदान है। फूको सबसे पहले हम यह सवाल करते हैं कि ये सभी श्रेणियाँ (categories) कैसे बनती हैं। कौन करता है? हमारे समाज में पागलपन को लेकर बहुत सारी धारणाएँ बनी हुई हैं, ये धारणाएँ न केवल पागल लोगों के प्रति हमारे व्यवहार को प्रभावित करती हैं बल्कि हमारे स्वयं के विचारों को भी प्रभावित करती हैं। यहाँ यह समझने वाली बात है कि कैसे हमारे ख़ुद के बारे में विचार और पागलपन के बारे में विचार आपस में जुड़े होते हैं। उदाहरण के लिए जब कोई व्यक्ति बहुत ज़्यादा बोलता है या अजीब व्यवहार करता है तो उसे समाज में अलग माना जा सकता है, इसी तरह से हम अपने व्यवहार को समाज के मानकों के अनुसार ढालने की कोशिश करते हैं ताकि हमें समाज से अलग न माना जाये बल्कि सामान्य माना जाये।

फूको एक परिकल्पना प्रस्तुत करते हैं, जिसके अनुसार पागलपन का समाज से बहिष्कार से गहरा सम्बन्ध है, जब लोग किसी को पागल समझते हैं तो वे अक्सर उसे समाज से अलग कर देते हैं, उसे किसी कमरे में बन्द कर देते हैं, या उसे कहीं दूर, समाज से बाहर भेज देते हैं। जैसे कि हम सब यह देखते हैं कि जब किसी व्यक्ति को मानसिक बीमारी होती है, तो उसे अक्सर मानसिक अस्पताल में भेज दिया जाता है, इससे वह व्यक्ति अपने परिवार, दोस्तों, और समाज से कट जाता है। फूको ने पागलपन और इससे जुड़े सामाजिक धारणाएँ (stereotypes) के बारे में बताया और यह समझाया कि ये समय के साथ कैसे बदलती रही। उनके अनुसार, मध्य युग में कोढ़ से ग्रसित लोगों को समाज से अलग रखा जाता था, क्योंकि उन्हें संक्रमण फैलाने का खतरा माना जाता था और उनकी दिखावट भी लोगों को परेशान करती थी। लेकिन कुछ ऐसा होता है 14वीं सदी में कि जो सबकुछ बदलकर रख देता है, 14वीं सदी के अन्त तक कोढ़ ख़त्म हो जाता है, जिसके बारे में सब लोग ख़ुश होते हैं। अब लोगों को इन खाली जगहों, आश्रयगृहों का क्या करना है जो उन लेप्रोसी से ग्रसित व्यक्तियों को रखने के लिए बनाये गये थे, ये चिन्ता सताने लगती है। लेकिन जैसा कि हम सब जानते हैं, ये बड़े-बड़े आश्रयगृह खाली हो गए थे, लेकिन बहुत कम समय के लिए।

17वीं सदी के यूरोप में महान बन्दीकरण (The Great Confinement) हुआ जब बहुत सारे लोगों को, विशेष रूप से जो मानसिक बीमारियों से ग्रसित थे, जो लोग आपराधिक गतिविधियों में दोषी थे, जिन्हें किसी भी प्रकार का थोड़ा-सा भी संक्रमण था, और वे सभी लोग जो थोड़ा बहुत अजीब व्यवहार कर रहे थे, इनमें से बहुत सारे लोग ऐसे भी थे जिनका इलाज घर पर ही हो सकता था लेकिन उन्हें समाज से अलग कर दिया गया और विभिन्न स्थानों, आश्रयगृहों में बन्द कर दिया गया जिससे वे सब समाज से दूर हो सके और समाज व्यवस्थित हो सके, जैसे आज हम समाज में शान्ति बनाये रखने के लिए कुछ नियमों का पालन करते हैं, वैसे ही उस समय भी समाज को कथित तौर पर व्यवस्थित रखने के लिए कुछ कठोर क़दम उठाये गये। इस समयावधि में पागलपन को बेरोज़गारी के एक उपवर्ग में रखा जाने लगा, और यह सोच आम हो गयी कि ग़रीब लोग सिर्फ़ आर्थिक समस्याओं के शिकार नहीं थे बल्कि वे नैतिक समस्याएँ भी पैदा कर रहे थे। आइए इसे आसान शब्दों में समझते हैं, मान लीजिए कोई व्यक्ति मानसिक बीमारी के कारण काम नहीं कर सकता था तो उसे बेरोज़गार और पागल दोनों माना जाता था और यह समाज के लिए समस्या मानी जाती थी, उसे आलसी, अनैतिक या असामाजिक समझा जाता था, और यह माना जाता था कि उसकी ग़रीबी उसकी ख़ुद की ग़लतियों और बुरे चरित्र की वजह से है। यहाँ तक कि उस समय के धार्मिक उपदेशों में भी ग़रीबों और पागलों को नैतिक रूप से कमज़ोर बताया जाने लगा जो समाज के नैतिक स्वास्थ्य के लिए हानिकारक थे, इसलिए, उन्हें नैतिक सुधार के नाम पर पागलखानों और जेलों में बन्द किया जाने लगा। इस सबका परिणाम यह हुआ कि पागलपन, अजीब व्यवहार करना अब शर्मनाक हो गया जिसे अब हर हाल में समाज से छिपाया जाना अनिवार्य हो गया था, इसका मतलब यह है कि समाज में पागलपन को अब एक बुराई के रूप में देखा जाने लगा। पहले जो चीज़ें खुलेआम और स्वाभाविक मानी जाती थीं या जिनका इलाज घर पर भी होता था, उन्हें अब शर्मनाक समझा जाने लगा और समाज में उन्हें छिपाने की कोशिश की जाने लगी, और सबसे बड़ी बात, इस बदलाव ने मानसिक स्वास्थ्य से जुड़ी समस्याओं को बढ़ा दिया क्योंकि लोग अब अपने मानसिक स्वास्थ्य के मुद्दों पर खुलकर बात करने से बचने लगे।

अब सवाल उठता है कि ये लोग पागलपन को परिभाषित कैसे करते थे? फूको के अनुसार, पहले हिस्टीरिया को विशेष रूप से महिलाओं की बीमारी के रूप में देखा समझा जाता था। डॉक्टर्स और समाज ने इसे महिलाओं के शरीर और मन की कमज़ोरी के रूप में देखा और धीरे-धीरे इसे एक मानसिक बीमारी के रूप में बताया जाने लगा और इसे चिकित्सीय दृष्टिकोण से समझा जाने लगा। यह मानसिक बीमारी न केवल व्यक्तिगत स्तर पर बल्कि सामाजिक स्तर पर भी शर्मिन्दगी और छिपाने का कारण बन गयी। इस प्रकार, हिस्टीरिया का विकास एक महिला की बीमारी से एक मानसिक बीमारी तक हुआ, जिसे समाज और मेडिकल फील्ड ने सीरियसली लिया और इसे नियन्त्रित करने का प्रयास किया। और 18वीं सदी आते-आते यह कहा जाने लगा था कि केवल शारीरिक उपचार से पागलपन का इलाज नहीं किया जा सकता। और इसका मतलब यह नहीं है कि तब मानसिक उपचार शुरू हो गया था बल्कि इसने शरीर और मन की एकता को तोड़ने का काम किया। इसका मतलब यह है कि अब मानसिक और शारीरिक स्वास्थ्य को अलग-अलग समझा जाने लगा। अब यह पता चला कि मानसिक बीमारियों का सम्बन्ध केवल शारीरिक कारणों से नहीं है बल्कि मानसिक और भावनात्मक पहलुओं से भी है। इसलिए, पागलपन का इलाज कराने के लिए मानसिक और भावनात्मक उपचार की भी आवश्यकता है। और जब फ्रांसीसी क्रांति की शुरुआत हुई तो क़ैदियों को जेल से निकालने की योजना बनायी गयी, जिसका मुख्य कारण था कि सामान्य क़ैदियों के लिए इन मानसिक रोगियों के साथ ही जेल में रखना बेहद अपमानजनक था। इन मानसिक मरीज़ों को एक विशेष अस्पताल में रखने का सोचा गया लेकिन उस समय अस्पतालों का अस्तित्व नहीं था इसलिए उन्हें उनके परिवारों के पास वापस भेज दिया गया। कुछ समय बाद परिवारों के लिए भी ये मानसिक मरीज़ों को सँभालना मुश्किल हो गया था इसलिए उन्हें घरों से भी निकाल दिया गया, अन्त में, इस बार उन्हें उन जेलों में रखा गया जहाँ पागल और अपराधियों को कड़ी निगरानी में अलग-अलग रखा जाता था।

फ्रांसीसी क्रांति के समय, मानसिक लोगों के उपचार के तरीक़ों में बड़ा बदलाव आया जब उस समय के दो महान व्यक्तियों ने मानसिक रोगियों की

मुक्ति और उनके मानवतावादी उपचार में अहम भूमिका निभायी, और ये व्यक्ति थे, फिलिप पिनल और सैमुअल ट्युक। सैमुअल ट्युक एक इंग्लिश सोशल वर्कर थे जिन्होंने मानसिक रोगियों के इलाज में सुधार के लिए कार्य किया। ट्युक ने मानसिक रोगियों के उपचार में मोरल ट्रीटमेंट के सिद्धान्त को अपनाया, और उनका मानना था कि मानसिक रोगियों को दया, धैर्य, और सम्मान के साथ देखा जाना चाहिए जिससे उनकी स्थिति में सुधार हो सके। वहीं फिलिप पिनल जो एक फ्रेंच डॉक्टर थे उनका भी वही मानना था कि मानसिक रोगियों का सम्मान और सहानुभूति के साथ इलाज किया जाना चाहिए। पिनल ने मानसिक रोगियों को क़ैदियों की तरह नहीं बल्कि मरीज़ों की तरह देखा। लेकिन हक़ीक़त में यह सब सुधार एक मिथक साबित हुए जिसे हम इस तरह से समझ सकते हैं कि, यह दृष्टिकोण मानसिक रोगियों को एक परिवार की तरह मानता था। इस परिवार में डॉक्टर को पिता की भूमिका दी गयी जो अनुशासन और नैतिकता सिखाने का काम करते थे। उन मानसिक रोगियों को बच्चे की तरह माना जाता था जिन्हें हर हाल में पिता के अधिकार का सम्मान करना होता था। इस दृष्टिकोण का मुख्य उद्देश्य था कि मानसिक रोगियों को अनुशासन और नैतिकता कैसे सिखाई जाये? यह माना जाता था कि धर्म नैतिकता का स्रोत है इसलिए मानसिक रोगियों को अनुशासन और धर्म का ज्ञान सिखाया जाता था। इसके अलावा उन्हें घर के कामों में भी व्यस्त रखा जाता था ताकि वे आत्म-नियन्त्रण सीख सकें। यदि कोई मानसिक रोगी अनुशासन का पालन नहीं करता था तो उसे सज़ा दी जाती थी। पहले के समय में मानसिक रोगियों को ज़ंजीर में बाँधकर रखा जाता था लेकिन इस नये दृष्टिकोण में ज़ंजीरों को हटा दिया गया। हालाँकि यदि कोई मानसिक रोगी बुरा व्यवहार करता था तो उसे फिर से ज़ंजीरों से बाँध दिया जाता था। इस प्रकार से उन्हें यह सिखाया जाता था कि उनका अच्छा या बुरा व्यवहार उनकी अपनी ज़िम्मेदारी है। जैसे कि अगर वे अच्छा व्यवहार करते हैं तो उन्हें स्वतन्त्रता मिलती है लेकिन अगर वे यही बुरा व्यवहार करते हैं तो उन्हें सज़ा मिलेगी ही। मानसिक रोगियों के लिए यह निर्णय और दण्ड का तरीक़ा बार-बार दोहराया जाता था, जब तक कि वे इसे पूरी तरह से आन्तरिक रूप से स्वीकार नहीं कर लेते। किताब में इसे एक उदाहरण के ज़रिये समझाया

गया है, जिसमें एक महिला जो अपने कपड़े फाड़ने की आदत से पीड़ित होती है, जिसे बार-बार ठंडे पानी से नहलाया जाता है जब भी वह यह करती है, आख़िरकार वह महिला पछतावा दिखाना शुरू करती है और इसके बाद से वह ख़ुद को अनुशासित करने लगती है। इस उदाहरण के ज़रिये दिखाया गया है कि कैसे निर्णय और सज़ा का तरीक़ा बार-बार दोहराकर एक मानसिक रोगी को अनुशासन और आत्म-नियन्त्रण सिखाया जा सकता है।

तब ही इस परिप्रेक्ष्य में चिकित्सक की एंट्री होती है, लेकिन यह सोचने वाली बात है कि जब कोई शारीरिक रूप से बीमार नहीं है तो दवा में प्रशिक्षित व्यक्ति क्या अच्छा कर सकता है? चिकित्सक को एक प्रमाणित समझदार और महान व्यक्ति माना जाता है, और पिनल और ट्युक को एक नैतिक आधिकारिकता की ज़रूरत थी जो मानसिक रोगियों को अच्छे से नियन्त्रित और सँभाल कर सके और दोनों ने अपने आश्रयगृहों में डॉक्टर को एक अधिकार बना दिया। धीरे-धीरे डॉक्टर ने पिनल और ट्युक जैसे गैर-विशेषज्ञों से पिता की भूमिका ले ली। समस्या तब शुरू हुई जब डॉक्टर यह भूल गए कि वे वहाँ अपनी महत्ता और ज्ञान के कारण हैं। उन्होंने सोच लिया कि चिकित्सा क्षेत्र एक कठोर विज्ञान है और वे पागलखाने में वैज्ञानिक की तरह काम कर रहे हैं, जिससे वे इस रोग को पूरी तरह समझ सकते हैं और उसका समाधान निकाल सकते हैं।

फूको अपने शोधार्थी समूह के साथ जेलों के इतिहास का अध्ययन कर रहे थे। अपने समूह के साथ उन्होंने कई शोध पत्र प्रकाशित किए, जिनमें से एक फ्रांसीसी हत्या केस (1835) पर था। यह केस पियरे रिवियरे से जुड़ा था, जिसने अपनी माँ, पिता, भाई और बहन की हत्या कर दी थी। फूको ने इस केस के सभी कोर्ट दस्तावेज़ इकट्ठा किए और उनका विश्लेषण किया, यह समझने के लिए कि आख़िर पियरे ने ऐसा क्यों किया और क्या पियरे रिवियरे पागल था? और यही सवाल हमें उनकी दूसरी किताब की ओर लाता है और वह है–'Discipline and Punish'। फूको इस पुस्तक में यह बताते हैं कि शक्ति सम्बन्ध और उत्पीड़न कैसे काम करते हैं समाज को नियन्त्रित रखने में। फूको ने इस पुस्तक के माध्यम से यह समझने का प्रयास किया कि कैसे जेलों की उत्पत्ति दण्ड के रूप में हुई। दण्ड के रूप में जेलों की उत्पत्ति का इतिहास

काफ़ी प्राचीन है, लेकिन आधुनिक समय में जिस प्रकार की जेल प्रणाली का विकास हुआ, वह मुख्य रूप से 18वीं और 19वीं सदी के यूरोप में देखा गया जिसका उद्देश्य अपराधियों को समाज से अलग करना और उन्हें सुधार के माध्यम से समाज का पुनः सदस्य बनाना था।

हालाँकि, प्राचीन समय में दण्ड अधिकांश शारीरिक दण्ड जैसे कोड़े मारना, अंग भंग करना या मृत्यु दण्ड देना पर केन्द्रित होते थे। भारत में जेल प्रणाली का विकास ब्रिटिश उपनिवेशिक काल के दौरान हुआ, ब्रिटिश शासन ने उपनिवेशिक शासन को सुदृढ़ करने और क़ानून व्यवस्था बनाये रखने के लिए 1773 के बाद से भारतीय जेलों का निर्माण शुरू किया। अंग्रेज़ों ने Indian Penal Code और Prisons Act 1984 को लागू किया जिससे भारतीय जेल प्रणाली का औपचारिक रूप से विकास हुआ। इससे पहले, प्राचीन भारत में अपराधियों के लिए कठोर दण्ड की व्यवस्था होती थी, जैसे कि निर्वासन, शारीरिक दण्ड, अंग भंग आदि, लेकिन व्यवस्थित रूप से जेलों का विकास भारत में ही उपनिवेशिक काल में हुआ।

फूको ने दण्ड के प्रकारों में बदलाव को दिखाने के लिए दो उदाहरण प्रस्तुत किये हैं, पहला जो कि वर्ष 1757 से पहले का है और दूसरा 1837 के बाद का है। 1 मार्च 1757 को रॉबर्ट फ्रांस्वा डेमियन, जिसने उस समय के राजा लुई XV की हत्या का प्रयास किया था जिसके परिणामस्वरूप उसे अंग भंग करके मृत्यु दण्ड मिला जिसे 'अमेन्ड ऑनरेबल' भी बोलते हैं, जिसे पाने वाला वह अन्तिम व्यक्ति था। डेमियन को सबसे पहले एक गाड़ी में लाया गया, जिसमें वह केवल एक शर्ट पहने हुए था और हाथ में एक जलती हुई मोम की दो पाउंड वज़न की मशाल पकड़े हुए था। फिर उसे गाड़ी में प्लेस डे ग्रेव ले जाया गया, जहाँ एक मंच पर उसकी छाती, भुजाएँ, जाँघें और पिंडलियों का मांस जलती हुई चिमटी से खींचा गया। उसके दाहिने हाथ में वह छुरी थी जिससे उसने राजा की हत्या की कोशिश की थी, और उस हाथ को सल्फर के साथ जलाया गया। जिन स्थानों से मांस खींचा गया था, वहाँ पिघला हुआ सीसा, खौलता हुआ तेल, जलता हुआ रेजिन (राल), मोम और सल्फर एक साथ मिलाकर डाला गया। इसके बाद उसके शरीर को चार घोड़ों द्वारा खींचकर चार हिस्सों में बाँट दिया गया, और फिर उसके अंगों को

जला दिया गया, उसे राख में बदल दिया गया और उसकी राख को हवाओं में बिखेर दिया गया।

अब यह तो स्पष्ट है कि यह विवरण पहले ही काफ़ी घिनौना लगता है, लेकिन चश्मदीदों द्वारा बतायी गयी कहानी और भयावह थी। असल में जलती हुई चींटी से किसी के शरीर से मांस खींचना उतना आसान नहीं था जितना सोचा गया था। घोड़े, जिन्हें डेमियन के अंगों को अलग करना था, इस काम को करने में असमर्थ थे, क्योंकि उन्होंने पहले कभी ऐसा नहीं किया था। जल्लाद के आदमी को अन्ततः उसका शरीर टुकड़ों में काटना पड़ा, लेकिन जब उसका बिना अंग वाला शरीर आग में फेंका गया, तब भी वह ज़िन्दा था। यह घटना जितनी घिनौनी थी, उतनी ही अविश्वसनीय भी। महत्त्वपूर्ण बात यह है कि इस तरह की सज़ा को देखकर लोगों की प्रतिक्रिया यह दर्शाती है कि समाज अब उस समय से कितना आगे बढ़ चुका है, जब ऐसी सज़ाओं को उचित माना जाता था।

दूसरा उदाहरण 1837 के बाद का है, उस समय के फ्रेंच प्रधानमन्त्री लियोन फॉचर, एक जेल का दौरा करते हैं जिसमें हम जेल की स्थिति देखें तो पता लगता है कि कैसे क़ैदियों के दैनिक दिनचर्या का निर्धारण किया जाता है। कैदियों को सर्दी में सुबह 6 बजे और गर्मी में सुबह के 5 बजे ही उठा दिया जाता है। फिर ये लोग दिन के 9 घंटे, सालभर काम करते हैं। दिन के दो घंटे में उन्हें निर्देश दिया जाता है कि आज उन्हें क्या करना है। दिनभर काम करने के बाद सर्दियों में 9 बजे और गर्मियों में 8 बजे उन्हें चैन से सोने के लिए समय मिलता है। ऐसा नहीं है कि उन्हें यह सब करने के लिए बहुत सारा समय मिलता है बल्कि, ये क़ैदी सुबह की घण्टी के साथ उठकर तैयार होते हैं, फिर उनका जो निरीक्षक होता है वह उन सबका दरवाज़ा खोलता है। दूसरी घण्टी की आवाज़ आने तक उन्हें तैयार होना पड़ता है और अपना-अपना बिस्तर भी सही कर लेना होता है। तीसरी बेल बजने तक सबको एक लाइन में खड़ा होकर सुबह की प्रार्थना के लिए जाना होता है। इन सभी घण्टी बजने के बीच में बस पाँच मिनट का अन्तर होता है। इससे यह पता चलता है कि कैसे जेलों में क़ैदियों के जीवन के हर सेकंड को प्लान किया जाता है ताकि कोई समय ही न बचे कुछ और सोचने के लिए।

इन दोनों उदाहरणों को देखने से हमें यह स्पष्ट पता लगता है कि ये दोनों दण्ड एक ही अपराध के लिए एक ही प्रकार के अपराधी पर लागू नहीं होते हैं। लेकिन प्रतीक अपने आप में दण्ड की एक विधि का प्रतीक है, जहाँ एक दण्ड बहुत परिचित लगता है वहीं दूसरा बहुत अपरिचित। आइए इसे समझने का प्रयास करते हैं कि ऐसा क्यों हुआ कि ये बदलाव आया? या तो इस बदलाव को आधुनिक संस्कृति के जन्म के रूप में देख सकते हैं, या इसे यह कह सकते हैं कि उन वर्षों के दौरान समाज स्पष्ट रूप से अधिक मानवीय हो गया था।

फूको का मानना था कि सत्ता सिर्फ़ बल का प्रयोग करके ही नहीं बल्कि नॉलेज और इन्फॉर्मेशन के द्वारा भी लागू होती है। उन्होंने बताया कि कैसे कैदियों को जेलों में नियन्त्रित करने के लिए समय-समय पर निरीक्षण किया जाता है और इस तरीक़े से उन्हें हर वक़्त एक अनुशासन में रखा जाता है। ठीक इसी प्रकार समाज में भी अलग-अलग संस्थान लोगों को नियन्त्रित करने के लिए अनेक प्रकार की नीतियों का उपयोग करते हैं। आइए इसे हम एक उदाहरण के माध्यम से समझने का प्रयास करते हैं, जैसा कि हम सब जानते हैं कि शिक्षा का उद्देश्य केवल ज्ञान देना ही नहीं है बल्कि यह भी सुनिश्चित करना है कि कैसे छात्रों में अनुशासन बना रहे और इसके लिए स्कूलों में समय सारिणी, अनुशासन और निरीक्षण के माध्यम फॉलो किये जाते हैं जिससे कि बच्चों को नियन्त्रित किया जाता है। जैसे कि स्कूलों में सुबह की प्रार्थना होती हैं जिसमें सभी छात्रों को एक ख़ास समय पर उपस्थित रहना अनिवार्य होता है जो छात्रों में अनुशासन और समय के महत्त्व को समझने के लिए प्रोत्साहित करता है।

ठीक इसी प्रकार चिकित्सा व्यवस्था भी समाज को नियन्त्रित रखने का एक महत्त्वपूर्ण साधन है, जिसके माध्यम से लोगों को उनके स्वास्थ्य की देखभाल करने और नियमित स्वास्थ्य परीक्षण कराने के लिए प्रेरित किया जाता है। स्वास्थ्य संस्थान भी निगरानी और नियन्त्रण के ज़रिये समाज को नियन्त्रित करते हैं जिसे समझने के लिए हम टीकाकरण का उदाहरण लेते हैं जिसमें लोगों पर निगरानी करके और नियमों का पालन करवाकर

स्वास्थ्य और व्यवस्था बनाये रखी जाती है। वैसे ही विभिन्न कार्यस्थलों पर भी अनुशासन और नियन्त्रण के सिद्धान्त लागू होते हैं जैसे कि कर्मचारी को अपने कार्यस्थल पर निश्चित समय पर पहुँचना, और अपना काम तय समय पर पूरा करना और अपने प्रमुख का आदेश पालन करना, ये सभी कार्यालयों के अनुशासन का हिस्सा हैं। फूको के अनुसार समाज में दण्ड और पुरस्कार के माध्यम से भी अनुशासन बनाये रखा जाता है, जैसे कि अगर कोई व्यक्ति समाज के नियमों का पालन करता है तो उसे पुरस्कार या सम्मान दिया जाता है और वहीं यदि कोई व्यक्ति सामाजिक नियमों का उल्लंघन करता है तो उसे दंडित किया जाता है।

तो फूको के अनुसार इन सभी संस्थानों का उद्देश्य समाज को एक व्यवस्थित और अनुशासित बनाये रखने का होता है। और फूको के सिद्धान्त से हमें यह समझने में मदद मिलती है कि कैसे सत्ता और नियन्त्रण के माध्यम से समाज को अनुशासित और नियन्त्रित रखा जाता है जो कि आज के आधुनिक समाज को समझने के लिए एक महत्त्वपूर्ण दृष्टिकोण है। यह हमें यह सोचने पर मजबूर करता है कि कैसे हम अपने दैनिक जीवन में भी एक अनुशासन और नियन्त्रण तन्त्र का हिस्सा हैं और यह तन्त्र हमारे जीवन को कैसे संचालित और नियन्त्रित करता है।

मिशेल फूको इसलिए महत्त्वपूर्ण हैं क्योंकि उनके सिद्धान्तों को समझे बिना आधुनिकता और उत्तर-आधुनिकता की जटिलताओं को समझना असम्भव है। उन्होंने यह दिखाने का प्रयास किया कि आधुनिक समाज केवल सतही रूप से स्वतन्त्र और लोकतान्त्रिक प्रतीत होता है, लेकिन वास्तव में यह अत्यन्त दमनकारी है। आधुनिक सत्ता केवल बल प्रयोग से नहीं, बल्कि सूक्ष्म नियन्त्रण और निगरानी के माध्यम से कार्य करती है।

फूको का *पैनऑप्टिकॉन* (Panopticon) का विचार यह दर्शाता है कि कैसे आधुनिक समाज में लोग निरन्तर निगरानी में जी रहे हैं जहाँ सत्ता हमेशा उनके व्यवहार को नियन्त्रित करने में लगी रहती है। इस व्यवस्था में सत्ता कोई एक व्यक्ति नहीं, बल्कि एक तन्त्र बन जाती है जो व्यक्ति को हर क्षण अनुशासित और नियन्त्रित रखने के लिए काम करता है। यह स्कूलों, अस्पतालों, जेलों, और यहाँ तक कि सोशल मीडिया के माध्यम से भी कार्य

करता है। इसका परिणाम यह होता है कि मनुष्य अब पहले जैसा स्वतन्त्र नहीं रहा। उसकी गतिविधियाँ, विचार, इच्छाएँ और यहाँ तक कि उसका शरीर भी एक संरचनात्मक व्यवस्था द्वारा नियन्त्रित किया जाता है। दुर्भाग्यवश, यह प्रवृत्ति तेज़ी से बढ़ रही है, और हम अपने जीवन पर नियन्त्रण खोते जा रहे हैं।

मानववाद (ह्यूमनिज़्म) का युग बहुत पहले समाप्त हो चुका है। वह युग, जहाँ मनुष्य को एक स्वतन्त्र, आत्मनिर्भर और तार्किक प्राणी के रूप में देखा जाता था, अब इतिहास बन चुका है। हम अब उत्तर-मानववाद (उत्तर-मानववाद) के दौर में प्रवेश कर चुके हैं, जहाँ तकनीक, जैव-विज्ञान, और डेटा हमारी पहचान को फिर से परिभाषित कर रहे हैं। इस नये दौर में मनुष्य केवल जैविक अस्तित्व तक सीमित नहीं रह गया है, बल्कि वह एक साइबरनेटिक प्रणाली का हिस्सा बन चुका है, जहाँ उसकी गतिविधियाँ मशीनों और एल्गोरिदम द्वारा निर्धारित की जा रही हैं। यह प्रवृत्ति हमें यह सोचने पर मजबूर करती है कि क्या भविष्य में हम पूरी तरह से अपनी स्वायत्तता खो देंगे? अगले अध्याय में, हम विस्तार से यह समझने की कोशिश करेंगे कि उत्तर-मानववाद (उत्तर-मानववाद) वास्तव में क्या है, और यह हमें किस ओर ले जा रहा है।

2
उत्तर-मानववाद

आज हम सभी ऐसे समय में जी रहे हैं जहाँ हमारी सुबह किसी स्मार्टफ़ोन की अलार्म से शुरू होती है, और दिन की शुरुआत से लेकर अन्त तक हम डिजिटल उपकरणों जैसे कि लैपटॉप, स्मार्टफ़ोन, या आर्टिफ़िशियल इंटेलिजेंस से संचालित यन्त्रों से घिरे रहते हैं। चाहे वह हमारे वर्चुअल असिस्टेंट से मौसम की जानकारी लेना हो, या फिटनेस ट्रैकर (स्वास्थ्य निगरानी यन्त्र) की मदद से अपनी सेहत पर नज़र रखनी हो, या ऑनलाइन शॉपिंग, पढ़ाई और मनोरंजन के लिए अलग-अलग एप्लिकेशन का उपयोग करना हो, तकनीक हमारे जीवन के हर पहलू में शामिल हो चुकी है। और यहाँ सोचने वाली बात यह है कि जब आपका फिटनेस एप आपको बताता है कि आज आपको और कितने क़दम चलने हैं या कितना पानी पीना है, तो क्या यह निर्णय आपका हुआ या आपके डिवाइस का? यही नहीं यहाँ तक कि हमारी भावनाएँ और पसन्द-नापसन्द भी डिजिटल एल्गोरिदम से प्रभावित होने लगी है, जैसे कि सोशल मीडिया प्लेटफॉर्म्स भी ऐसी ही सामग्री दिखाते हैं जो हमारी रुचियों के अनुकूल हो। इन सब बातों पर ग़ौर करने से पता चलता है कि तकनीकी प्रगति ने न केवल हमारे दैनिक कार्यों को सरल बनाया है, बल्कि हमारे जीवन जीने के तरीक़े को पुन:परिभाषित किया है।

आज का तकनीकी युग और उत्तर-मानववाद के विचारों के बीच गहरा सम्बन्ध है। जिस तरह से तकनीक ने हमारे जीवन के हर पहलू को प्रभावित किया है, उससे यह सवाल खड़ा होता है कि क्या मनुष्य अब भी अपने निर्णयों और भावनाओं पर पूरी तरह से स्वायत्त है। डिजिटल उपकरणों और आर्टिफ़िशियल इंटेलिजेंस के बढ़ते प्रभाव ने हमारे दैनिक जीवन की संरचना

को बदल दिया है, और यह बदलाव केवल व्यावहारिक ही नहीं बल्कि वैचारिक भी है। उत्तर-मानववाद का मूल विचार इसी परिवर्तन को समझने और व्याख्या करने का प्रयास करता है। यह दर्शन मानता है कि मनुष्य अब केवल एक स्वायत्त और स्वतन्त्र इकाई नहीं है, बल्कि तकनीक, अन्य जीवों और पर्यावरण के साथ जटिल सम्बन्धों का हिस्सा बन चुका है। जब फिटनेस ट्रैकर हमारे क़दम गिनता है या सोशल मीडिया प्लेटफॉर्म हमारी पसन्द के अनुसार सामग्री प्रस्तुत करता है, तो यह स्पष्ट होता है कि हमारी पसन्द-नापसन्द और निर्णय अब पूरी तरह हमारे नियन्त्रण में नहीं रही, बल्कि ये तकनीकी एल्गोरिदम से गहराई से प्रभावित हो रहे हैं। उत्तर-मानववाद इस बात पर ज़ोर देता है कि हमें मानव-केन्द्रित सोच से आगे बढ़कर एक समग्र दृष्टिकोण अपनाना चाहिए, जिसमें मानव, प्रौद्योगिकी और पर्यावरण के बीच के जटिल सम्बन्धों को समझा जा सके। इस सन्दर्भ में, तकनीक ने न केवल हमारी जीवनशैली को पुन:परिभाषित किया है, बल्कि यह मानव और ग़ैर-मानव के बीच की सीमाओं को भी धुँधला कर रही है, जिससे उत्तर-मानववाद के विचार और अधिक प्रासंगिक हो जाते हैं।

पुनर्जागरण काल 15वीं से 17वीं शताब्दी के बीच यूरोप में हुआ एक महत्त्वपूर्ण बौद्धिक और सांस्कृतिक आन्दोलन था, जिसने कला, साहित्य, विज्ञान और दर्शन के क्षेत्र में गहरा प्रभाव डाला। इस युग ने मध्ययुगीन धार्मिक अन्धविश्वासों और रूढ़ियों को चुनौती देते हुए तर्क, मानववाद और ज्ञान की ओर एक नयी दिशा प्रदान की।

उत्तर-मानववाद ('मानववाद के बाद' या 'मानववाद के परे') एक दार्शनिक विचार है, जो 21वीं सदी के चिन्तन में मानव-केन्द्रित दृष्टिकोण को चुनौती देता है और यह पारम्परिक मानववाद की सीमाओं से आगे बढ़ने का प्रयास करता है। प्रमोद के. नायर के अनुसार, उत्तर-मानववाद शब्द में 'पोस्ट' यह बताता है कि यह मानववाद की पारम्परिक धारणाओं और विचारधाराओं से एक मौलिक परिवर्तन का प्रतिनिधित्व करता है जिसमें मनुष्य को स्वायत्त, विशिष्ट और सीमित इकाई माना गया है। यह एक वैचारिक व दार्शनिक दृष्टिकोण है, जो मानव केन्द्रित सोच को चुनौती देता है, और यह विचार मानव और ग़ैर-मानव के बीच पारम्परिक द्वन्द्व को तोड़ते हुए एक अधिक

समग्र दृष्टिकोण अपनाने पर बल देता है। उत्तर-मानववाद का उद्देश्य मानव, प्रौद्योगिकी, जानवरों और पर्यावरण के बीच जटिल सम्बन्धों को अच्छे से समझना और उनकी नयी व्याख्या प्रस्तुत करना है। इसके विपरीत मानववाद, जो पुनर्जागरण काल से प्रचलित रहा है यह मानता है कि मानव ही ब्रह्मांड के केन्द्र में है और सभी अन्य जीव-जन्तु, पर्यावरण केवल मनुष्यों की ज़रूरत को पूरा करने के लिए है, इससे ज़्यादा इनका कोई महत्त्व नहीं। पुनर्जागरण ने मानववाद (Humanism) को बढ़ावा दिया, जिसमें मनुष्य को ब्रह्मांड का केन्द्र माना गया और तर्कशीलता, स्वतन्त्र चिन्तन तथा वैज्ञानिक दृष्टिकोण को प्राथमिकता दी गयी।

उत्तर-मानववाद का सर्वप्रथम उल्लेख इहाब हसन ने अपने लेख 'Prometheus as Performer : Toward a Post-humanist Culture?' में किया था। हसन के विचारों ने इस वैचारिक आन्दोलन की नींव रखी और इसे आधुनिक दर्शन और सांस्कृतिक सिद्धान्तों के सन्दर्भ में परिभाषित करने का प्रयास किया। उनका यह मानना था कि मानववाद, जो लम्बे समय से पश्चिमी सभ्यता का एक प्रमुख आधार रहा है, अब अपने अन्त की ओर अग्रसर है। मानवता ने जिस तरह से तकनीकी, सांस्कृतिक और बौद्धिक रूप से ख़ुद को बदला है, उसने पारम्परिक मानववाद के दृष्टिकोण को चुनौती दी है। हसन के अनुसार, यह बदलाव इतना व्यापक और गहन है कि इसे उत्तर-मानववाद की नयी वैचारिक श्रेणी में रखना आवश्यक हो गया है। हसन ने Prometheus मिथक का उपयोग करके एक उभरती हुई उत्तर-मानवतावादी संस्कृति की ओर हमारा ध्यान आकर्षित किया। उत्तर-मानववाद की व्याख्या हसन कुछ इस प्रकार करते हैं :

"हमें सबसे पहले यह समझने की आवश्यकता है कि मानव रूप सम्भवतः मौलिक रूप से बदल रहा है, और इसलिए इसे पुनः परिकल्पित करना आवश्यक है। हमें यह समझना होगा कि पाँच सौ वर्षों का मानववाद अपने अन्त की ओर बढ़ रहा है, क्योंकि यह स्वयं को एक ऐसी चीज़ में बदल रहा है, जिसे हमें विवश होकर उत्तर-मानववाद कहना पड़ रहा है।"

> "We need first to understand that the human form...may be changing radically, and thus must be re-visioned. We need

to understand that five hundred years of humanism may be coming to an end, as humanism transforms itself into something that we must helplessly call post-humanism".

इहाब हसन के अनुसार, पारम्परिक मानववादी द्वन्द्व जैसे कि विषय/वस्तु (subject/object), मानव/मशीन (man/machine) और विज्ञान/संस्कृति (science/culture) अब टूट रहे हैं। पारम्परिक मानव की धारणा और मानव-केन्द्रित सोच (anthropocentrism) भी बदल रही है। उन्होंने इसे एक ऐसी संस्कृति के रूप में देखा है, जहाँ चीज़ें एक ओर जुड़ती हैं, तो दूसरी ओर टूटती भी हैं। हसन कहते हैं कि हमारा समाज लगातार बिखर रहा है–विचारधारा, धर्म, लिंग और उम्र के आधार पर। लेकिन साथ ही, कई पुरानी सीमाएँ धुँधली भी हो रही हैं।

प्रोमेथियस का मिथक बहुत दिलचस्प है क्योंकि वह एक complex चरित्र है। एक तरफ़, वह चालाक और धूर्त है, जो देवताओं से आग चुराता है, लेकिन दूसरी तरफ़, वह मानवता का सबसे बड़ा हितैषी भी है। उसने अपनी बुद्धिमानी और साहस से इन्सानों को ज्ञान दिया, जिससे वे और अधिक समझदार और विकसित हो सके। प्रोमेथियस उन सीमाओं को तोड़ता है, जो इन्सानों को आगे बढ़ने से रोकती हैं। इसलिए, वह एक ऐसे नायक का प्रतीक बन जाता है, जो इन्सान को उसकी सीमाओं से परे जाने में मदद करता है।

इहाब हसन आगे बताते हैं कि प्रोमेथियस सिर्फ़ एक पुरानी कहानी नहीं है, बल्कि यह आज की दुनिया की सच्चाई को भी दिखाता है। अब विज्ञान और कल्पना, मिथक और तकनीक, और धरती और आकाश के बीच का अन्तर धीरे-धीरे मिटता जा रहा है। तकनीक अब कला का हिस्सा बन गयी है, जैसे फ़ोटोग्राफ़ी और इलेक्ट्रॉनिक संगीत में। इसी तरह, इन्सान भी बदल रहा है–स्पेस ट्रैवल और ऑर्गन ट्रांसप्लांट जैसी चीज़ों ने हमें पूरी तरह नया रूप दे दिया है। हसन कहते हैं कि अब इन्सान और मशीन के बीच की रेखाएँ धुँधली हो गयी हैं। प्रोमेथियस हमें यह दिखाता है कि इन्सान हमेशा बदलता रहेगा, उसकी सीमाएँ ख़त्म होती जायेंगी, और वह किसी एक पहचान तक सीमित नहीं रहेगा।

हसन ने उत्तर-मानववाद को केवल एक वैचारिक क्रान्ति के रूप में नहीं देखा, बल्कि इसे आधुनिकता और उत्तर-आधुनिकता के बीच के जटिल

सम्बन्धों का हिस्सा माना। उन्होंने यह तर्क दिया कि उत्तर-मानववाद कोई नयी अवधारणा नहीं है, बल्कि यह विभिन्न वैचारिक आन्दोलनों और सांस्कृतिक सिद्धान्तों के योगदान का परिणाम है। हसन ने मानववाद की पारम्परिक धारणाओं, जैसे कि मानव को स्वायत्त, विशिष्ट और ब्रह्मांड का केन्द्र मानने की अवधारणा, पर सवाल उठाया। उनका मानना था कि मानवता अब इस दृष्टिकोण से परे जा रही है, और एक नयी समझ विकसित हो रही है, जिसमें मानव, प्रौद्योगिकी, और पर्यावरण के बीच के जटिल सम्बन्धों को अधिक गहराई से समझा जा सकता है।

> ग्रीक पौराणिक कथाओं में **प्रोमेथियस** को अग्नि का देवता माना जाता है। वह विशेष रूप से ओलम्पियन देवताओं की अवहेलना करके मानवता को आग प्रदान करने के लिए प्रसिद्ध है। प्रोमेथियस ने न केवल अग्नि चुराई, बल्कि इसे ज्ञान, तकनीकी विकास और सभ्यता की आधारशिला के रूप में मानव समाज को सौंपा। इस कारण वह मानवता का संरक्षक माना गया, हालाँकि इसके परिणामस्वरूप उसे देवताओं के क्रोध और कठोर दण्ड का सामना करना पड़ा।

इहाब हसन के लेख में पोस्टमॉडर्निटी (उत्तर-आधुनिकता) की जटिलताओं और समाज में हो रहे बदलावों को समझाने का प्रयास किया गया है। उन्होंने यह दिखाया कि कैसे आधुनिकता की विभिन्न धाराओं ने मानववाद दृष्टिकोण को चुनौती दी और नये विमर्शों को जन्म दिया। हसन ने इस बात पर ज़ोर दिया कि उत्तर-मानववाद न केवल मानव को केन्द्र से हटाने का प्रयास करता है, बल्कि मानवता की पारम्परिक धारणाओं को भी पुन:परिभाषित करता है। उन्होंने मानवता और प्रौद्योगिकी के बीच के जटिल सम्बन्धों को उजागर किया, और यह दिखाया कि कैसे इन सम्बन्धों ने मानव अस्तित्व की सीमाओं को बदल दिया है।

इसी सन्दर्भ में, विट्रुवियन (Vitruvian) मानव की वह प्रसिद्ध पेंटिंग, जिसे लियोनार्डो दा विंची ने परिभाषित किया था, एक प्रतीक के रूप में सामने आती है। यह आकृति, जिसकी बाँहें और टाँगें चीज़ों के माप को निर्धारित करती थीं, पुनर्जागरण युग के मानव केन्द्रित दृष्टिकोण को दर्शाती थी। परन्तु,

उत्तर-आधुनिक सन्दर्भ में यह सीमाएँ धुँधली होती जा रही हैं। अब यह विट्रुवियन मानव अपने घेरे और वर्ग की सीमाओं को तोड़कर पूरे ब्रह्मांड में फैल गया है। वह अब केवल भौतिक संसार में परिभाषित नहीं होता, बल्कि डिजिटल और आभासी वास्तविकताओं में भी उसका अस्तित्व फैला हुआ है।

यह प्रश्न अब और अधिक प्रासंगिक हो जाता है—क्या वह अनन्त विस्तार के केन्द्र में खड़ा है? क्या वह अनन्त काल की धारा के संगम पर स्थित है? हसन की व्याख्या यही संकेत देती है कि उत्तर-मानववाद के इस युग में, मानवता अब स्थिर या निश्चित नहीं है। यह एक सतत प्रवाह में है, जहाँ तकनीक, जैविकी, आर्टिफ़िशियल इंटेलिजेंस और साइबर संसार एक साथ मिलकर नये अस्तित्व के रूपों को जन्म दे रहे हैं। विट्रुवियन मानव अब केवल एक शारीरिक संरचना नहीं, बल्कि एक विचार है, जो निरन्तर परिवर्तनशील है और अपनी पारम्परिक सीमाओं को पार कर अनन्त की ओर बढ़ रहा है।

> **विट्रुवियन मानव** चित्रकला लियोनार्डो दा विंची द्वारा बनाया गया था, और यह चित्रकला मानव शरीर की पूर्णता, सन्तुलन और अनुपात को दर्शाती है। यह चित्र यह दर्शाता है कि मनुष्य ब्रह्मांड का केन्द्र है और उसका शरीर प्रकृति और ज्यामिति के नियमों के अनुरूप बना है। यह पुनर्जागरण काल के मानवतावादी विचारों का प्रतीक है, जहाँ विज्ञान, कला और दर्शन एक साथ जुड़े हुए थे, और मानव को ज्ञान और सृजनशीलता का मूल आधार माना जाता था।

उत्तर-मानववाद के प्रारम्भिक चरणों को फ्रेडरिक नीत्शे और मिशेल फूको के दर्शन से जोड़ा जाता है। नीत्शे ने अपनी प्रसिद्ध अवधारणा 'ईश्वर की मृत्यु' के माध्यम से पारम्परिक मानववाद के मूल्यों और विश्वासों को चुनौती दी। उनका दर्शन यह सुझाव देता है कि मानवता को अब अपनी नैतिकता और अस्तित्व के नये आधार खोजने होंगे, जो धर्म और पारम्परिक मानववाद की विचारधारा से परे हों। नीत्शे की विचारधारा ने इस सवाल को उठाया कि क्या मानवता वाक़ई अपने अस्तित्व के केन्द्र में है, या यह केवल एक भ्रम है। यह सवाल उत्तर-मानववाद के मूलभूत सिद्धान्तों के साथ गहराई से जुड़ता है, जो मानव-केन्द्रित सोच को चुनौती देने का प्रयास करता है।

मिशेल फूको ने इस विचारधारा को एक ऐसे सन्दर्भ में प्रस्तुत किया, जहाँ मानववाद और प्रबोधन (Enlightenment) के बीच अन्तर्निहित तनाव स्पष्ट होता है। फूको के अनुसार, मानववाद जहाँ मानदंड स्थापित करने का प्रयास करता है, वहीं प्रबोधन युग इन मानदंडों को चुनौती देकर मानव अस्तित्व को एक नयी दिशा देने का प्रयास करता है। फूको ने यह दिखाया कि मानववाद दृष्टिकोण ने समाज में शक्ति और ज्ञान के जटिल सम्बन्धों को अनदेखा किया है। उन्होंने यह तर्क दिया कि मानवता को अब इन सम्बन्धों को समझने और पुन:परिभाषित करने की आवश्यकता है। इसी सन्दर्भ में, 'The Order of Things' में फूको लिखते हैं कि मानव न तो सबसे पुरानी समस्या है और न ही सबसे स्थायी। वे मानते हैं कि मानव की धारणा हाल ही में बनी है और सम्भव है कि यह अब अपने अन्त की ओर बढ़ रही हो। फूको के ये विचार स्पष्ट रूप से दर्शाते हैं कि मानवता कोई स्थिर और अपरिवर्तनीय अवधारणा नहीं, बल्कि समय और सत्ता के साथ बदलने वाली एक रचना है, जिसे लगातार नये सन्दर्भों में देखने की ज़रूरत है।

फूको के दर्शन ने उत्तर-मानववाद को एक महत्त्वपूर्ण वैचारिक सन्दर्भ प्रदान किया। उन्होंने यह दिखाया कि मानववाद दृष्टिकोण केवल एक वैचारिक प्रणाली नहीं है, बल्कि यह शक्ति और नियन्त्रण के व्यापक नेटवर्क का हिस्सा है। फूको ने यह तर्क दिया कि मानवता को इन नेटवर्कों को उजागर करना होगा और एक नयी समझ विकसित करनी होगी, जो इन पारम्परिक सीमाओं से परे हो। उनके विचारों ने उत्तर-मानववाद को एक आलोचनात्मक दृष्टिकोण प्रदान किया, जिसने मानव-केन्द्रित विचारधाराओं को चुनौती दी और उन्हें एक नये सिरे से परिभाषित किया।

जैव-प्रौद्योगिकी, कृत्रिम बुद्धिमत्ता, रोबोटिक्स, और साइबरनेटिक्स जैसे क्षेत्रों में हो रहे विकास ने मानव शरीर और उसकी क्षमताओं को पुन:परिभाषित किया है। यह विचार अब तेज़ी से उभर रहा है कि मनुष्य केवल अपने जैविक स्वरूप तक सीमित नहीं है। आधुनिक विज्ञान, प्रौद्योगिकी और विचारधारा का यह संगम हमें एक ऐसे युग में ले जा रहा है, जहाँ मानव और मशीन के बीच की सीमाएँ धुँधली होती जा रही हैं। उत्तर-मानववाद इसी बदलाव की ओर संकेत करता है और मानव-केन्द्रित सोच को चुनौती देते हुए यह समझने का

प्रयास करता है कि प्रौद्योगिकी और विज्ञान कैसे मानवता को नयी परिभाषा दे रहे हैं।

कृत्रिम बुद्धिमत्ता (AI) और मशीन लर्निंग ने उत्तर-मानववाद के विकास में महत्त्वपूर्ण भूमिका निभाई है। इन तकनीकों ने यह सवाल उठाया है कि क्या 'मानव' होना ही बुद्धिमत्ता का एकमात्र स्रोत है, या क्या मशीनें और अन्य गैर-जैविक इकाइयाँ भी बुद्धिमान हो सकती हैं? आज, हमारे दैनिक जीवन में एआई संचालित चैटबॉट्स और स्मार्ट डिवाइस का इस्तेमाल इस सवाल का प्रारम्भिक उत्तर देते हैं। उदाहरण के लिए, चैटबॉट्स मानव जैसे संवाद करने में सक्षम हैं, और स्वायत्त वाहन बिना किसी मानव हस्तक्षेप के कार्य कर सकते हैं। ये केवल शुरुआत है; आने वाले समय में यह तकनीकें और भी प्रभावी और जटिल होंगी।

हाल ही में, एलेन मस्क की कम्पनी Neuralink ने एक ब्लाइंडसाइट डिवाइस का आविष्कार किया है। इस डिवाइस की मदद से अब वे लोग भी देख सकेंगे जो जन्म से अन्धे हैं या जिन्होंने किसी कारणवश अपनी दृष्टि खो दी है। यह केवल एक उदाहरण है कि कैसे जैव-प्रौद्योगिकी मानव जीवन को बदल रही है। विज्ञान के क्षेत्र में ऐसे आविष्कार भी हो रहे हैं, जिनसे किसी व्यक्ति की बुद्धिमत्ता को संग्रह करके रखा जा सकता है, ताकि उनके शरीर के ख़त्म हो जाने के बाद भी उनकी सोच और ज्ञान संरक्षित रहे। यह तकनीक न केवल मानवता की सीमाओं को चुनौती देती है, बल्कि यह सवाल भी उठाती है कि क्या मानवता की परिभाषा अब बदलनी चाहिए?

उत्तर-मानववाद यह तर्क देता है कि मशीनें अब केवल निर्देशों का पालन करने वाली इकाइयाँ नहीं हैं। वे जटिल से जटिल समस्याओं को हल कर सकती हैं और मानव के साथ सह-अस्तित्व में रह सकती हैं। एआई संचालित चैटबॉट्स, स्वायत्त वाहन और अन्य प्रौद्योगिकियाँ यह दिखाती हैं कि मशीनें न केवल कार्यकुशल हो रही हैं, बल्कि वे मानव के जीवन के हर पहलू को प्रभावित कर रही हैं।

सोचने वाली बात है कि अगर आर्टिफ़िशियल इंटेलिजेंस इतना उन्नत हो जाये कि वह स्वतन्त्र रूप से निर्णय भी ले सके, तो क्या मानव इस बात पर तैयार होगा कि उसे नैतिक अधिकार भी दिये जायें? उदाहरण के लिए, अभी

हाल में ही सोफिया नामक humanoid रोबोट को सऊदी अरब में नागरिकता दी गयी, जिसने मानवाधिकारों और मशीन अधिकारों पर नयी बहस को जन्म दिया। आर्टिफ़िशियल इंटेलिजेंस का विकास न केवल उत्पादन प्रक्रिया को स्वचालित कर रहा है, बल्कि यह भी संकेत दे रहा है कि भविष्य में मानव श्रम की आवश्यकता घट सकती है। इससे मानव अस्तित्व पारम्परिक विचार को चुनौती मिलती है।

जीन एडिटिंग जैसी तकनीकों ने विज्ञान और मानवता के पारम्परिक स्वरूप में एक नया अध्याय जोड़ा है। वैज्ञानिक अब न केवल आनुवांशिक बीमारियों का इलाज करने में सक्षम हैं, बल्कि मानव की शारीरिक और मानसिक क्षमताओं को भी बढ़ाने के प्रयास कर रहे हैं। यह प्रक्रिया मानव जाति के पारम्परिक स्वरूप को बदलने की क्षमता रखती है। जीन एडिटिंग के ज़रिये उन विशेषताओं को बदला जा सकता है जो हमें हमारे माता-पिता से आनुवांशिक रूप में मिली हैं। इस तकनीक का उपयोग न केवल बीमारियों से बचाव के लिए हो सकता है, बल्कि यह मनुष्य के विकास को भी नियन्त्रित कर सकता है।

1996 में जीन क्लोनिंग के क्षेत्र में एक बड़ी उपलब्धि हासिल हुई जब स्कॉटलैंड के रोसलीन संस्थान के शोधकर्ताओं ने एक स्तनधारी की कोशिका से 'क्लोन' तैयार किया। इस प्रयोग का नेतृत्व ब्रिटिश वैज्ञानिक इयान विलमुट ने किया था। यह पहली बार था जब किसी स्तनधारी से निकाली गयी कोशिका से क्लोन तैयार किया गया। इस क्लोन भेड़ को 'डॉली' नाम दिया गया। डॉली के निर्माण ने विज्ञान की दुनिया में यह दिखा दिया कि प्रकृति के नियमों को तकनीकी नवाचारों के माध्यम से बदला जा सकता है। जीन क्लोनिंग ने यह सवाल भी खड़ा किया कि क्या मनुष्य को अपनी आनुवांशिक संरचना में हस्तक्षेप करने का अधिकार है?

तकनीकी प्रगति ने कृत्रिम अंग और साईबोर्ग जैसी अवधारणाओं को जन्म दिया है। ये आविष्कार न केवल शारीरिक अक्षमता को दूर करने में मदद करते हैं, बल्कि एक नये प्रकार के 'पोस्ट-ह्यूमन' की सम्भावना को भी प्रस्तुत करते हैं। कृत्रिम अंग और साईबोर्ग तकनीक का मुख्य उद्देश्य मानव शरीर को उसकी सीमाओं से परे ले जाना है। नैनोटेक्नोलॉजी के माध्यम से शरीर में नैनो

चिप्स लगाकर बीमारियों का इलाज किया जा सकता है। यह तकनीक और जैविक के समागम का एक बेहतरीन उदाहरण है। इस प्रकार की तकनीक न केवल बीमारियों के इलाज में क्रान्तिकारी परिवर्तन ला रही है, बल्कि यह भविष्य में मानवता को एक नयी दिशा देने में सक्षम है।

साईबोर्ग (Cyborg) वह जीव होता है, जिसमें मानव शरीर और मशीन या तकनीक का मेल होता है। इसका मतलब है कि किसी इन्सान के शरीर में ऐसे कृत्रिम उपकरण या तकनीकी सुधार जोड़े गये हों, जो उसकी शारीरिक या मानसिक क्षमताओं को बढ़ा सकें। उदाहरण के तौर पर, रोबोटिक हाथ या पैर, कृत्रिम अंग, या दिमाग़ से जुड़े कम्प्यूटर चिप्स, जो सोचने-समझने की क्षमता बढ़ाते हैं।

वैज्ञानिक वर्तमान में ऐसी तकनीकों पर काम कर रहे हैं जो मानव जीवन को बढ़ाने में मदद कर सकती हैं। उम्र बढ़ाने वाली दवाओं और तकनीकों पर किये जा रहे शोध यह संकेत देते हैं कि मानव जीवनकाल को बढ़ाया जा सकता है। यदि यह सम्भव होता है, तो यह प्रक्रिया मानव अस्तित्व की सीमाओं को चुनौती देगी और मृत्यु के प्रति हमारी धारणा को बदल देगी। जीवन विस्तार की तकनीकें न केवल भौतिक अस्तित्व पर ध्यान केन्द्रित करती हैं, बल्कि यह भी जाँचने का प्रयास करती हैं कि मानव मन और चेतना को कैसे संरक्षित किया जा सकता है।

उत्तर-मानववाद को एक नयी दिशा प्रदान करने में इंटरनेट और डिजिटल मीडिया ने महत्त्वपूर्ण भूमिका निभायी है। इन तकनीकों ने पारम्परिक मानव पहचान को चुनौती देते हुए डिजिटल और भौतिक के बीच का अन्तर मिटा दिया है। सोशल मीडिया जैसे प्लेटफॉर्म पर लोग अपनी पहचान को पुनःपरिभाषित कर सकते हैं। उदाहरण के लिए, एक व्यक्ति ऑनलाइन एक अलग लिंग, संस्कृति, या यहाँ तक कि एक अलग प्रजाति के रूप में भी प्रस्तुत हो सकता है। वर्चुअल वास्तविकता ने एक ऐसा डिजिटल संसार प्रस्तुत किया है, जहाँ मानव अस्तित्व केवल भौतिक शरीर तक सीमित नहीं है। उदाहरण के लिए, जब कोई व्यक्ति कम्प्यूटर पर कोई गेम खेलता है, तो वह इस तरह उसमें खो जाता है कि उसे यह भी महसूस नहीं होता कि वास्तविक क्या है और वर्चुअल

क्या है। वर्चुअल दुनिया में लोग अपनी पहचान बना सकते हैं और वहाँ एक अलग जीवन जी सकते हैं। यह मानव अस्तित्व के नये आयामों को खोलने का एक उदाहरण है।

न्यूरोसाइंस, जो मस्तिष्क के कार्यों और उसके न्यूरल नेटवर्क को समझने का प्रयास करता है, यह दिखाता है कि मस्तिष्क की चेतना कोई रहस्यमयी तत्त्व नहीं, बल्कि इसे वैज्ञानिक दृष्टिकोण से समझा और दोहराया जा सकता है। उदाहरण के लिए, न्यूरालिंक जैसी परियोजनाएँ मस्तिष्क और मशीन के बीच एक सीधा सम्पर्क स्थापित करने की कोशिश कर रही हैं। यह परियोजनाएँ यह दर्शाती हैं कि मनुष्य अपने तान्त्रिक संकेतों को मशीनों में स्थानान्तरित कर सकता है, जिससे मस्तिष्क और मशीन के बीच एक नयी तरह की परस्पर क्रिया सम्भव हो सके। यह प्रक्रिया केवल मस्तिष्क के अध्ययन तक सीमित नहीं है, बल्कि इसके द्वारा चेतना को भी वैज्ञानिक रूप से समझने और पुनः निर्मित करने का मार्ग प्रशस्त होता है। चेतना को मशीनों में स्थानान्तरित करने की सम्भावना ने यह सवाल उठाया है कि क्या मशीनें भी 'चेतन' हो सकती हैं। यह विचार, जो चेतना को केवल जैविक मानवीय विशेषता नहीं मानता, उत्तर-मानववाद के केन्द्र में है। यह न केवल जैविक और कृत्रिम के बीच की सीमाओं को धुँधला करता है, बल्कि चेतना और अस्तित्व के परम्परागत मानवीय दृष्टिकोण को चुनौती भी देता है।

21वीं सदी में जलवायु परिवर्तन, अतिवृष्टि, अनियमित मौसम, और प्राकृतिक संसाधनों का अन्धाधुन्ध दोहन मानव सभ्यता के सामने सबसे गम्भीर चुनौतियों में से एक बन चुका है। यह संकट स्पष्ट करता है कि पृथ्वी पर जीवन केवल मनुष्यों के लिए नहीं है। उत्तर-मानववाद इस धारणा को ख़ारिज करता है कि मनुष्य प्रकृति का केन्द्र है। इसके बजाय, यह मानता है कि मानव केवल पारिस्थितिक तन्त्र का एक हिस्सा है और उसे अन्य जीवों और प्रकृति के साथ सह-अस्तित्व में रहना चाहिए। यह विचार पारम्परिक मानव केन्द्रित सोच को चुनौती देता है और एक नयी दृष्टि प्रस्तुत करता है, जिसमें सभी जीव और पर्यावरण के तत्त्व समान रूप से महत्त्वपूर्ण माने जाते हैं। उदाहरण के लिए, यह माना जाता है कि पारिस्थितिक तन्त्र में पौधे, पशु, और सूक्ष्मजीव अपनी-अपनी भूमिका निभाते हैं और इनकी भूमिका को नकारना पूरे तन्त्र के

सन्तुलन को बाधित कर सकता है। उत्तर-मानववाद इस सन्तुलन को पहचानने और संरक्षित करने की दिशा में प्रेरित करता है।

इस सन्दर्भ में, यह भी ध्यान देने योग्य है कि जलवायु संकट ने मानव जाति को अपने उपभोग और उत्पादन के तरीक़ों पर पुनर्विचार करने के लिए मजबूर किया है। मनुष्य ने लम्बे समय तक अपने लाभ के लिए प्राकृतिक संसाधनों का उपयोग किया है, लेकिन अब यह स्पष्ट हो गया है कि अगर यह दोहन इसी तरह चलता रहा, तो न केवल अन्य प्रजातियों का, बल्कि स्वयं मानव का भी अस्तित्व संकट में आ जायेगा। उत्तर-मानववाद की सोच हमें इस बात की याद दिलाती है कि हमें अपने व्यवहार में बदलाव लाना होगा और प्रकृति के साथ सह-अस्तित्व की भावना को अपनाना होगा। यह विचारधारा मानव और ग़ैर-मानव के बीच की सीमाओं को मिटाने की दिशा में एक महत्त्वपूर्ण क़दम है।

तकनीकी प्रगति, विशेष रूप से कृत्रिम बुद्धिमत्ता, जैव-प्रौद्योगिकी और आभासी वास्तविकता ने उत्तर-मानववाद के सिद्धान्त को आकार देने में महत्त्वपूर्ण भूमिका निभायी है, जो मानव, पशु और मशीनों के बीच की सीमाओं को मिटा रही हैं। ये प्रौद्योगिकियाँ मानव क्षमताओं को बढ़ाने और यहाँ तक कि जीवन के नये रूपों के निर्माण को सक्षम बनाती हैं। उदाहरण के लिए, कृत्रिम बुद्धिमत्ता संज्ञानात्मक कार्यों की सीमाओं को आगे बढ़ाती है, जबकि प्रोस्थेटिक्स और जैव अभियान्त्रिकी भौतिक रूप की सीमाओं को चुनौती देते हैं। मनुष्यों और मशीनों का यह संलयन मानव शरीर की सीमाओं, जैसे कि उम्र, दिव्यांगता या यहाँ तक कि मृत्यु को पार करने की रोमांचक सम्भावनाओं को खोलता है। हालाँकि, यह व्यक्तित्व और पहचान को परिभाषित करने के बारे में नैतिक और दार्शनिक प्रश्न भी उठाता है। यदि हम अपने शरीर और मन को उनकी प्राकृतिक क्षमताओं से परे बढ़ाते हैं, तो क्या हम अभी भी 'मानव' हैं? क्या उन्नत संज्ञानात्मक क्षमताओं वाली मशीनें अधिकार या मान्यता की हक़दार हैं? उत्तर-मानववाद हमें यह समझने में मदद करता है कि मानवता की परिभाषा स्थिर नहीं है, यह लगातार बदलती रहती है और बदलती रहेगी।

उत्तर-मानववाद केवल आधुनिक विज्ञान और तकनीक से उपजी अवधारणा नहीं है, बल्कि यह उस बौद्धिक और दार्शनिक परम्परा का विस्तार

है जो मानवता की सीमाओं को पुनःपरिभाषित करने और उसके अस्तित्व को व्यापक दृष्टिकोण से देखने का प्रयास करती है। भारतीय सांस्कृतिक और दार्शनिक परम्पराओं में भी इस दृष्टिकोण के लिए एक मज़बूत आधार उपलब्ध है। यह धारणा कि मानव अन्य जीवों, प्रकृति और प्रौद्योगिकी से अलग-थलग नहीं, बल्कि उनके साथ गहराई से जुड़ा हुआ है, भारतीय दृष्टिकोण में सदियों से विद्यमान रही है। भारतीय पौराणिक कथाओं का अध्ययन करने से स्पष्ट होता है कि यहाँ भी अस्तित्व को स्थिर और निश्चित नहीं, बल्कि लचीला और परिवर्तनशील माना गया है।

भारतीय परम्पराओं में भगवान विष्णु के दशावतारों को एक महत्त्वपूर्ण सांस्कृतिक और दार्शनिक सन्दर्भ के रूप में देखा जा सकता है। इन अवतारों में मानव और ग़ैर-मानव के बीच की सीमाओं को बार-बार चुनौती दी गयी है। उदाहरण के लिए, भगवान विष्णु का मत्स्य (मछली), कूर्म (कछुआ), और वराह (सूअर) रूप यह दर्शाते हैं कि अस्तित्व केवल मानव रूप में नहीं बँधा है। अगर नरसिंह अवतार को हम ध्यान से देखें तो हम पाते हैं कि इसमें भगवान ने न तो पूर्ण मानव रूप अपनाया और न ही पूर्ण पशु रूप, जो कि स्पष्ट रूप से मानव और ग़ैर-मानव के बीच की सीमाओं को मिटाता है।

यहाँ हम यह प्रश्न कर सकते हैं कि ऐसे अवतारों का उद्देश्य क्या है? क्या यह मानव के श्रेष्ठ होने की धारणा को चुनौती देता है? क्या ये पूरी तरह से मानव हैं, या इनमें कुछ और भी है? और यदि ये मानव न होकर कोई पशु रूप है तो क्या उनकी दिव्यता स्वीकार्य नहीं है? क्या भारतीय संस्कृति ने हमेशा मानव को सर्वोच्च स्थान पर रखा है, या उसने कभी यह स्वीकार किया है कि अन्य जीव-जन्तु और प्राकृतिक शक्तियाँ भी समान रूप से महत्त्वपूर्ण हैं? इन अवतारों की विशेषता यह है कि ये पारम्परिक मानव पहचान को तोड़ते हैं और हमें यह सोचने पर मजबूर करते हैं कि मानवता का वास्तविक अर्थ क्या है। यह विचार कि भगवान विष्णु का दिव्य स्वरूप किसी भी रूप को धारण कर सकता है, चाहे वह मछली हो या कछुआ या सिंह, यह बताता है कि भारतीय दर्शन में मानव केवल एक हिस्सा है, सम्पूर्ण नहीं। भारतीय परम्पराओं में मानव और ग़ैर-मानव के बीच की सीमाओं को हमेशा लचीला माना गया है, और यही लचीलापन उत्तर-मानववाद के मूल में है।

भारतीय दर्शन में 'अहं ब्रह्मास्मि' जैसे गहरे और विचारशील वाक्य, जो वेदों और उपनिषदों से लिए गये हैं, हमें यह सिखाते हैं कि हम ब्रह्मांड का केन्द्र नहीं हैं, बल्कि उसका एक छोटा-सा अंश हैं। यह विचार पाश्चात्य उत्तर-मानववाद के साथ मेल खाता है, जो मानवीय अस्तित्व को उसके पारम्परिक दृष्टिकोण से हटकर देखता है। भारतीय दर्शन में 'अहं ब्रह्मास्मि' का सिद्धान्त आत्मा और ब्रह्म के एकत्व का प्रतीक है। यह हमें समझाता है कि मानव और प्रकृति या अन्य अस्तित्व के रूपों के बीच कोई कठोर सीमाएँ नहीं हैं। यह विचार न केवल मानव केन्द्रित दृष्टिकोण को चुनौती देता है, बल्कि यह हर रूप के अस्तित्व को समान रूप से महत्त्व देता है।

प्राकृतिक तत्त्वों और उनके साथ मानवता के सम्बन्धों को भारतीय संस्कृति में गहरे रूप से देखा गया है। भारतीय दर्शन में यह माना जाता है कि मानव शरीर पंचतत्त्वों से बना है : जल, वायु, अग्नि, आकाश और पृथ्वी। ये तत्त्व न केवल भौतिक जीवन का आधार हैं, बल्कि आध्यात्मिक दृष्टिकोण से भी महत्त्वपूर्ण हैं। भारतीय परम्पराओं में जल, वायु, और वृक्षों को देवताओं के रूप में पूजा जाता है। गंगा, यमुना और सरस्वती जैसी नदियाँ न केवल धार्मिक रूप से महत्त्वपूर्ण हैं, बल्कि इनका संरक्षण भारतीय संस्कृति के नैतिक कर्तव्यों में भी शामिल है। उदाहरण स्वरूप, जल को जीवन का आधार माना जाता है, और इसकी पूजा करने का उद्देश्य जल संसाधनों के संरक्षण को बढ़ावा देना है। भारतीय परम्पराओं में यह विचार दृढ़ रूप से मौजूद है कि मनुष्य और प्रकृति के बीच एक गहरा और पवित्र बन्धन है, जो केवल भौतिक उपयोगिता से कहीं अधिक है। वायु को प्राण वायु के रूप में पूजा जाता है, और वृक्षों को जीवन के अनिवार्य अंग के रूप में सम्मानित किया जाता है। तुलसी, पीपल और बरगद जैसे वृक्षों की पूजा की जाती है। यह परम्परा हमें यह सिखाती है कि वृक्षारोपण और उनका संरक्षण कितना आवश्यक है। इन विचारों में न केवल प्रकृति के प्रति आभार है, बल्कि यह भी है कि मानवता और प्रकृति का रिश्ता केवल उपयोगिता का नहीं, बल्कि एक साझा और सहयोगात्मक अस्तित्व का है। भारत में मनाये जाने वाले त्योहारों में भी प्रकृति का महत्त्व झलकता है। मकर संक्रांति, होली और छठ जैसे त्योहार प्रकृति के साथ मानव के सम्बन्ध को प्रकट करते हैं।

भारतीय संस्कृति में वेदों को सर्वोच्च ज्ञान का स्रोत माना गया है। वेदों में प्रकृति के महत्त्व को विस्तार से बताया गया है। ऋग्वेद, सामवेद, यजुर्वेद और अथर्ववेद में प्राकृतिक तत्त्वों की महिमा गायी गयी है। इनमें से अथर्ववेद का 'पृथ्वी सूक्त' विशेष रूप से प्रकृति और मानव के सह-अस्तित्व की अवधारणा को प्रस्तुत करता है। यह सूक्त यह सिखाता है कि धरती हमारी माँ है और प्रकृति का संरक्षण हमारी प्राथमिकता होनी चाहिए। उत्तर-मानववाद भारतीय विचारों और सामाजिक संरचनाओं को पुन:परिभाषित करने की सम्भावनाएँ प्रस्तुत करता है।

भारतीय सन्दर्भ में, उत्तर-मानववाद न केवल वर्ग, जाति, और लैंगिक भेदभाव को चुनौती देता है, बल्कि यह भारतीय दार्शनिक परम्पराओं से जुड़े गहरे प्रश्नों को भी उजागर करता है। जैसे कि जब हम शरीर और मन की पारम्परिक सीमाओं को पार कर जाते हैं, तो 'मोक्ष' या 'आत्मा का उद्‌देश्य' जैसे दार्शनिक सिद्धान्तों का क्या रूप होगा? क्या उत्तर-मानवतावादी दुनिया में मोक्ष की खोज प्रासंगिक रहेगी, या यह नयी तकनीक और अस्तित्व के रूपों के साथ बदल जायेगी?

हमारे समाज में एक सामान्य मानव की छवि हमेशा एक विशेष शारीरिक और मानसिक रूप के आधार पर बनायी गयी है। यह छवि समाज द्वारा निर्धारित मानकों पर आधारित होती है, जिसमें शारीरिक बनावट, बौद्धिक क्षमता, लिंग और कार्यकुशलता शामिल होते हैं। जैसे किसी व्यक्ति का शरीर कैसा होना चाहिए, वह मानसिक रूप से किस प्रकार का कार्य करने में सक्षम होना चाहिए, और उसकी क्षमता का क्या स्तर होना चाहिए–ये सभी पहलू किसी विशिष्ट आदर्श के रूप में तैयार किये गये हैं। शारीरिक रूप से फिट होना, मस्तिष्क की कार्यप्रणाली में सामान्य होना, और सामान्य लिंग भूमिकाओं का पालन करना यह मानक स्थापित करते हैं। इन मानकों के तहत, जिन लोगों में यह विशेषताएँ नहीं होतीं, उन्हें असामान्य या दिव्यांग माना जाता है। दिव्यांगता की परिभाषा और उसके प्रति समाज की धारणा में यही मानक प्रभावी होते हैं, जिनका उद्‌देश्य 'सामान्य' को परिभाषित करना और दिव्यांगता को इससे बाहर रखना है।

उत्तर-मानववाद, जो मनुष्य को केन्द्र में रखकर उसकी सीमाओं को चुनौती देता है, इस विचार को उभारता है कि शरीर और मानसिकता के पारम्परिक मानक समाज द्वारा स्थापित किये गये हैं और यह प्राकृतिक रूप से स्वीकृत नहीं होते। उत्तर-मानववाद यह सवाल उठाता है कि क्यों केवल एक विशिष्ट शरीर या मानसिकता को सामान्य माना जाता है और इसे असामान्यता से अलग रखा जाता है? दिव्यांगता के सन्दर्भ में, यह विचार महत्त्वपूर्ण है क्योंकि यह उन मानकों के ख़िलाफ़ है जो शारीरिक और मानसिक अन्तर को कमज़ोरी या असामान्यता मानते हैं। जब हम उत्तर-मानववाद के दृष्टिकोण से दिव्यांगता को देखते हैं, तो यह समझ आता है कि दिव्यांगता केवल शरीर या मस्तिष्क के किसी दोष का परिणाम नहीं है, बल्कि यह समाज की परिभाषाओं और मानकों के आधार पर उत्पन्न होती है। दिव्यांगता का अस्तित्व उस समय उत्पन्न होता है जब एक व्यक्ति उन मानकों से मेल नहीं खाता, जो समाज ने 'सामान्य' और 'स्वस्थ' के रूप में स्थापित किये हैं।

उत्तर-मानववाद में दिव्यांगता को न केवल एक शारीरिक या मानसिक स्थिति के रूप में देखा जाता है, बल्कि इसे एक सामाजिक निर्माण के रूप में भी देखा जाता है। दिव्यांगता को असामान्यता मानने के बजाय, यह विचार करता है कि यह दिव्यांगता केवल उस 'सामान्य' रूप के ख़िलाफ़ एक प्रतिक्रिया है जिसे समाज ने अनिवार्य रूप से स्थापित किया है। समाज द्वारा निर्धारित किये गये ये मानक केवल असंख्य मानवीय विविधताओं में से एक विशिष्ट रूप को पहचानते हैं और उसे 'सामान्य' मानते हैं। दिव्यांगता को असामान्यता के रूप में नहीं, बल्कि एक वैध अस्तित्व के रूप में स्वीकार करना उत्तर-मानववाद का हिस्सा है। जब हम शरीर और मानसिकता के पारम्परिक मानकों से बाहर जाते हैं, तो हम दिव्यांगता को पुन:परिभाषित करते हैं, जिससे यह सिद्धान्त दिव्यांगता की अवधारणा को पुनः संशोधित करने के अवसर प्रदान करता है। यही कारण है कि उत्तर-मानववाद दिव्यांगता और इसके सामाजिक निर्माण के ख़िलाफ़ खड़ा होता है, और यह हमें यह विचार करने का अवसर देता है कि कौन-से मानक प्राकृतिक हैं और कौन-से मानक केवल सामाजिक या सांस्कृतिक निर्माण हैं।

उत्तर-मानववाद को और गहराई से समझने से पहले यह जान लेते हैं की मानववाद क्या है, मानव होने के क्या मायने हैं, या वो कौन-कौन से लक्षण हैं जो मानव को 'मानव' बनाते हैं या परिभाषित करते हैं? मनुष्य के अस्तित्व और उसकी पहचान को लेकर हमारी पारम्परिक धारणाएँ, जो मानव को एक स्थिर और स्वतन्त्र प्राणी मानती थीं, आज के समय में चुनौतीपूर्ण हो चुकी हैं। पहले मानव को एक ऐसा प्राणी माना जाता था जो अपनी चेतना, तर्कसंगतता, और आत्म-जागरूकता के माध्यम से अन्य जीवन रूपों से अलग है। मानवता का यह पारम्परिक रूप तर्क और विवेक के आधार पर होता था, जिसमें यह माना जाता था कि मनुष्य अन्य प्राणियों से श्रेष्ठ है क्योंकि वह अपने अस्तित्व और उसके उद्‌देश्य को समझने में सक्षम है। इसके साथ ही, मनुष्य को एक सार्वभौमिक प्राणी माना जाता था, जिसका अर्थ था कि उसकी पहचान और गुण सभी मानवों में समान होते हैं, जैसे स्वतन्त्रता, अधिकार, और तर्कसंगतता। यह परिभाषा इस बात पर ज़ोर देती थी कि मनुष्य पृथ्वी का केन्द्र है और उसके विचार और कार्य दुनिया के अन्य प्राणियों और परिस्थितियों को प्रभावित करते हैं। मनुष्य अपनी इच्छाओं और आवश्यकताओं के अनुरूप अपने कार्यों का निर्धारण करता है, और यही आत्म-जागरूकता, तर्कसंगतता मानव को अन्य सभी जीवन रूपों–जैसे जानवरों से अलग करती है।

लेकिन जैसे-जैसे हम तकनीकी प्रगति की ओर बढ़ रहे हैं, हमारी परम्परागत मान्यताओं में बदलाव आ रहा है। आज, मनुष्य और उसकी पहचान को लेकर जो नयी सोच उभर रही है, वह इस बात पर ज़ोर देती है कि मानव अब केवल एक स्थिर और स्वतन्त्र अस्तित्व नहीं है, बल्कि वह अन्य जीवों, प्रकृति और मशीनों के साथ मिलकर एक साझा और अन्तर्निर्भर पहचान बना रहा है। इस प्रक्रिया को उत्तर-मानववाद के तहत देखा जा सकता है, जहाँ मनुष्य की पारम्परिक पहचान को चुनौती दी जाती है। इन तकनीकों के प्रभाव से मनुष्य का शरीर और मानसिकता बदल रही है। मानव अब केवल अपने आप में अलग-थलग नहीं है, वह अन्य जीवों, प्रकृति और मशीनों के साथ जुड़ा हुआ है और इन्हीं के साथ मिलकर विकसित होता जा रहा है।

मनुष्य ने तकनीक के क्षेत्र में बेतहाशा प्रगति की है, जैसे कि क्लोनिंग (मानव की नक़ल बनाना), स्टेम सेल इंजीनियरिंग (शरीर के नये अंग बनाना), क्रायोजेनिक्स (शरीर को लम्बे समय तक सुरक्षित रखना), आर्टिफ़िशियल इंटेलिजेंस (मशीन को सोचने की क्षमता देना), जीनोट्रांसप्लांटेशन (जानवरों के अंगों का इन्सानों में इस्तेमाल करना) ने मानव, जानवर, और मशीन के बीच की सीमाओं को धुँधला कर दिया है। अब यह सवाल उठता है कि इन सभी नयी तकनीकों से प्रभावित हुए जीवन के नये रूप सही हैं या ग़लत? कुछ लोग इसे मानव सभ्यता की ज़रूरत मान सकते हैं, तो कुछ इसे मानवता के लिए ख़तरा क्योंकि आज का मानव केवल वैसा नहीं है, जैसा कि हम उसे अब तक समझते आये हैं, बल्कि वह हमेशा बदल रहा है।

यह सब समझने के बाद हमारे सामने एक बड़ा सवाल आता है कि आगे चलकर मानव का स्वरूप कैसा होगा? और क्या कभी भविष्य में ऐसा समय आयेगा, जब मानव का स्वरूप, विचार, कल्पना, जैसा हम आज जानते हैं, पूरी तरह बदल जायेगा? उत्तर-मानववाद इसी सवाल को समझने का प्रयास करता है कि इन्सान होने का मतलब क्या है और भविष्य में यह परिभाषा कैसे बदल सकती है? प्रमोद के. नायर ने उत्तर-मानववाद को दो तरीक़ों में समझाया है, जिसमें पहला पहलू यह कहता है कि आज और भविष्य में इन्सान का जीवन बहुत तेज़ी से बदल रहा है। नयी तकनीकों, दवाओं और सर्जरी के माध्यम से इन्सानों के शरीर बदले जा रहे हैं। अब इन्सान केवल इन्सान नहीं रह गया है, वह मशीनों और अन्य जीवों के साथ जुड़कर एक नया रूप ले रहा है, उदाहरण के लिए, जीनोट्रांसप्लांटेशन, यानी जानवरों के अंगों का मनुष्यों में उपयोग, ने मानव और अन्य जीवों के बीच की सीमाओं को न केवल धुँधला किया है, बल्कि इसने यह भी दिखाया है कि मनुष्य अब किसी एक निश्चित शारीरिक रूप और मानसिकता में नहीं बँधा है। मशीनों और जीवों के साथ मिलकर मानवता नये रूपों में विकसित हो रही है, और इसका परिणाम यह है कि हम यह नहीं कह सकते कि मानवता की परिभाषा स्थिर और अपरिवर्तनीय है। प्रमोद के. नायर ने उत्तर-मानववाद को इस नये परिप्रेक्ष्य में समझाने की कोशिश की है, जिसमें वह यह मानते हैं कि मानव का

जीवन और शरीर लगातार बदल रहे हैं। यह परिवर्तन न केवल शारीरिक रूप से हो रहा है, बल्कि मानसिक और बौद्धिक स्तर पर भी हो रहा है। जिस तरह से चिकित्सा, प्रौद्योगिकी, और जीवविज्ञान के क्षेत्रों में हो रही प्रगति मनुष्य के शरीर और मन को नया रूप दे रही है, वह यह स्पष्ट करता है कि मानवता की परम्परागत अवधारणा अब न केवल अप्रचलित हो रही है, बल्कि भविष्य में इसकी कोई निश्चित परिभाषा नहीं होगी।

दूसरा पहलू, जिसे नायर क्रिटिकल उत्तर-मानववाद कहते हैं, जो कि मानव की नयी व्याख्या करने का प्रयास है। इसके अनुसार उत्तर-मानववाद केवल नयी तकनीक और विज्ञान से जुड़े बदलावों तक सीमित नहीं हैं। यह मानव की उस परम्परागत सोच को भी चुनौती देता है, जिसमें इन्सान को अन्य सभी जीवन रूपों से अलग, श्रेष्ठ और स्वतन्त्र माना गया है। इसी विचारधारा को क्रिटिकल उत्तर-मानववाद कहा जाता है। परम्परागत मानववाद में इन्सान को एक स्वतन्त्र, आत्मनिर्भर और स्वायत्त जीव माना गया है। यह धारणा कहती है कि इन्सान अपने फ़ैसले ख़ुद ले सकता है और उसका बाक़ी सभी जीवों और प्रकृति पर नियन्त्रण है, लेकिन क्रिटिकल उत्तर-मानववाद इस सोच को ख़ारिज करता है और यह विचार रखता है कि इन्सान न तो पूरी तरह स्वतन्त्र है और न ही बाक़ी जीवों से अलग। क्रिटिकल उत्तर-मानववाद के मुताबिक़, इन्सान का अस्तित्व अन्य जीवन रूपों, पर्यावरण और तकनीक से गहराई से जुड़ा हुआ है। उदाहरण के लिए, इन्सान के शरीर में अन्य जीवों के डीएनए और तत्त्व पाये जाते हैं और इसका सीधा अर्थ है कि इन्सान भी अन्य प्रजातियों का ही अंश है। इन्सान की श्रेष्ठता और विशिष्टता केवल एक कल्पना है, और मानव का अस्तित्व बाक़ी जीवों के साथ मिलकर बना है, इसे अलग-थलग नहीं देखा जा सकता है।

क्रिटिकल उत्तर-मानववाद परम्परागत मानववाद की उस विचारधारा को भी ख़ारिज करता है जिसमें किसी भी व्यक्ति को उसकी योग्यता देखकर यह निर्णय किया जाता है कि वह सम्पूर्ण मानव कहलाने योग्य है कि नहीं। जब हम किसी मानव की सामान्यता की कल्पना करते हैं, तो अक्सर वह एक शारीरिक रूप से पूर्ण, मानसिक रूप से सक्षम और सामाजिक रूप से आदर्श व्यक्ति के रूप में सामने आता है। यह एक ऐसा व्यक्ति होता है जिसे हम

समाज में स्वीकार करते हैं, और जिसे किसी प्रकार की विकृति, शारीरिक या मानसिक, से मुक्त माना जाता है। यह कल्पना समाज में सामान्यता के रूप में स्थापित की जाती है, और यह इस बात पर आधारित होती है कि मानव का सही रूप क्या है। जैसे ही हम शारीरिक रूप से सक्षम और स्वस्थ व्यक्ति की तस्वीर अपने मन में बनाते हैं, हम अपने मानसिक और शारीरिक स्वास्थ्य को एक अदृश्य मानक के रूप में स्थापित कर लेते हैं। यह मानक किसी एक व्यक्ति या समाज के द्वारा निर्धारित किया जाता है, जो यह मानता है कि केवल वही व्यक्ति समाज में मूल्यवान है जो इस आदर्श की पूरी तरह से अभिव्यक्ति करता है। यह आदर्श शारीरिक रूप से मज़बूत, मानसिक रूप से स्वस्थ, और किसी भी प्रकार की विकृति या अवरोध से मुक्त व्यक्ति को दर्शाता है।

उत्तर-मानववाद और क्रिटिकल उत्तर-मानववाद की तुलना–

आधार	उत्तर-मानववाद	क्रिटिकल उत्तर-मानववाद
परिभाषा	पारम्परिक मानववाद और मानव-केन्द्रित सोच से आगे बढ़ने वाला बौद्धिक आन्दोलन।	उत्तर-मानववाद की आलोचनात्मक दृष्टि, जो शक्ति, नैतिकता और व्यक्तित्व पर सवाल उठाती है।
केन्द्रबिन्दु	तकनीक, साइबरनेटिक्स, AI और जैविक सुधारों पर ध्यान, जो मानवता को नया रूप देते हैं।	उत्तर-मानववाद की धारणाओं की आलोचना करता है, खासकर इसकी तकनीकी-आशावादिता और पश्चिमी-प्रधान दृष्टिकोण की।
तकनीक पर दृष्टिकोण	तकनीकी प्रगति को मानव विकास के लिए क्रान्तिकारी मानता है।	तकनीक को सत्ता, राजनीति और सामाजिक ढाँचे से जुड़े हुए सन्दर्भ में देखता है।
मानव और ग़ैर-मानव सम्बन्ध	इन्सानों को मशीन, AI और जैविक तकनीकों के साथ विकसित होते हुए देखता है।	ग़ैर-मानव एजेंसी, पारिस्थितिकी और ग़ैर-मानव केन्द्रित दृष्टिकोण के नैतिक मुद्दों पर ध्यान देता है।
मानववाद की आलोचना	तर्कसंगतता, स्वायत्तता और व्यक्तिगतता जैसे मानवतावादी मूल्यों से आगे बढ़ता है।	ऐतिहासिक, राजनीतिक और पारिस्थितिक पहलुओं पर गहराई से विचार करता है।

ट्रांस-ह्यूमनिज़्म से सम्बन्ध	ट्रांस-ह्यूमनिज़्म से मेल खाता है, ख़ासकर मानव-सुधार की अवधारणा में।	ट्रांस-ह्यूमनिज़्म की तकनीकी-आशावादी और मानव केन्द्रित सोच की आलोचना करता है।
दिव्यांगता अध्ययन और पारिस्थितिकी से सम्बन्ध	मानव क्षमताओं के सुधार पर ध्यान देता है, लेकिन अक्सर सामाजिक असमानताओं को नज़रअन्दाज़ करता है।	उत्तर-मानववाद के भीतर मौजूद अपंगता, पूँजीवाद और पर्यावरणीय क्षति की आलोचना करता है।

दरअसल हम वही सोचते हैं जो हमें पढ़ाया व सिखाया जाता है, या फिर जैसा हम देखते हैं, और हमें बचपन से शारीरिक रूप से मज़बूत, और स्वस्थ नायकों की कहानी सुनायी, बतायी, दिखायी जाती है, कहानियों में शारीरिक रूप से मज़बूत, साहसी पुरुष नायक को आदर्श मानते हुए दिखाया जाता है। ये नायक न केवल व्यक्तिगत साहस का प्रतीक होते हैं, बल्कि सामुदायिक मान्यताओं और अपेक्षाओं का भी प्रतिनिधित्व करते हैं। ये कहानियाँ सन्देश देती हैं कि साहस शक्ति और शारीरिक सक्षमता जीवन की समस्याओं को हल करने के लिए आवश्यक हैं और इस आदर्श को स्थापित करने में और बनाये रखने में सामाजिक और सांस्कृतिक कारक काम करते हैं जो सक्षम शरीर की आवश्यकता और उसकी श्रेष्ठता को स्थापित करते हैं। अगर हिन्दी फ़िल्मों की बात करें तो भी हम यही पाते हैं कि शारीरिक सक्षमता वाला व्यक्ति ही प्रेरणा का स्रोत, राष्ट्रवाद का प्रतीक माना जाता है। समाज में इस आदर्श का पुनर्निर्माण और प्रचार इस बात को स्थापित करता है कि शारीरिक रूप से सक्षम व्यक्ति ही प्रेरणा का स्रोत हो सकता है। फ़िल्म उद्योग, विशेषकर भारतीय सिनेमा, में यह आदर्श स्पष्ट रूप से देखने को मिलता है, जहाँ शारीरिक रूप से दिव्यांग व्यक्तियों को नायक के रूप में चित्रित करना अब भी दुर्लभ है। देश विभाजन के समय की फ़िल्मों से लेकर 1971 के भारत-चीन युद्ध तक, हर फ़िल्म में नायक कभी दिव्यांग नहीं होते थे। वे हमेशा शारीरिक रूप से परिपूर्ण, ताक़तवर और साहसी होते थे, जो राष्ट्र के लिए बलिदान देने के लिए तैयार रहते थे। इन फ़िल्मों में नायक की शारीरिक क्षमता को ही उसकी पहचान के रूप में प्रस्तुत किया जाता था, जबकि दिव्यांग व्यक्तियों

की कोई जगह नहीं होती थी। हालाँकि आजकल इस विचारधारा में थोड़ा-सा लचीलापन आया है, फिर भी समाज में दिव्यांगता और शारीरिक कमज़ोरी को लेकर जो मानसिकता है, उसमें बदलाव लाने की आवश्यकता अभी भी बनी हुई है।

क्रिटिकल उत्तर-मानववाद मानववाद की योग्यता आधारित सोच को ही ख़ारिज कर देता है और यह प्रयास करता है कि उन शरीरों को भी शामिल करें जो पारम्परिक मानव की परिभाषा में सटीक नहीं बैठते, इसमें दिव्यांग व्यक्ति, जानवर, और ग़ैर-मानव जैसी इकाइयों को भी समान रूप से मान्यता दी जाती है। इस तरह से उत्तर-मानववाद मानव के विशिष्ट होने और मनुष्यता की सीमाओं को पुनर्विचार का प्रस्ताव देता है। उत्तर-मानववाद का मूल उद्देश्य ही मानवता की एक अधिक समावेशी परिभाषा देना है, यह परम्परागत मानववाद के विपरीत, मनुष्य को केवल उसकी योग्यता और सक्षमता के आधार पर परिभाषित नहीं करता, बल्कि सभी जीवन रूपों के साझी भेद्यता (shared vulnerability) को महत्त्व देता है। यह विचारधारा यह मानती है कि जब तक मानवीयता की परम्परागत संरचना बनी रहेगी, तब तक कुछ लोग हाशिये पर धकेले जाते रहेंगे। यह लोग या तो पूरी तरह ग़ैर-मानव घोषित कर दिये जाते हैं, जैसे जानवर, या अपूर्ण मानव मान लिए जाते हैं, जैसे दिव्यांग व्यक्ति।

मानववाद (Humanism) और उत्तर-मानववाद (Post-humanism) के बीच अन्तर

आधार	मानववाद (Humanism)	उत्तर-मानववाद (Post-humanism)
मूल दर्शन	व्यक्ति की तर्कशीलता, स्वतन्त्रता और चेतना पर ज़ोर देता है।	मशीनों और तकनीक के साथ सह-निर्माण और सूचना को प्राथमिकता देता है।
मनुष्य की परिभाषा	मनुष्य को एक स्वतन्त्र, अद्वितीय, और चेतन प्राणी के रूप में देखता है।	मनुष्य को जैविक और तकनीकी तत्त्वों के मिश्रण के रूप में देखता है।

आधार	मानववाद (Humanism)	उत्तर-मानववाद (Post-humanism)
चेतना (Consciousness)	चेतना को मानवीय अस्तित्व का केन्द्र मानता है।	चेतना को गौण घटना मानता है और इसे सूचना और मशीनों के सन्दर्भ में देखता है।
शरीर का महत्त्व	शरीर को चेतना और मानवीय अस्तित्व का अभिन्न हिस्सा मानता है।	शरीर को दिमाग़ के लिए एक साधन या प्रोस्थेसिस मानता है।
जानकारी और भौतिकता	भौतिकता (शरीर, प्रकृति) को प्राथमिकता देता है।	जानकारी (Information) को भौतिकता से अधिक महत्त्व देता है।
तकनीकी दृष्टिकोण	तकनीक को एक उपकरण के रूप में देखता है, जो मानवीय जीवन को बेहतर बनाती है।	तकनीक को मानव अस्तित्व का अभिन्न हिस्सा मानता है, जो मानव और मशीन के बीच सीमाएँ मिटा देता है।
सांस्कृतिक दृष्टिकोण	संस्कृति और कला को मानवीय अनुभव का अनिवार्य हिस्सा मानता है।	डिजिटल संस्कृति, वर्चुअलता, और साइबरनेटिक्स को अधिक महत्त्व देता है।
मानवता का भविष्य	मानवता की परम्परागत संरचना को बनाये रखने का प्रयास करता है।	मानव और मशीन के समावेश से नये भविष्य की कल्पना करता है।
शारीरिकता (Physicality)	भौतिक शरीर को अस्तित्व का आधार मानता है।	शारीरिक अस्तित्व और डिजिटल सिमुलेशन के बीच के अन्तर को ख़त्म करता है।
अमरता की धारणा	अमरता को धार्मिक, आध्यात्मिक, या काल्पनिक मानता है।	अमरता को सम्भावित और तकनीकी रूप से प्राप्त करने योग्य मानता है।

आधार	मानववाद (Humanism)	उत्तर-मानववाद (Post-humanism)
फोकस क्षेत्र	मनुष्य की आन्तरिक क्षमताओं, जैसे तर्क, नैतिकता, और रचनात्मकता पर केन्द्रित।	तकनीक, साइबरनेटिक्स, और कृत्रिम बुद्धिमत्ता के साथ मनुष्य की सहभागिता पर केन्द्रित।
प्राकृतिक आत्म (Natural Self)	प्राकृतिक आत्म को स्वतन्त्र और अद्वितीय मानता है।	प्राकृतिक आत्म को तकनीकी और डिजिटल प्रक्रियाओं का परिणाम मानता है।
सम्बन्ध	मनुष्य और प्रकृति के बीच सामंजस्य पर बल।	मनुष्य और मशीन के बीच सह-निर्माण और संवाद को प्राथमिकता।
विकास का दृष्टिकोण	मानवता को स्वतन्त्र रूप से विकसित होते हुए देखता है।	मानवता को तकनीकी और कृत्रिम प्रणालियों के साथ सह-विकसित मानता है।
प्राथमिकता	मानवीय मूल्य, स्वतन्त्रता, और नैतिकता को सर्वोपरि मानता है।	सूचना, आभाषी वास्तविकता, और तकनीकी क्षमता को अधिक महत्त्व देता है।
शक्ति और नियन्त्रण	मनुष्य को अपने जीवन और तकनीक पर पूर्ण नियन्त्रण का अधिकारी मानता है।	तकनीकी प्रणालियों को मानव अस्तित्व का सह निर्माता और सहायक मानता है।
दर्शन का उद्देश्य	मनुष्य के अद्वितीय अस्तित्व और उसकी क्षमताओं को समझना।	मानवता की पारम्परिक सीमाओं से परे जाने और नये अस्तित्व की सम्भावनाओं का पता लगाना।

उत्तर-मानववाद को ट्रांस-ह्यूमनिज़्म (अधिमानववाद) नहीं समझना है, यह शब्द न केवल एक अलग अस्तित्व को बताता है, बल्कि मानवता की एक दृष्टि को भी दर्शाने के लिए भी किया जाता है। अधिमानववाद एक

प्रकृति को स्थिर और पहचान योग्य मानती है, जिसे तकनीकी हस्तक्षेप से सुधारा जा सकता है। इसके केन्द्र में यह विश्वास है कि जैविक सीमाएँ कोई स्थायी अवरोध नहीं हैं; उन्हें पार करना सम्भव है। ट्रांस-ह्यूमनिज़्म मानता है कि मानव मस्तिष्क और शरीर में कुछ प्राकृतिक सीमाएँ हैं, जिन्हें विज्ञान और तकनीक के माध्यम से संवर्धित किया जा सकता है। निक बॉस्टरोम, ट्रांस-ह्यूमनिज़्म के एक प्रमुख विचारक, इसे मानव प्रकृति में सुधार के एक गहन प्रयास के रूप में देखते हैं। उनके अनुसार, यह विचारधारा न केवल शारीरिक और बौद्धिक क्षमताओं को बढ़ाने की बात करती है, बल्कि मानव अनुभवों के मानसिक और भावनात्मक पहलुओं पर भी अधिक नियन्त्रण की सम्भावना पर केन्द्रित है। अधिमानववाद के अनुसार तकनीकी साधनों के माध्यम से इन्सानी जीवन को लम्बा और अधिक गुणवत्तापूर्ण बनाया जा सकता है, जिससे वह जीवन के कठिन पहलुओं से बच सके।

इस विचारधारा में मानव शरीर को मात्र एक जैविक मशीन के रूप में देखा जाता है, जिसे तकनीक द्वारा संशोधित और उन्नत किया जा सकता है। यह दृष्टिकोण मानववाद की परम्परागत धारणाओं से जुड़ता हुआ दिखता है, लेकिन इसमें एक गहन वैज्ञानिक झुकाव जोड़ा गया है। कैरी वॉल्फ इसे 'मानववाद की तीव्रता' (Intensification of Humanism) के रूप में परिभाषित करते हैं, जहाँ मानव शरीर की जैविक सीमाओं को बाधा के रूप में नहीं बल्कि एक अवसर के रूप में देखा जाता है। इस विचारधारा का मानना है कि बुढ़ापा, रोग और शारीरिक दुर्बलता जैसी चुनौतियाँ केवल तकनीकी सीमाओं की प्रतीक हैं, और इनसे पार पाना विज्ञान की उन्नति के माध्यम से सम्भव है। इसके अन्तर्गत, नयी प्रौद्योगिकियाँ जैसे जेनेटिक इंजीनियरिंग, नैनोटेक्नोलॉजी और साइबरनेटिक्स को मानव अस्तित्व के उन्नयन के साधन के रूप में देखा जाता है। अधिमानववाद यह विचार रखता है कि मानवता के लिए तकनीकी प्रगति न केवल अनिवार्य है, बल्कि यह मानव जीवन के पारम्परिक आयामों को भी पुन:परिभाषित कर सकती है।

अधिमानववाद का मुख्य ध्यान इन्सानी अस्तित्व को तकनीकी और वैज्ञानिक साधनों से बेहतर बनाने पर है, लेकिन यह इसे पर्यावरण और अन्य

जीवों से पृथक् मानता है। यह विचारधारा मानवीय स्वायत्तता को प्राथमिकता देती है, जहाँ इन्सान को एक स्वतन्त्र इकाई के रूप में देखा जाता है, जो अपनी प्रकृति और सम्भावनाओं पर नियन्त्रण रख सकता है। अधिमानववाद में तकनीकी उन्नति को केवल उपकरण के रूप में देखा जाता है, जो मानव को उसकी जैविक सीमाओं से आगे ले जाने में मदद करता है। इसमें यह विश्वास निहित है कि इन्सान को 'सम्पूर्ण व त्रुटिरहित' बनाने की सम्भावना विज्ञान में ही छिपी है। यह दृष्टिकोण न केवल भविष्य में शारीरिक और मानसिक क्षमताओं को विस्तार देने की बात करता है, बल्कि यह भी मानता है कि यह प्रक्रिया इन्सानी अस्तित्व के नये मानक तय कर सकती है। इसके बावजूद, यह विचारधारा मानवीय अनुभवों के लचीलापन और विविधता की उपेक्षा करती है, जो उत्तर-मानववाद का एक प्रमुख आधार है। अधिमानववाद एक ऐसा भविष्य चित्रित करता है, जहाँ इन्सानी क्षमताएँ वर्तमान से कहीं अधिक परिष्कृत और विस्तारित हो सकती हैं।

तकनीकी प्रगति के प्रति अत्यधिक विश्वास अधिमानववाद की नींव है, जो मानता है कि तकनीक मानव अस्तित्व को न केवल सुरक्षित कर सकती है बल्कि उसे परिभाषित भी कर सकती है। यह विश्वास करता है कि तकनीक न केवल मानव अस्तित्व को सुरक्षित करने में सक्षम है, बल्कि यह मानवता के भविष्य को पूरी तरह से परिभाषित भी कर सकती है। इस विचारधारा में तकनीकी प्रगति को सर्वोपरि माना जाता है, और यह मान्यता दी जाती है कि भविष्य का मानव 'उन्नत' और 'परिष्कृत' होगा, जो अपने वर्तमान रूप से कहीं अधिक उपयोगी और उद्देश्यपूर्ण होगा। यह दृष्टिकोण मानव जीवन की जैविक सीमाओं को समाप्त करने की सम्भावना देखता है और इसे एक पूर्णतः तकनीकी भविष्य की ओर अग्रसर करता है। लेकिन यह प्रक्रिया मनुष्य को केवल एक तकनीकी इकाई में परिवर्तित करने का जोखिम भी उठाती है। अधिमानववाद इस तथ्य को भी अनदेखा करता है कि तकनीकी विकास के साथ सामाजिक और नैतिक जटिलताएँ भी बढ़ती हैं। इस प्रकार, यह विचार मानवता के भविष्य को एक तकनीकी स्वप्न के रूप में देखता है, जहाँ जैविक अस्तित्व की सीमाएँ समाप्त हो जाती हैं और तकनीकी उन्नति ही नया मानवीय मूल्य बन जाती है।

अधिमानववाद मानव के वर्तमान स्वरूप को एक मध्यवर्ती अवस्था मानता है, जो एक उन्नत मानव रूप के आगमन से पहले की स्थिति है, जिसमें शरीर और बुद्धि को अधिक उपयोगी और उद्देश्यपूर्ण बनाने के लिए सुधारा जा सकता है। हालाँकि यह बहस अभी भी जारी है कि ये सुधार मानवता को बढ़ाते हैं, या कम करते हैं, जबकि, जैव-नैतिकता के क्षेत्र में इस बात पर भी असहमति है कि कौन-से सुधार उपचार माने जायें और कौन-से केवल क्षमताओं को बढ़ाने का केवल प्रयास। अधिमानववाद का दार्शनिक आधार प्रबोधन काल के उन विचारों से जुड़ा हुआ है जो मानव और पशु के बीच स्पष्ट विभाजन को स्थापित करते हैं। इस विचारधारा के अनुसार, मानवता को एक अलग और स्वायत्त प्रजाति के रूप में देखा जाता है, जो पशु और वनस्पति जीवन से ऊपर है। दार्शनिक जॉर्जियो अगम्बेन इस बिन्दु को गहराई से समझते हैं, जब वे बताते हैं कि मानव को परिभाषित करने की प्रक्रिया में 'पशु जीवन' को बाहर रखा गया है। यह परिभाषा एक पदानुक्रम स्थापित करती है, जिसमें वनस्पति, पशु और मानव जीवन के बीच असमानता बनी रहती है। अधिमानववाद इस पदानुक्रम को और मज़बूत करता है, क्योंकि यह मानता है कि मानव केवल अपनी जैविक सीमाओं से मुक्त होकर 'उन्नत मानव' बन सकता है।

जब हम उत्तर-मानववाद और अधिमानववाद की बात करते हैं, तो यह समझना ज़रूरी हो जाता है कि इन विचारों के केन्द्र में मानव होने की परिभाषा ही है। हम अक्सर यह मानते हैं कि मानव और ग़ैर-मानव (जैसे मशीनें, जानवर या अन्य जीव) के बीच एक स्पष्ट रेखा खींची जा सकती है। लेकिन क्या वास्तव में यह इतना आसान है? जॉर्जियो अगम्बेन की किताब Homo Sacer और उनके विचार, ख़ासकर 'Zones of Indistinction' और 'Bare Life', हमें यह समझने में मदद करते हैं कि मानवता की यह परिभाषा कितनी अनिश्चित और तरल हो सकती है। इसके द्वारा अगम्बेन उन सीमाओं और स्थितियों का विश्लेषण करते हैं, जहाँ पारम्परिक श्रेणियाँ, जैसे 'मानव' और 'ग़ैर-मानव' या 'जीवन' और 'मृत्यु', धुँधली हो जाती हैं।

यह विचार उत्तर-मानववाद से जुड़ा हुआ है, जो मानवता को केन्द्रीय स्थान से हटाकर ग़ैर-मानव, जैसे कि मशीन, जानवर, कृत्रिम बुद्धिमत्ता और पर्यावरण, के साथ सम्बन्धों को पुन: परिभाषित करने का प्रयास करता है। अगम्बेन के 'Zones of Indistinction' के विचार से हमें यह समझने में मदद मिलती है कि इन श्रेणियों के धुँधलेपन से नयी पहचान, नैतिकता, और सत्ता संरचनाएँ उत्पन्न होती हैं। यह विचार समकालीन दुनिया में महत्त्वपूर्ण है, जहाँ तकनीकी विकास और जैविक जीवन की सीमाएँ लगातार बदल रही हैं। उत्तर-मानववाद इन परिवर्तनों को गहरे तरीक़े से देखता है, ख़ासकर जब यह सवाल उठता है कि 'मानव' की परिभाषा कितनी स्थिर है और क्या यह परिभाषा केवल जैविक सीमाओं तक सीमित है या फिर इसमें और विस्तार किया जा सकता है।

लेकिन यह सवाल उठता है कि क्या यह सुधार वास्तव में मानवता को ऊपर उठाते हैं या सिर्फ़ कुछ विशेष लोगों को अधिक शक्ति देते हैं? जैव-नैतिकता (Bioethics) में इसे लेकर काफ़ी बहस होती है। मान लीजिए कि भविष्य में एक ऐसी तकनीक आ जाये जो केवल अमीर लोगों को अधिक बुद्धिमान या ताक़तवर बना सके, तो क्या यह पूरी मानव जाति का विकास कहलायेगा, या यह सिर्फ़ नयी सामाजिक असमानताओं को जन्म देगा? यही वह जगह है जहाँ अगम्बेन का विचार हमें यह सोचने पर मजबूर करता है कि क्या ये सुधार वास्तव में 'सभी' के लिए हैं या सिर्फ़ कुछ लोगों को अधिक विशेषाधिकार देने का एक नया तरीक़ा?

उत्तर-मानववाद का केन्द्रीय उद्देश्य मानव और ग़ैर-मानव के बीच पारम्परिक सीमाओं को तोड़ना है। यह इस सवाल को उठाता है कि 'मानव' की परिभाषा कितनी स्थिर और सार्वभौमिक है। अगम्बेन का 'Zones of Indistinction' इस दावे को गहराई से समझने में मदद करता है। यह उन स्थितियों को उजागर करता है जहाँ मानवीय अस्तित्व या पहचान की परिभाषा किसी निश्चित श्रेणी में नहीं आती। यह दिखाता है कि कभी-कभी 'मानव' और 'ग़ैर-मानव' की श्रेणियाँ इतनी धुँधली हो जाती हैं कि उन्हें अलग-अलग पहचानना मुश्किल हो जाता है। उदाहरण के लिए, जब हम कृत्रिम बुद्धिमत्ता

(AI) जैसे ग़ैर-मानवीय संस्थाओं के अधिकारों की बात करते हैं, तो सवाल यह उठता है कि क्या एआई केवल एक उपकरण है, या यह कुछ हद तक एक जीव के रूप में देखा जा सकता है।

माइकल फूको ने कहा था कि आधुनिक सत्ता केवल शासन तक सीमित नहीं है, बल्कि वह मानव शरीर और उसके जैविक कार्यों तक विस्तारित हो चुकी है। अगम्बेन इस विचार को आगे ले जाते हैं और बताते हैं कि state of exception (अपवाद की स्थिति) अब नियम बन चुका है, जहाँ हर जीवन क़ानूनी और राजनीतिक रूप से अस्पष्ट स्थिति में है। लेकिन जब हम इसे Post-human सन्दर्भ में देखते हैं, तो यह स्पष्ट होता है कि यह अस्पष्टता अब केवल शरीर तक सीमित नहीं है, बल्कि यह डिजिटल पहचान, जैव-तकनीकी रूप से संशोधित जीवन और कृत्रिम बुद्धिमत्ता द्वारा नियन्त्रित संस्थाओं तक भी फैल गयी है।

अगम्बेन का विचार यह दिखाता है कि कैसे शक्ति संरचनाएँ 'state of exception' 'अपवाद की स्थिति' बनाती हैं, जिसमें कोई व्यक्ति या इकाई क़ानून के दायरे में तो होती है, लेकिन उसे क़ानूनी या नैतिक मान्यता नहीं मिलती। इसी प्रकार, उत्तर-मानववाद यह जाँचता है कि आधुनिक तकनीकी और सामाजिक विकास मानव और ग़ैर-मानव के बीच की स्पष्ट रेखाओं को कैसे मिटा देते हैं। उदाहरण के लिए, साईबोर्ग या बायोनिक अंगों के माध्यम से संवर्धित मनुष्य क्या पूरी तरह से मानव कहलाएँगे? अगर कोई एआई एक दिन इतना विकसित हो जाये कि वह इन्सानों की तरह सोचने लगे, तो क्या उसे भी क़ानूनी अधिकार मिलने चाहिए? इस प्रकार की स्थितियाँ 'Zones of Indistinction' की श्रेणी में आती हैं।

अगम्बेन के 'Bare Life' के विचार को पोस्ट-ह्यूमन सन्दर्भ में भी महत्त्वपूर्ण माना जा सकता है। 'Bare Life' वह स्थिति है जिसमें जीवन केवल अपने जैविक अस्तित्व तक सीमित हो जाता है और किसी भी सामाजिक, राजनीतिक या क़ानूनी मान्यता से वंचित होता है। यह विचार उत्तर-मानववाद में उन ग़ैर-मानवीय संस्थाओं पर लागू होता है जिन्हें मानव होने का दर्जा नहीं मिलता, लेकिन जो आधुनिक सत्ता संरचनाओं के लिए अत्यधिक महत्त्वपूर्ण

हैं। इसे इस तरह से भी समझ सकते हैं कि ऐसा जीवन जो केवल जैविक अस्तित्व तक सीमित हो, लेकिन जिसे कोई सामाजिक या क़ानूनी मान्यता नहीं मिलती।

उदाहरण के लिए, फैक्ट्री फार्म में जानवरों की स्थिति पर विचार करें। ये जानवर जीवित हैं, लेकिन उनके अस्तित्व को केवल जैविक उपयोग तक सीमित कर दिया गया है–जैसे मांस उत्पादन या अन्य औद्योगिक उपयोग। इसी प्रकार, एआई सिस्टम या रोबोटिक्स के क्षेत्र में काम करने वाले तन्त्र जीवन्त नहीं हैं, लेकिन उनके अस्तित्व को केवल उनकी कार्यक्षमता तक सीमित किया जाता है। यह दोनों ही स्थितियाँ 'Bare Life' की श्रेणी में आती हैं, जहाँ अस्तित्व है, लेकिन वह अस्तित्व किसी सामाजिक या नैतिक मान्यता से बाहर है।

> **Bare Life** वह स्थिति है जिसमें एक व्यक्ति क़ानून में शामिल होते हुए भी उससे बहिष्कृत होता है, इसका अर्थ यह है कि सत्ता ऐसे लोगों को क़ानून से बाहर भी रखती है और क़ानून के अन्दर भी समेटे रहती है। यह स्थिति उन लोगों की होती है जो राज्य की नज़र में 'उपेक्षित' या 'निष्कासित' जीवन जीते हैं।

अगर हम रोज़मर्रा की ज़िन्दगी में देखें, तो हमें यह स्थिति कई जगहों पर दिखती है। उदाहरण के लिए, शरणार्थी (refugees) या अनधिकृत प्रवासी (undocumented immigrants) bare life के सबसे बड़े उदाहरण हैं। वे क़ानूनी रूप से नागरिक नहीं होते, लेकिन फिर भी वे राज्य के नियन्त्रण में रहते हैं। उन्हें पुलिस पकड़ सकती है, डिटेंशन सेंटर में डाल सकती है, लेकिन उनके अधिकारों की कोई गारंटी नहीं होती। इसी तरह, महामारी (जैसे COVID-19) के दौरान जब सरकारों ने कर्फ़्यू लगाया और लोगों को घरों में बन्द कर दिया, तब यह स्पष्ट हो गया कि कौन-कौन bare life की स्थिति में जी रहा है। प्रवासी मज़दूर जो शहरों से निकाले गये, वे न तो पूरी तरह से राज्य के संरक्षण में थे और न ही पूरी तरह से स्वतन्त्र।

उत्तर-मानववाद इस बात की जाँच करता है कि इन 'Bare Life' की श्रेणियों को कैसे समझा और पुन:परिभाषित किया जा सकता है, और इस सवाल का उत्तर जानने का प्रयास करता है कि किसे 'मानव' का दर्जा मिलना

चाहिए और किसे नहीं। क्या हम इन अस्तित्वों को उनके पारम्परिक उपयोग से परे मान्यता दे सकते हैं? यदि हाँ, तो इसका नैतिक और क़ानूनी ढाँचा कैसा होगा? उत्तर-मानववाद 'कर्ता' की परिभाषा को फिर से खड़ा करता है, और अगम्बेन का 'Zones of Indistinction' यह समझने में मदद करता है कि कौन या क्या 'कर्ता' कहलाने के योग्य है। इस सन्दर्भ में, साईबोर्ग, बायो-एन्हांस्ड मानव, या जेनेटिक रूप से परिवर्तित जीवों के उदाहरण के माध्यम से हम यह देख सकते हैं कि क्या इनकी पहचान पूरी तरह से मानव के रूप में की जा सकती है या नहीं।

यह चर्चा एंथ्रोपोसीन और उत्तर-मानववाद के आपसी सम्बन्ध को समझने के लिए बेहद ज़रूरी हो जाती है, क्योंकि हम एक ऐसे दौर में जी रहे हैं जहाँ मानव और ग़ैर-मानव के बीच की सीमाएँ तेज़ी से धुँधली हो रही हैं। जलवायु परिवर्तन और समुद्र स्तर में वृद्धि जैसी घटनाएँ यह दिखाती हैं कि मानव और ग़ैर-मानव अस्तित्व एक-दूसरे के साथ इस हद तक उलझ गये हैं कि पारम्परिक सीमाएँ मिट चुकी हैं। उदाहरण के लिए, अगर समुद्र का जलस्तर बढ़ता है, तो यह सिर्फ़ समुद्री जीवों को नहीं बल्कि उन तटीय क्षेत्रों में रहने वाले लोगों को भी प्रभावित करता है, जो अचानक 'जलवायु शरणार्थी' बन जाते हैं। इस तरह की परिस्थितियाँ हमें यह सोचने पर मजबूर करती हैं कि हम मानव और ग़ैर-मानव के बीच की सीमाओं को कैसे समझ सकते हैं, और कैसे हम नये नैतिक और क़ानूनी ढाँचों को तैयार कर सकते हैं जो इस जटिल स्थिति का सामना कर सकें।

अब, जब हम उत्तर-मानववाद की बात करते हैं, तो यह ज़रूरी हो जाता है कि हम डोना हरावे की बहुचर्चित पुस्तक 'ए साईबोर्ग मेनिफेस्टो' (1985) को भी इस सन्दर्भ में शामिल करें। यह केवल एक अकादमिक विमर्श नहीं, बल्कि ऐसा चिन्तन है, जो यह सोचने पर मजबूर करता है कि हम किस हद तक जैविक और तकनीकी रूप से परस्पर जुड़े हुए हैं। हरावे इस विचार को सामने लाने वाली पहली विचारकों में से एक थीं, जिन्होंने यह दिखाया कि पारम्परिक द्वैतों (बाइनरीज़) जैसे मानव/पशु, जैविक/मशीनी, और पुरुष/महिला को चुनौती दी जानी चाहिए। इसे समझने के लिए ज़रा अपने रोज़मर्रा के जीवन पर नज़र डालिए, अगर आपके किसी जानने वाले ने कृत्रिम पैर

लगवाया है, तो क्या वह पूरी तरह जैविक इन्सान कहलायेगा या तकनीक से जुड़ा कोई नया रूप ले चुका है? या फिर अगर कोई स्मार्टफ़ोन या स्मार्टवॉच के बिना अपने शरीर के विभिन्न कार्यों की निगरानी नहीं कर सकता, तो क्या वह पूरी तरह से मानव रह गया? यही वह सवाल हैं जिनका जवाब हरावे अपने साईबोर्ग सिद्धान्त में तलाशती हैं।

"बीसवीं शताब्दी के अन्त तक, जो एक तरह से मिथक जैसा समय है, हम सभी मशीन और जीव के मेल से बने संकर रूप हैं; यानी, हम साईबोर्ग हैं। साईबोर्ग हमारे अस्तित्व का आधार है और हमारी राजनीति को आकार देता है। यह कल्पना और भौतिक दुनिया का मिला-जुला रूप है, जो इतिहास में बदलाव की सम्भावनाओं को तय करता है।"

> "By the late twentieth century, our time, a mythic time, we are all chimeras, theorized and fabricated hybrids of machine and organism; in short, we are cyborgs. This cyborg is our ontology; it gives us our politics. The cyborg is a condensed image of both imagination and material reality, the two joined centres structuring any possibility of historical transformation."

हरावे के अनुसार, साईबोर्ग केवल विज्ञान-कथा का हिस्सा नहीं है, बल्कि यह हमारे दैनिक जीवन की वास्तविकता बन चुका है। हम में से हर कोई किसी न किसी रूप में तकनीक से जुड़ा हुआ है। चाहे वह इंटरनेट का उपयोग करने वाले व्यक्ति हों या फिर चिकित्सीय प्रौद्योगिकी पर निर्भर लोग, हम सब साईबोर्ग बन चुके हैं। लेकिन हरावे इस विचार को सिर्फ़ तकनीक तक सीमित नहीं रखतीं, बल्कि वह इसे सामाजिक संरचनाओं तक भी फैलाती हैं। उदाहरण के लिए, नारीवाद को ही लें तो पारम्परिक नारीवाद महिलाओं को उनकी जैविकता तक सीमित करता है, लेकिन हरावे कहती हैं कि 'महिला' होने का अर्थ सिर्फ़ जैविक शरीर नहीं है, बल्कि यह पहचान, परिस्थितियों और प्रौद्योगिकी से भी तय होती है।

हरावे का 'साईबोर्ग' एक प्रतीक मात्र नहीं, बल्कि एक सशक्त विचार है, जो हमें यह सोचने पर मजबूर करता है कि पारम्परिक सीमाओं से आगे जाकर दुनिया को कैसे समझा जाये। वह नारीवाद को भी एक नये नज़रिए से

देखती हैं और कहती हैं कि 'आत्मीयता' (affinity) जैविक समानताओं से अधिक महत्त्वपूर्ण होती है। इसका मतलब यह हुआ कि सिर्फ़ महिला होने के कारण सभी महिलाओं की समस्याएँ एक जैसी नहीं हो सकतीं, एक शहरी कामकाजी महिला की चुनौतियाँ एक ग्रामीण महिला से अलग होंगी। इसी तरह, क्या एक कृत्रिम अंग वाले व्यक्ति और एक रोबोट के बीच कोई गहरी समानता हो सकती है? हरावे के अनुसार, हाँ!

'साईबोर्ग' (cybernetic organism), यानी एक ऐसा जीव जो जैविक और कृत्रिम तत्त्वों का मिश्रण हो, जिसमें जैविक और तकनीकी हिस्से एक साथ मिलकर काम करते हो, इसे हम 'यान्त्रिक मानव' भी कह सकते हैं। हरावे के अनुसार, साईबोर्ग पारम्परिक सीमाओं और द्वैतवादी विभाजनों को अस्वीकार करता है जैसे कि 'मनुष्य' और 'पशु', या 'मनुष्य' और 'मशीन' के बीच का अन्तर। हरावे के अनुसार, साईबोर्ग न केवल इन सीमाओं को चुनौती देता है, बल्कि वह उन मानवीय धारणाओं को भी ख़ारिज करता है, जो परिवार, पहचान, और जैविकता से जुड़ी पारम्परिक अवधारणाओं में बँधी हुई है। जैसा कि हरावे अपनी पुस्तक में साईबोर्ग का वर्णन कुछ इस प्रकार करती हैं :

"साईबोर्ग पारम्परिक जैविक परिवार की अवधारणा को स्वीकार नहीं करता। वह आदम और इव के बग़ीचे को नहीं पहचानता, न ही वह मिट्टी से बना है और न ही मिट्टी में विलीन होने की आकांक्षा रखता है।"

> "The cyborg would not recognize the Garden of Eden; it is not made of mud and cannot dream of returning to dust."

डोना हरावे साईबोर्ग को एक ऐसे संकर (हाइब्रिड) के रूप में पेश करती हैं, जो मानव और मशीन के बीच की सीमाओं को धुँधला कर देता है। उनके अनुसार, साईबोर्ग न तो पूरी तरह से जैविक है और न ही पूरी तरह से कृत्रिम। यह एक ऐसा रूप है जो 'प्राकृतिक' और 'कृत्रिम' के बीच मौजूद विभाजन को चुनौती देता है। हरावे इस विचार को आगे बढ़ाते हुए कहती हैं कि साईबोर्ग आधुनिक युग का प्रतीक है, जहाँ तकनीक और जैविक जीवन के बीच का अन्तर समाप्त हो गया है। हरावे का साईबोर्ग 'लचीली और अस्थिर' पहचान का प्रतीक है।

हरावे लिंग के परम्परागत द्वैत को ख़ारिज करती हैं और कहती हैं कि लिंग एक तरल अवधारणा है, जिसे तकनीक और सामाजिक सन्दर्भ के माध्यम से पुनः परिभाषित किया जा सकता है। हरावे की सबसे बड़ी आलोचना पश्चिमी दर्शन की उस प्रवृत्ति पर है, जो हमेशा से चीज़ों को द्वैतवादी तरीक़े से देखने की कोशिश करता रहा है–मनुष्य बनाम पशु, पुरुष बनाम महिला, प्राकृतिक बनाम कृत्रिम। वह यह तर्क देती हैं कि 'यह सीमाएँ केवल सांस्कृतिक रूप से बनायी गयी हैं, न कि प्राकृतिक रूप से मौजूद हैं।' साईबोर्ग के प्रतीक के माध्यम से, हरावे यह दिखाती हैं कि लिंग और यौनिकता का सामाजिक निर्माण किया जा सकता है और इसे पुनः परिभाषित किया जा सकता है। यह परम्परागत लिंग भूमिकाओं और पूर्वाग्रहों को तोड़ने का एक शक्तिशाली उपकरण है।

हरावे विज्ञान और प्रौद्योगिकी को सिर्फ़ सत्ता और नियन्त्रण का उपकरण नहीं मानतीं, बल्कि इसे नये सशक्तीकरण और प्रतिरोध के साधन के रूप में भी देखती हैं। इसका एक उदाहरण आर्टिफ़िशियल इंटेलिजेंस (AI) का विकास है–क्या एआई केवल बड़ी कम्पनियों और सरकारों का हथियार बनेगा, या फिर आम आदमी को भी नयी सम्भावनाएँ देगा? इसी तरह, बायोनिक अंगों की तकनीक क्या सिर्फ़ दिव्यांगता को 'ठीक' करने के लिए है, या फिर यह एक नया मानवीय रूप गढ़ रही है? हरावे यह कहती हैं कि हमें इन सवालों को नये दृष्टिकोण से देखने की ज़रूरत है। उनका यह भी तर्क है कि परम्परागत पहचान की स्थिर धारणाएँ अब प्रासंगिक नहीं रहीं। साईबोर्ग पहचान की एक नयी अवधारणा प्रस्तुत करता है, जो न केवल तकनीकी और जैविक के बीच की सीमाओं को धुँधला करता है, बल्कि यह लिंग, जाति और अन्य सामाजिक पहचान की पारम्परिक श्रेणियों को भी चुनौती देता है। अगर एक ट्रांसजेंडर व्यक्ति हार्मोन थेरेपी और सर्जरी के ज़रिये अपने शरीर को बदल सकता है, तो क्या यह भी किसी रूप में साईबोर्ग जैसी प्रक्रिया नहीं है? हरावे इस पूरी बहस को एक नये स्तर पर ले जाती हैं।

पश्चिमी विचारधारा ने इस विभाजन को गहराई से स्थापित किया है, जिससे यह माना जाता है कि मनुष्य 'श्रेष्ठ' है और पशु 'अधम' है। हालाँकि, हरावे बताती हैं कि मनुष्य और पशु के बीच कोई स्पष्ट रेखा नहीं है। जैविकी,

विकासवाद और पारिस्थितिकी के क्षेत्र में प्रगति यह साबित करती है कि मनुष्य और अन्य जीवित प्राणी आपस में गहराई से जुड़े हुए हैं। हरावे का तर्क है कि मनुष्य और पशु के बीच का विभाजन केवल एक सांस्कृतिक निर्माण है। पशु अधिकारों और पर्यावरणीय न्याय के आन्दोलनों ने इस धारणा को चुनौती दी है। हरावे कहती हैं कि हमें 'प्राकृतिक' और 'कृत्रिम' के पुराने भेदों से बाहर आकर एक नयी वास्तविकता को स्वीकार करना होगा, जहाँ तकनीक, पर्यावरण और जैविक जीवन एक-दूसरे में घुलमिल गये हैं।

पहले, हम जानवर और इन्सान को एक ही जैविक श्रेणी में रखते थे और मशीनों को पूरी तरह अलग मानते थे। लेकिन आज के दौर में, यह फ़र्क़ धीरे-धीरे मिटता जा रहा है। पहले की मशीनों को एक तरह से निर्जीव माना जाता था—वे सिर्फ़ हमारे आदेशों पर काम करती थीं, ख़ुद से कोई निर्णय नहीं ले सकती थीं। अब बात करें आज की मशीनों की—हमारे स्मार्टफ़ोन, एलेक्सा, चैटबॉट्स, और आर्टिफ़िशियल इंटेलिजेंस (AI) से लैस तकनीकों को देखें। ये न केवल हमारे सवालों के जवाब देती हैं, बल्कि हमारे व्यवहार को भी समझती हैं और उसी के अनुसार प्रतिक्रिया देती हैं। उदाहरण के लिए, अगर आप हर सुबह सात बजे अलार्म लगाते हैं, तो आपका फ़ोन धीरे-धीरे यह सीख सकता है कि आपको इस समय उठने की आदत है। कुछ दिनों बाद, वह ख़ुद ही सुझाव देने लगेगा कि 'क्या मैं सुबह 7 बजे का अलार्म सेट कर दूँ?' यह बदलाव दिखाता है कि अब मशीनें सिर्फ़ आदेश मानने वाली नहीं रहीं, बल्कि वे हमारे साथ संवाद करने और निर्णय लेने लगी हैं।

आज की मशीनें इतनी उन्नत हो चुकी हैं कि वे ख़ुद को सुधार सकती हैं। आर्टिफ़िशियल इंटेलिजेंस (AI) से लैस रोबोट अब ख़ुद से निर्णय ले सकते हैं। सेल्फ़-ड्राइविंग कारें बिना इन्सान के ख़ुद रास्ता तय कर सकती हैं। चैटबॉट्स आपकी पसन्द और व्यवहार को देखकर अपनी प्रतिक्रियाएँ बदल सकते हैं। उदाहरण के लिए, नेटफ्लिक्स को लीजिए—अगर आप रोमांटिक फ़िल्में ज़्यादा देखते हैं, तो यह ऐप धीरे-धीरे समझने लगता है और आपको वैसी ही फ़िल्में सुझाने लगता है। अब हम एक ऐसे दौर में आ चुके हैं, जहाँ मशीनों में 'जीवन' जैसा कुछ महसूस होने लगा है, जबकि हम इन्सान, जो हमेशा से सक्रिय और नियन्त्रक रहे हैं, अब पहले से ज़्यादा निष्क्रिय हो रहे हैं।

परम्परागत श्रेणियों–जैसे मानव और मशीन, स्त्री और पुरुष, जैविक और यान्त्रिक–की सीमाएँ तेज़ी से धुँधली हो रही हैं। यह धुँधलापन बताता है कि समाज अब उन स्थिर पहचान को पुनःपरिभाषित कर रहा है, जिन्हें पहले अपरिवर्तनीय सत्य के रूप में देखा जाता था। उदाहरण के लिए, चिकित्सा तकनीकों ने मानव शरीर और मशीनों के बीच के अन्तर को ख़त्म कर दिया है। पेसमेकर, कृत्रिम अंग, और अन्य तकनीकी उपकरण ऐसे उदाहरण हैं, जो यह दिखाते हैं कि मानव शरीर और मशीन एक-दूसरे के पूरक हो सकते हैं। हरावे यह बताती हैं कि यह द्वैत समाज को उन तरीक़ों से सीमित करता है, जो तकनीक और जैविकी के सम्भावित लाभों को अपनाने से रोकते हैं। साईबोर्ग का विचार इस सीमा को चुनौती देता है और यह स्वीकार करता है कि जैविक और यान्त्रिक का सम्मिलन एक नयी वास्तविकता है।

साईबोर्ग इन सभी द्वैतों को चुनौती देने और ख़त्म करने का प्रतीक है। यह मानवता को एक अधिक समग्र, समावेशी, और तरल दृष्टिकोण अपनाने के लिए प्रेरित करता है। साईबोर्ग का विचार यह दिखाता है कि सीमाएँ केवल सामाजिक निर्माण हैं और उन्हें तोड़ा जा सकता है। हरावे का साईबोर्ग दृष्टिकोण उन सम्भावनाओं का प्रतीक है, जो तकनीकी और सामाजिक प्रगति के माध्यम से पारम्परिक सीमाओं को पार करने में मदद कर सकती हैं। यह पहचान, सम्बन्ध, और सत्ता संरचनाओं को पुनःपरिभाषित करने का एक माध्यम है। हरावे का कहना है कि पारम्परिक पहचान रूपों को खंडित और आंशिक रूप में देखा जाना चाहिए। साईबोर्ग पहचान का एक नया रूप प्रस्तुत करता है, जो बहुआयामी, जटिल, और सम्बन्धपरक है। यह पारम्परिक श्रेणियों और सीमाओं को चुनौती देता है और व्यक्तियों को अपनी पहचान को परिभाषित करने की स्वतन्त्रता प्रदान करता है। हरावे यह भी कहती हैं कि तकनीक और सामाजिक परिवर्तन के माध्यम से, पहचान अधिक लचीली और तरल बन सकती है। इस तरह साईबोर्ग का विचार मानव-केन्द्रित दृष्टिकोण को तोड़ता है और हमें नयी नैतिक और दार्शनिक सम्भावनाओं के बारे में सोचने के लिए प्रेरित करता है। यह मानव और ग़ैर-मानव के बीच सम्बन्धों को समझने और उन्हें पुनःपरिभाषित करने का अवसर प्रदान करता है।

अब यह समझने की कोशिश करते हैं कि क्या तकनीक हमें बेहतर मनुष्य बनायेगी, या हमारी मानवता छीन लेगी? इस प्रश्न का उत्तर न तो आसान है और न ही स्पष्ट। आज जब हम स्मार्टफ़ोन, इंटरनेट, और आर्टिफ़िशियल इंटेलिजेंस (AI) जैसी तकनीकों से घिरे हुए हैं, तो यह सवाल और भी प्रासंगिक हो जाता है। इसी सन्दर्भ में कैथरीन हेल्स की किताब How We Became Post-human एक महत्त्वपूर्ण चर्चा प्रस्तुत करती है। यह किताब हमें यह समझने में मदद करती है कि तकनीक केवल हमारे जीवन को आसान नहीं बना रही, बल्कि हमारे 'मानव' होने की परिभाषा को भी बदल रही है। हेल्स का तर्क है कि मानवता अब केवल जैविक शरीर या आत्मा तक सीमित ही नहीं है, बल्कि इसे 'सूचना' और 'डाटा' के रूप में पुन:परिभाषित किया जा रहा है। इसमें शरीर केवल एक माध्यम मात्र बनकर रह जाता है, जबकि सूचना का प्रवाह और नियन्त्रण और अधिक महत्त्वपूर्ण बन जाता है।

"पोस्ट-ह्यूमन होने का मतलब क्या है? जब हम पोस्ट-ह्यूमन की बात करते हैं, तो इसका एक पहलू डरावना लगता है और दूसरा रोमांचक। डर इसलिए क्योंकि 'पोस्ट' शब्द अपने भीतर दो मतलब समेटे हुए है–एक तो यह कि यह इन्सान से आगे की कोई चीज़ होगी, और दूसरा यह कि यह इन्सान के बाद आयेगी। इसका मतलब यह हो सकता है कि इन्सान का वजूद अब ख़त्म होने वाला है।"

> "...becoming post-human both evokes terror and excites pleasure. The terror is relatively easy to understand. 'Post,' with its dual connotation of superseding the human and coming after it, hints that the days of 'the human' may be numbered."

कुछ वैज्ञानिक और शोधकर्ता, जैसे हांस मोरावेक और माइकल डायर (Hans Moravec & Michael Dyer), मानते हैं कि यह सिर्फ़ विचारों का परिवर्तन नहीं होगा, बल्कि वास्तव में इन्सानों की जगह मशीनें ले लेंगी। और यह कोई दूर की कोरी कल्पना नहीं है, बल्कि कुछ लोग इसे बहुत वास्तविक मानते हैं। उनके अनुसार, इन्सान या तो धीरे-धीरे इतिहास का हिस्सा बन जायेगा, जैसे कभी डायनासोर हुआ करते थे, या फिर इन्सान अपनी बची-खुची सत्ता बनाये रखने के लिए ख़ुद को मशीनों में बदलने लगेगा।

अब सवाल उठता है–क्या इन्सान के पास कोई विकल्प है? अगर हम मोरावेक और उनके जैसे वैज्ञानिकों की सोच पर जायें, तो वे मानते हैं कि इन्सानों का युग अब समाप्त होने की ओर है। यह बात काफ़ी नकारात्मक लगती है, क्योंकि यह हमें सीधे-सीधे बताती है कि आने वाला भविष्य मशीनों का होगा, और इन्सान या तो पूरी तरह ख़त्म हो जायेगा या फिर मशीनों में समा जायेगा।

'मानव' की परम्परागत धारणा, प्रबोधन काल के विचारों से गहराई से जुड़ी हुई है। इस दृष्टिकोण का मूल आधार 'प्राकृतिक आत्म' और व्यक्तिगत स्वतन्त्रता उस समय इन्सान को एक तर्कशील, स्वतन्त्र और आत्मनिर्भर इकाई के रूप में देखा जाता था, जो अपने भाग्य का निर्धारण ख़ुद कर सकता था। यह वही सोच थी, जिसने लोकतन्त्र, व्यक्तिगत अधिकारों, और स्वतन्त्रता जैसे विचारों को जन्म दिया। उदाहरण के लिए, अगर हम संविधान या मानवाधिकारों की बात करें, तो इनमें यह माना गया है कि प्रत्येक व्यक्ति का अस्तित्व विशेष और मूल्यवान है। लेकिन आज जब तकनीक हमारी सोच और निर्णय लेने की प्रक्रिया में हस्तक्षेप करने लगी है, तो यह सवाल उठता है कि क्या हमें अभी भी 'स्वतन्त्र' कहा जा सकता है?

इसके विपरीत, 'पोस्ट-ह्यूमन' एक ऐसी अवधारणा है, जो उस समय उभरती है जब मानव बुद्धिमत्ता को मशीनों के साथ सह-निर्मित होते देखा जाता है। यह विचार तकनीकी प्रगति और साइबरनेटिक्स के बढ़ते प्रभाव के साथ जुड़ा हुआ है। आज जब हम गूगल असिस्टेंट, चैटबॉट्स या स्मार्ट होम डिवाइसेस का उपयोग करते हैं, तो हम महसूस करते हैं कि इन्सानी चेतना और मशीनों के बीच की सीमाएँ धुँधली होती जा रही हैं। हेल्स इसी बदलाव पर ध्यान देती हैं और कहती हैं कि अब शरीर से ज़्यादा महत्त्वपूर्ण 'जानकारी' (data) हो गया है। यदि आपका पूरा व्यक्तित्व, आदतें, पसन्द-नापसन्द, और यादें डिजिटल रूप में सुरक्षित की जा सकती हैं, तो क्या वह आपकी पहचान का हिस्सा नहीं बन जायेगा? उदाहरण के लिए, यदि आप अपने स्मार्टफ़ोन के बिना किसी अनजान शहर में चले जायें, तो आपको कैसा महसूस होगा? सम्भवतः असहाय, क्योंकि आज हमारी पहचान केवल हमारे शरीर तक सीमित नहीं है, बल्कि हमारे डिजिटल डेटा से भी परिभाषित होती है।

पोस्ट-ह्यूमन दृष्टिकोण में, 'मानव' की पारम्परिक पहचान और सीमाएँ धुँधली हो जाती हैं। इस धारणा में 'जानकारी' को 'भौतिकता' से अधिक महत्त्व दिया जाता है। इसका अर्थ यह है कि डेटा, सूचना और डिजिटल प्रक्रियाएँ अब जीवन के केन्द्र में आ गयी हैं, और शरीर को दिमाग़ के लिए एक साधन या प्रोस्थेसिस के रूप में माना जाने लगा है। हेल्स का तर्क है कि इस प्रकार की अवधारणाएँ विज्ञान-कथा तक ही सीमित नहीं हैं, बल्कि हमारे वर्तमान तकनीकी युग में भी इसका आधार मौजूद है। उदाहरण के लिए, ब्रेन-कम्प्यूटर इंटरफेस (Brain-Computer Interface) तकनीक पर काम हो रहा है, जहाँ इन्सान अपने दिमाग़ से ही मशीनों को नियन्त्रित कर सकता है। क्या यह दर्शाता है कि भविष्य में हमारा शरीर उतना महत्त्वपूर्ण नहीं रहेगा, जितना हमारा मस्तिष्क और उसमें संग्रहित 'जानकारी' होगी?

हेल्स का मानना है कि 'पोस्ट-ह्यूमन' दृष्टिकोण केवल विज्ञान और तकनीक तक सीमित नहीं है, बल्कि यह हमारे सामाजिक और सांस्कृतिक ढाँचे को भी बदल रहा है। यह विचार साइबरनेटिक्स (cybernetics) और कृत्रिम बुद्धिमत्ता (AI) की प्रगति से गहराई से जुड़ा है। अगर हम आज की दुनिया को देखें, तो हम अपने डिजिटल अवतार (virtual selves) के माध्यम से दूसरों से बातचीत करते हैं, ऑनलाइन पहचान (digital identity) बनाये रखते हैं और यहाँ तक कि कई लोग अपने सोशल मीडिया व्यक्तित्व को असली जीवन से अधिक महत्त्व देने लगे हैं। क्या यह 'मानव' होने की परम्परागत परिभाषा को चुनौती नहीं देता?

हालाँकि, हेल्स इस विचार से पूरी तरह सहमत नहीं हैं कि मनुष्य केवल 'जानकारी' बन सकता है। वह इस धारणा पर सवाल उठाती हैं कि क्या सच में इन्सान अपनी यादों और ज्ञान को कम्प्यूटर में स्टोर करके अमर (immortal) हो सकता है? विज्ञान में इस पर कई तरह के शोध हो रहे हैं, लेकिन हेल्स इसे एक भ्रम (illusion) मानती हैं और कहती हैं कि हमें तकनीकी प्रगति को यथार्थवादी दृष्टिकोण से देखना चाहिए। उदाहरण के लिए, हम भले ही एआई और मशीन लर्निंग का उपयोग करके भविष्यवाणी कर सकते हैं, लेकिन इन्सानी भावनाओं, संवेदनाओं और रिश्तों को पूरी तरह से डिजिटल रूप में बदलना आसान नहीं होगा।

साइबरनेटिक्स, जो मानव और मशीन के बीच फीडबैक लूप के माध्यम से सम्पर्क और सहयोग को परिभाषित करती है, पोस्ट-ह्यूमन की अवधारणा के लिए केन्द्रीय भूमिका निभाती है। यह विचार इस धारणा पर आधारित है कि मनुष्य और मशीन मिलकर एक ऐसा नेटवर्क बना सकते हैं, जो उनके व्यक्तिगत कार्यों से अधिक प्रभावी हो। इस प्रक्रिया में, मनुष्य और मशीन के बीच की पारम्परिक सीमाएँ टूटने लगती हैं। साइबरनेटिक्स के सन्दर्भ में, पोस्ट-ह्यूमन दृष्टिकोण एक व्यापक सांस्कृतिक परिप्रेक्ष्य को भी प्रस्तुत करता है। इसमें आभाषी वास्तविकता (virtuality) और जानकारी को प्राथमिकता दी जाती है, जबकि भौतिकता को अपेक्षाकृत कम महत्त्व दिया जाता है। यह बदलाव केवल तकनीकी या वैज्ञानिक स्तर पर सीमित नहीं है, बल्कि यह सांस्कृतिक और दार्शनिक दृष्टिकोणों को भी प्रभावित करता है।

हेल्स के अनुसार, इस दृष्टिकोण के तहत शरीर केवल एक माध्यम बन जाता है, जिसके माध्यम से मस्तिष्क और जानकारी कार्य करते हैं। यह विचार पारम्परिक दृष्टिकोणों को चुनौती देता है, जो शरीर और चेतना को केन्द्र में रखते हैं। पोस्ट-ह्यूमन विचारधारा का प्रभाव केवल तकनीकी और वैज्ञानिक क्षेत्रों तक सीमित नहीं है, बल्कि यह व्यापक सांस्कृतिक सन्दर्भों को भी प्रभावित करता है। हेल्स बताती हैं कि इस बदलाव को सिर्फ़ तकनीक के रूप में नहीं देखा जाना चाहिए, बल्कि इसे हमारे समाज और संस्कृति के बदलाव के रूप में भी समझना चाहिए। हम आज डिजिटल युग में जी रहे हैं, जहाँ जानकारी ही सत्ता (power) है और जो इसे नियन्त्रित करता है, वह ही प्रभावशाली बन जाता है। उदाहरण के लिए, बड़ी टेक कम्पनियाँ हमारे डेटा का उपयोग कर हमारे व्यवहार को प्रभावित कर रही हैं। इसका मतलब यह है कि 'मानव' केवल जैविक इकाई नहीं रहा, बल्कि वह एक 'डेटा-इकाई' भी बन चुका है। हेल्स इस बदलाव को केवल तकनीकी प्रगति नहीं, बल्कि एक सांस्कृतिक और दार्शनिक घटना के रूप में देखती हैं।

आधार	उत्तर-मानववाद	अधिमानववाद
मुख्य उद्देश्य	मानवता और ग़ैर-मानव के बीच सीमा को धुँधला करना	तकनीक के माध्यम से मानवता का सुधार और विस्तार करना

आधार	उत्तर-मानववाद	अधिमानववाद
मानवता की परिभाषा	मानवता को अन्य जीवों, मशीनों, और प्रकृति के साथ समान देखना	मानवता को एक उन्नत और तकनीकी रूप में देखना
प्राकृतिक सीमाएं	जैविक और तकनीकी सीमाओं के बीच अन्तर को मिटाना	मानव की जैविक सीमाओं को पार करने के लिए तकनीक का उपयोग
प्रौद्योगिकी का दृष्टिकोण	प्रौद्योगिकी को सहजीवी अस्तित्व का हिस्सा मानता है	प्रौद्योगिकी को मानव क्षमता के विस्तार के उपकरण के रूप में देखता है
मानवता-मशीन सम्बन्ध	मानव और मशीन के बीच सीमा को धुँधला करता है	मानव और मशीन के बीच के अन्तर को क़ायम रखते हुए मशीनों के सुधार की दिशा में काम करता है
समाज व संस्कृति	मानवता की सीमाओं को चुनौती देकर सामाजिक और सांस्कृतिक बदलाव का समर्थन करता है	समाज को तकनीकी प्रगति के ज़रिये सुधारने पर विश्वास करता है
शारीरिक सुधार	शारीरिक और मानसिक सीमाओं के ख़िलाफ़ नहीं जाता है	शारीरिक और मानसिक सुधार के लिए जैविक और तकनीकी हस्तक्षेप की आवश्यकता मानता है
नैतिकता	नैतिकता को मानवता के पारम्परिक ढाँचे से बाहर विस्तार देने की कोशिश करता है	नैतिकता को केवल मानव अस्तित्व तक सीमित करता है
आधुनिकता और भविष्य	आधुनिकता की आलोचना करते हुए भविष्य में मानवता को एक समानतावादी रूप में देखता है	भविष्य को एक उन्नत, तकनीकी और परिष्कृत मानवता के रूप में देखता है

ब्रूनो लातूर के अनुसार, हम कभी सच में आधुनिक बने ही नहीं, इसका मतलब यह हुआ कि हम यह जो सोचते हैं कि हमने विज्ञान, तकनीक और

समाज को पूरी तरह से समझ लिया है, वह एक भ्रम है। अगर हम इतिहास को देखें, तो पायेंगे कि हम हमेशा से परम्परा और आधुनिकता के बीच झूलते रहे हैं।

ठीक इसी तरह, अगर हम साइबरनेटिक्स के इतिहास को देखें, तो पायेंगे कि यह हमेशा से एक मिश्रण रहा है–विज्ञान, समाज और भाषा के नियमों से बँधा हुआ। इसीलिए कुछ विचारकों का कहना है कि हम हमेशा से 'पोस्ट-ह्यूमन' रहे हैं। यानी, हम हमेशा से एक ऐसी स्थिति में थे जहाँ इन्सान और मशीन के बीच की सीमाएँ धुँधली रही हैं।

यह समझना ज़रूरी है कि जब हम पोस्ट-ह्यूमन विचारधारा की बात कर रहे हैं–जहाँ इन्सान सिर्फ़ शरीर तक सीमित नहीं रहता, बल्कि सूचना-संचालित इकाई बन जाता है–तो हमें यह भी देखना चाहिए कि आधुनिकता ने इस बदलाव को कैसे आकार दिया है। ब्रूनो लातूर की किताब 'We Have Never Been Modern' इस सन्दर्भ में बहुत महत्त्वपूर्ण हो जाती है। यह किताब हमें यह सोचने पर मजबूर करती है कि आधुनिकता, जिसे हम विज्ञान, तर्क और तकनीकी प्रगति का युग मानते हैं, क्या सच में वैसी ही है जैसी हमें सिखाया गया है? ब्रूनो लातूर आधुनिकता (modernity) की धारणा को एक मिथक मानते हैं। उनके अनुसार, आधुनिकता को इतिहास का एक विशिष्ट और अलग युग समझना दरअसल एक झूठी कल्पना है। इस विचार का आधार यह है कि प्रकृति और समाज के बीच, और विज्ञान और राजनीति के बीच एक स्पष्ट विभाजन है। लातूर का तर्क है कि यह विभाजन वास्तविकता में कभी मौजूद ही नहीं था। प्रकृति, समाज और राजनीति हमेशा से गहराई से जुड़े हुए हैं और इन्हें अलग-अलग इकाइयों के रूप में देखना एक ग़लतफ़हमी है। जब हम डिजिटल युग में शरीर और सूचना के सम्बन्धों को देख रहे हैं, तो हमें यह समझने की भी ज़रूरत है कि हमने आधुनिकता को जिस तरह से परिभाषित किया है, वह अपने आप में एक मिथक हो सकता है।

यह दृष्टिकोण न केवल विज्ञान और समाज के अन्त:सम्बन्धों को समझने में मदद करता है, बल्कि वर्तमान समय की जटिल समस्याओं का समाधान खोजने के लिए भी आवश्यक है। ब्रूनो लातूर की यह पुस्तक एक गहन और प्रभावशाली कार्य है जो आधुनिकता के विचार, इसकी सीमाओं, और विज्ञान,

समाज, और प्रकृति के बीच सम्बन्धों की पड़ताल करता है। यह पुस्तक मुख्य रूप से यह दावा करती है कि जिस आधुनिकता पर हमारी सभ्यता आधारित है, वह वास्तव में एक मिथक है। लातूर यह तर्क देते हैं कि आधुनिकता ने इन्सान और प्रकृति के बीच, समाज और विज्ञान के बीच एक कृत्रिम विभाजन पैदा किया है, जो वास्तव में कभी अस्तित्व में ही नहीं था।

लातूर यही कहना चाहते हैं कि आधुनिकता ने विज्ञान और समाज के बीच जो कृत्रिम विभाजन बनाया, वह असल में कभी अस्तित्व में ही नहीं था। यह विभाजन केवल हमारे दिमाग़ में मौजूद एक विचार था, जिसे हमने ऐतिहासिक रूप से स्वीकार कर लिया। जब हम कहते हैं कि हम विज्ञान की वजह से आधुनिक हुए, तो इसका क्या मतलब है? क्या इससे पहले लोग विज्ञान का इस्तेमाल नहीं करते थे? क्या पारम्परिक समाजों में प्रकृति और इन्सान अलग-अलग थे? अगर हम ध्यान दें, तो पाते हैं कि हर समाज में प्राकृतिक और सामाजिक तत्त्वों का गहरा सम्बन्ध रहा है। उदाहरण के लिए, भारत में पंचांग (चंद्र कैलेंडर) का उपयोग मौसम, कृषि और धार्मिक त्योहारों के निर्धारण के लिए होता था। यह एक वैज्ञानिक दृष्टिकोण था, लेकिन इसे धार्मिक और सांस्कृतिक तरीक़ों से देखा जाता था। लातूर का कहना है कि आधुनिकता के आने के बाद हमने चीज़ों को अलग-अलग वर्गों में बाँटना शुरू कर दिया–धर्म अलग, विज्ञान अलग, राजनीति अलग, समाज अलग। लेकिन वास्तव में, ये चीज़ें कभी अलग थीं ही नहीं।

लातूर का एक और महत्त्वपूर्ण तर्क यह है कि विज्ञान और समाज के बीच हमेशा गहरा सम्बन्ध रहा है। आधुनिकता के सिद्धान्त के अनुसार, वैज्ञानिक ज्ञान पूरी तरह से निष्पक्ष और प्रकृति के तथ्यों पर आधारित होता है। लेकिन लातूर दिखाते हैं कि वैज्ञानिक तथ्यों का निर्माण भी एक सामाजिक प्रक्रिया है। वैज्ञानिक अनुसन्धान और प्रयोगशालाओं में जो निर्णय लिए जाते हैं, वे केवल तर्क और तथ्यों पर आधारित नहीं होते, बल्कि राजनीतिक, आर्थिक, और सांस्कृतिक सन्दर्भों से भी प्रभावित होते हैं। उदाहरण के तौर पर, परमाणु ऊर्जा का विकास एक वैज्ञानिक उपलब्धि है, लेकिन इसका उपयोग शान्ति या युद्ध में कैसे किया जाये, यह एक राजनीतिक और सामाजिक निर्णय है। इस तरह, विज्ञान और समाज के बीच की तथाकथित दीवार वास्तव में कभी नहीं रही।

लातूर ने 'हाइब्रिड' (hybrid) का एक महत्त्वपूर्ण विचार प्रस्तुत किया। उनका तर्क है कि आधुनिकता ने समाज और प्रकृति के बीच जो विभाजन स्थापित किया है, वह केवल सतह पर है। वास्तविकता में, हमारी दुनिया 'हाइब्रिड्स' से भरी हुई है, अर्थात ऐसी चीज़ें जो न पूरी तरह प्राकृतिक हैं, न पूरी तरह सामाजिक। उदाहरण के लिए, एक मोबाइल फ़ोन को लें। यह एक तकनीकी उपकरण है, जिसे हम आधुनिकता का प्रतीक मानते हैं। लेकिन इसे बनाने के लिए प्रकृति से धातुएँ निकाली जाती हैं, इसे सामाजिक ज़रूरतों के आधार पर डिज़ाइन किया जाता है, और इसका इस्तेमाल सांस्कृतिक और राजनीतिक सन्दर्भों में होता है। यह न तो पूरी तरह प्राकृतिक है, न पूरी तरह सामाजिक।

लातूर ने समाज और प्रकृति के बीच सम्बन्धों को समझने के लिए 'नेटवर्क' (network) की अवधारणा पेश की। उनका कहना है कि आधुनिकता के पारम्परिक दृष्टिकोण के बजाय हमें समाज, प्रकृति, और तकनीक को नेटवर्क के रूप में देखना चाहिए, जिसमें सभी चीज़ें एक-दूसरे से जुड़ी हुई हैं। उदाहरण के लिए, जलवायु परिवर्तन को समझने के लिए हमें केवल प्राकृतिक कारणों (जैसे ग्रीन हाउस गैस उत्सर्जन) पर ध्यान केन्द्रित नहीं करना चाहिए। हमें यह भी देखना चाहिए कि कैसे औद्योगिक नीतियाँ, राजनीतिक फ़ैसले, और सामाजिक व्यवहार इस प्रक्रिया को प्रभावित करते हैं। यह नेटवर्क दृष्टिकोण आधुनिकता की सीमाओं को उजागर करता है और यह दिखाता है कि चीज़ें वास्तव में कितनी जटिल हैं।

लातूर की आलोचना का उद्देश्य यह नहीं है कि आधुनिकता को पूरी तरह ख़ारिज कर दिया जाये। इसके बजाय, वह चाहते हैं कि हम आधुनिकता की वास्तविकता को समझें और उसके मिथकों से बाहर निकलें। उनका कहना है कि आधुनिकता ने हमें यह विश्वास दिलाया है कि हम समाज और प्रकृति को अलग कर सकते हैं और विज्ञान के माध्यम से सभी समस्याओं को हल कर सकते हैं। लेकिन यह दृष्टिकोण अब टिकाऊ नहीं है। हमें यह स्वीकार करना होगा कि समाज, प्रकृति, और विज्ञान गहराई से जुड़े हुए हैं और हमें इन रिश्तों को नये तरीक़े से समझने की ज़रूरत है।

इसलिए, जब हम पोस्ट-ह्यूमन की बात करते हैं, जहाँ शरीर केवल जानकारी संचित करने का एक माध्यम बन जाता है, और इन्सान एक सूचना-संचालित इकाई में बदल जाता है, तो यह सवाल उठता है कि क्या आधुनिकता ने पहले से ही हमें इस बदलाव के लिए तैयार कर दिया था? क्या हम पहले से ही अपने आप को प्रकृति, समाज और टेक्नोलॉजी के हाइब्रिड के रूप में देख सकते थे, लेकिन हमने आधुनिकता के मिथक के कारण ऐसा नहीं किया? यही कारण है कि ब्रूनो लातूर का काम सिर्फ़ विज्ञान या समाजशास्त्र तक सीमित नहीं है, बल्कि यह हमें यह समझने में मदद करता है कि हम आधुनिकता के बारे में जो सोचते हैं, वह भी एक मिथक हो सकता है।

3
नैतिकता, पहचान और उत्तर-मानववाद

उत्तर-मानववाद (Post-humanism) एक ऐसा विचार है, जो यह दर्शाता है कि इन्सान की पारम्परिक पहचान अब बदल रही है। आज हम जिस दौर में जी रहे हैं, वहाँ इन्सान की परम्परागत पहचान तेज़ी से बदल रही है। पहले, इन्सान को एक ऐसा जीव माना जाता था जो सोच सकता है, निर्णय ले सकता है और अपने अनुभवों के आधार पर जीवन को समझ सकता है। लेकिन अब, आर्टिफ़िशियल इंटेलिजेंस (AI), बायोटेक्नोलॉजी और मशीनों के बढ़ते प्रभाव के कारण यह परिभाषा बदल रही है। पहले, मशीनों का काम सिर्फ़ इन्सानों के द्वारा दिये गये आदेशों का पालन करना था। लेकिन अब, वे ख़ुद से सीख रही हैं, सोच रही हैं, और यहाँ तक कि निर्णय भी ले रही हैं। लेकिन क्या वे वास्तव में इन्सानों के बराबर हो सकती हैं? यह सवाल केवल तकनीकी नहीं है, बल्कि नैतिकता, पहचान और भविष्य से भी जुड़ा हुआ है।

उत्तर-मानववाद सिर्फ़ विज्ञान का विषय नहीं है, बल्कि यह एक नैतिक और दार्शनिक बहस भी है। हमें यह तय करना होगा कि तकनीक इन्सान की मदद के लिए है, न कि इन्सान को मशीन में बदलने के लिए। एआई और मशीनों को अधिकार देने से पहले हमें यह सुनिश्चित करना होगा कि वे नैतिकता और ज़िम्मेदारी के साथ कार्य करें। तकनीक का उपयोग समानता लाने के लिए होना चाहिए, न कि नये प्रकार की असमानताएँ पैदा करने के लिए। आज जब हम पोस्ट-ह्यूमन युग की ओर बढ़ रहे हैं, तो यह सवाल उठाना ज़रूरी है–क्या हम तकनीक को नियन्त्रित कर रहे हैं, या तकनीक हमें नियन्त्रित कर रही है?

इसका मतलब यह नहीं कि इन्सान पूरी तरह से मशीन बन जायेगा, बल्कि यह कि इन्सान और मशीन का आपसी सम्बन्ध इतना गहरा हो जायेगा कि उनकी अलग-अलग पहचान पर सवाल उठने लगेंगे। आज हम स्मार्टफ़ोन, स्मार्टवॉच, फिटनेस ट्रैकर और वर्चुअल असिस्टेंट (जैसे सिरी, एलेक्सा) के बिना नहीं रह सकते। लेकिन भविष्य में, जब बायोनिक अंग, न्यूरालिंक जैसी टेक्नोलॉजी और एआई आधारित निर्णय लेने वाली प्रणालियाँ हमारी ज़िन्दगी का हिस्सा बन जायेंगी, तब क्या होगा?

यह सवाल काल्पनिक लग सकते हैं, लेकिन तकनीक की तेज़ी से बढ़ती शक्ति के कारण ये अब विज्ञान कथा (Science Fiction) नहीं रहे, बल्कि यह एक वास्तविक दार्शनिक और सामाजिक बहस बन चुका है। इस विचारधारा के अनुसार, इन्सान की पारम्परिक परिभाषा अब स्थिर नहीं रही, बल्कि वह निरन्तर विकसित हो रही है, और आगे चलकर यह पूरी तरह से बदल भी सकती है। इन्सानी पहचान हमेशा से जैविक (biological) रही है–हमारी भावनाएँ, हमारी सोचने की क्षमता, और हमारी नैतिकता हमें अलग बनाती हैं। लेकिन जब एआई हमारी भावनाओं को समझने और उन पर प्रतिक्रिया देने लगे, तो क्या इन्सान और मशीन के बीच कोई स्पष्ट रेखा रह जायेगी। उदाहरण के लिए, अगर किसी का शरीर 50% यान्त्रिक अंगों से बना हो, तो क्या उसे अब भी इन्सान माना जायेगा? अगर किसी इन्सान का दिमाग़ पूरी तरह से एक डिजिटल प्लेटफॉर्म पर अपलोड कर दिया जाये, और वह एआई बॉडी में संचालित हो, तो क्या वह अब भी वही व्यक्ति रहेगा? हम पहले ही स्मार्टफ़ोन, स्मार्टवॉच और एआई असिस्टेंट (सिरी, एलेक्सा) पर निर्भर हो चुके हैं। लेकिन भविष्य में जब न्यूरालिंक जैसी टेक्नोलॉजी हमारे दिमाग़ से सीधे जुड़ जायेगी, या जब लोग बायोनिक अंगों का इस्तेमाल करने लगेंगे, तब इन्सान और मशीन के बीच की रेखा कहाँ होगी?

अब सवाल यह उठता है कि जब मशीनें सिर्फ़ इन्सानों के सहायक नहीं, बल्कि उनके बराबर होने लगेंगी, तो क्या उन्हें भी कुछ अधिकार मिलने चाहिए? उदाहरण के लिए, अगर भविष्य में मशीनें भी सोचने, महसूस करने और निर्णय लेने लगेंगी, तो क्या उन्हें भी इन्सानों की तरह क़ानूनी अधिकार मिलना चाहिए? अगर एक रोबोट अपराधी की पहचान करने में ग़लती करता

है, तो दोष किसका होगा–इन्सान का, जिसने उसे बनाया, या मशीन का, जिसने ग़लत निर्णय लिया? यह सब सुनने में किसी साइंस फ़िक्शन मूवी की स्क्रिप्ट जैसा लग सकता है, लेकिन यह बहस अब सिर्फ़ कल्पना नहीं रही। तकनीक इतनी तेज़ी से आगे बढ़ रही है कि जल्द ही हमें इन सवालों के जवाब देने होंगे।

हमारा ज्ञान हासिल करने का तरीक़ा बहुत तेज़ी से बदल रहा है। पहले, अगर हमें किसी विषय पर जानकारी चाहिए होती थी, तो हम किताबें पढ़ते थे, बड़े-बुज़ुर्गों से चर्चा करते थे, या ख़ुद शोध करते थे। लेकिन आज, जैसे ही कोई सवाल हमारे दिमाग़ में आता है, हम तुरन्त गूगल खोलते हैं और जवाब खोज लेते हैं। जानकारी अब हमारे दिमाग़ में नहीं रहती, बल्कि इंटरनेट पर मौजूद रहती है, और हमें सिर्फ़ यह पता होता है कि इसे कहाँ से खोजना है। अब यह सवाल उठता है कि क्या यह बदलाव हमारे सोचने और सीखने की क्षमता को प्रभावित कर रहा है? अगर हमें जानकारी याद रखने की ज़रूरत ही नहीं है, तो क्या हमारी बुद्धिमत्ता कम हो रही है? सोशल मीडिया और डिजिटल प्लेटफॉर्म्स ने हमारे सोचने के तरीक़े को पूरी तरह बदल दिया है। पहले, हम अपनी राय ख़ुद बनाते थे, लेकिन अब हमारी राय इस बात पर निर्भर करती है कि हमें इंटरनेट पर क्या दिखाया जा रहा है। उदाहरण के लिए, अगर कोई व्यक्ति बार-बार सोशल मीडिया पर एक ख़ास ब्रांड की घड़ी के विज्ञापन देखता है, तो वह यह मानने लगता है कि वही घड़ी सबसे अच्छी है। या फिर कोई न्यूज़ चैनल एक ही तरह की ख़बरें दिखाये, तो लोग उसे ही सच मानने लगते हैं, भले ही हक़ीक़त कुछ और हो।

इसका अर्थ यह हुआ कि सोशल मीडिया और एआई हमारे विचारों को नियन्त्रित कर सकते हैं। सवाल यह है कि हम जो सोचते हैं, वह हमारा स्वयं का विचार है, या हमें मशीनों के माध्यम से सोचने के लिए मजबूर किया जा रहा है? पहले, दुनिया में सबसे ज़्यादा ताक़त पैसा माना जाता था। लेकिन अब, सबसे ज़्यादा शक्ति डेटा में है। फ़ेसबुक, गूगल, और अमेजन जैसी कम्पनियाँ हमारे डेटा का इस्तेमाल करके हमें समझाती हैं–हम क्या पसन्द करते हैं, हम कहाँ जाते हैं, हम किस चीज़ में दिलचस्पी रखते हैं। और फिर वे इसी डेटा का इस्तेमाल करके अपने प्रोडक्ट्स और सर्विसेज बेचती हैं।

सोचिए, अगर आपने अमेजन पर एक बार कोई जूता देखा, तो कुछ समय बाद वही जूता आपको फ़ेसबुक, इंस्टाग्राम और गूगल के विज्ञापनों में भी दिखने लगेगा। ऐसा इसलिए होता है क्योंकि आपकी ऑनलाइन गतिविधियों पर लगातार नज़र रखी जा रही है और कम्पनियाँ इस डेटा का इस्तेमाल अपने फ़ायदे के लिए कर रही हैं।

अब अगर सरकारें इस डेटा को कंट्रोल करने लगें, तो क्या होगा? वे यह तय कर सकती हैं कि लोगों तक कौन-सी जानकारी पहुँचे और कौन-सी नहीं। इससे सत्ता और राजनीति पर भी गहरा असर पड़ेगा। उदाहरण के लिए, अगर एक सरकार चाहती है कि लोग किसी ख़ास पार्टी का समर्थन करें, तो वे एआई का इस्तेमाल करके लोगों को उन्हीं विचारों की ख़बरें और विज्ञापन दिखा सकते हैं, जिससे उनकी राय प्रभावित हो।

अब हम सिर्फ़ तकनीक का उपयोग नहीं कर रहे, बल्कि तकनीक हमें समझने और सीखने लगी है। चैटबॉट्स जैसे चैटजीपीटी, सिरी और एलेक्सा सिर्फ़ हमारे सवालों के जवाब नहीं देते, बल्कि वे हमारी भावनाओं को समझने की भी कोशिश कर रहे हैं। एआई आधारित रोबोट डॉक्टर अब जटिल सर्जरी कर सकते हैं। टेस्ला जैसी कम्पनियाँ बिना ड्राइवर के चलने वाली कारें बना रही हैं। अब सवाल यह है कि अगर एक रोबोट डॉक्टर किसी मरीज़ की जान बचाता है, तो क्या उसे भी सम्मान मिलना चाहिए? या फिर अगर एक ड्राइवरलेस कार किसी को टक्कर मार देती है, तो ज़िम्मेदारी किसकी होगी—उस कार की, उसे बनाने वाली कम्पनी की, या उस इन्सान की जिसने कार ख़रीदी? यह सब सवाल हमें यह सोचने पर मजबूर करते हैं कि क्या हम मशीनों को नियन्त्रित कर रहे हैं, या मशीनें हमें? क्या यह तकनीक केवल सुविधा के लिए है, या इसके पीछे कोई गहरी राजनीति भी छिपी हुई है? इन सभी प्रश्नों के उत्तर हमें आने वाले भविष्य में खोजने होंगे।

तकनीक का मुख्य उद्देश्य इन्सानों की ज़िन्दगी को आसान बनाना है। लेकिन क्या हर किसी को इसका एक जैसा फ़ायदा मिल रहा है? नहीं! समाज में पहले से मौजूद असमानताएँ अब टेक्नोलॉजी के ज़रिये और भी गहरी हो रही हैं। उदाहरण के लिए, अगर एक स्कूल में ऑनलाइन पढ़ाई शुरू हो जाती है, तो जिन बच्चों के पास स्मार्टफ़ोन, लैपटॉप और इंटरनेट है, वे आसानी से

पढ़ सकते हैं। लेकिन जिनके पास ये सुविधाएँ नहीं हैं, वे शिक्षा से वंचित रह जाते हैं। इसी तरह, अगर किसी गाँव में बैंक डिजिटल हो जाता है और वहाँ के बुज़ुर्गों को ऑनलाइन बैंकिंग की समझ नहीं है, तो क्या वे भी आसानी से पैसे निकाल पायेंगे?

तकनीक सिर्फ़ कुछ लोगों के लिए ही नहीं, बल्कि लाखों लोगों की नौकरियों के लिए भी ख़तरा बन रही है। जब मशीनें काम करना सीख जायेंगी, तो कई नौकरियाँ ख़त्म हो जायेंगी। पहले फ़ैक्ट्रियों में हज़ारों मज़दूर काम करते थे, लेकिन अब रोबोट्स और ऑटोमेटेड मशीनें उनका काम कर रही हैं। बैंक में पहले लम्बी-लम्बी लाइनें लगती थीं, लेकिन अब एटीएम और डिजिटल बैंकिंग की वजह से कर्मचारियों की ज़रूरत कम हो गयी है। ड्राइवरलेस कारें और ऑटोमेटेड ट्रक आने से भविष्य में लाखों टैक्सी और ट्रक ड्राइवर बेरोज़गार हो सकते हैं।

मशीनों को हम इन्सानों ने बनाया है, और वे उन्हीं चीज़ों से सीखती हैं जो हम उन्हें सिखाते हैं। आमतौर पर हम सोचते हैं कि एआई (आर्टिफ़िशियल इंटेलिजेंस) निष्पक्ष होती है, लेकिन असलियत इससे बहुत अलग है। चूँकि एआई को इन्सानी डेटा पर प्रशिक्षित किया जाता है, इसलिए उसमें वे सभी पक्षपात (biases) आ सकते हैं जो समाज में पहले से मौजूद हैं। हमारे समाज में पहले से ही जाति, रंग, लिंग और आर्थिक स्थिति के आधार पर भेदभाव होता रहा है। अगर एआई इन भेदभावपूर्ण आँकड़ों (biased data) से सीखेगी, तो यह भी भेदभाव करने लगेगी। यह सवाल महत्त्वपूर्ण है कि क्या एआई सभी के साथ समान व्यवहार कर सकती है। मशीनें स्वयं निर्णय नहीं लेतीं; वे उन्हीं डेटा सेट्स और एल्गोरिदम पर आधारित होती हैं, जो इन्सानों द्वारा बनाये गये होते हैं। अगर समाज में पहले से ही जाति, लिंग, भाषा और आर्थिक असमानता जैसी धारणाएँ मौजूद हैं, तो एआई भी इन्हीं पूर्वाग्रहों (biases) को आत्मसात कर सकती है। इस सन्दर्भ में, तकनीक निष्पक्ष होने के बजाय सामाजिक असमानताओं को और गहरा कर सकती है।

एआई और डिजिटल तकनीक के बढ़ते प्रभाव का सीधा सम्बन्ध शिक्षा और संसाधनों तक पहुँच से जुड़ा है। जो लोग इस तकनीक को नहीं सीख पायेंगे, वे धीरे-धीरे समाज की मुख्यधारा के आर्थिक और सामाजिक अवसरों

से कट सकते हैं। भाषा भी एक बड़ी बाधा हो सकती है, जिन्हें अंग्रेज़ी का ज्ञान नहीं है, वे वैश्विक डिजिटल प्लेटफॉर्म्स से पूरी तरह नहीं जुड़ पाते। इसके अलावा, महँगे स्मार्टफ़ोन, लैपटॉप और इंटरनेट की उपलब्धता भी एक चुनौती है। डिजिटल सेवाओं का लाभ उठाने के लिए यह आवश्यक है कि लोगों के पास उपयुक्त हार्डवेयर और कनेक्टिविटी हो। यदि सरकारें और कम्पनियाँ पूरी तरह से एआई-आधारित प्रणालियों को अपनाने लगेंगी, तो उन लोगों के लिए कठिनाइयाँ और बढ़ जायेंगी जो पहले से ही संसाधनों की कमी का सामना कर रहे हैं।

आज की तकनीक सिर्फ़ स्वस्थ लोगों के लिए ही नहीं, बल्कि दिव्यांग व्यक्तियों के लिए भी नयी सम्भावनाएँ खोल रही है। बायोनिक हाथ और पैर अब उन लोगों के लिए बनाये जा रहे हैं जो अपने अंग गँवा चुके हैं, और ये दिमाग़ के इशारों पर काम कर सकते हैं। स्मार्ट व्हीलचेयर अब एआई-आधारित हो गयी हैं, जो बिना हाथ लगाये भी चल सकती हैं। न्यूरालिंक और दिमाग़ से कंट्रोल होने वाले डिवाइस विकसित किये जा रहे हैं, जिससे सिर्फ़ सोचने भर से ही कम्प्यूटर या रोबोट को कंट्रोल किया जा सकता है। लेकिन क्या यह तकनीक वास्तव में सभी के लिए समान रूप से उपलब्ध है? वर्तमान में, बायोनिक हाथ-पैर और न्यूरो-इंप्लांट्स जैसी तकनीकें अत्यधिक महँगी हैं। एक साधारण कृत्रिम अंग भी लाखों रुपये में आता है, जिसे आर्थिक रूप से कमज़ोर वर्ग के लोग वहन नहीं कर सकते। ऐसे में, इस तकनीक का लाभ केवल उन्हीं तक सीमित रह सकता है, जो इसे ख़रीदने की क्षमता रखते हैं।

कुछ वैज्ञानिक मानते हैं कि भविष्य में लोग अपने शरीर को 'अपग्रेड' करने के लिए तकनीक का उपयोग करेंगे। यह विचार 'ट्रांस-ह्यूमनिज़्म' (Trans-humanism) से जुड़ा है, जहाँ मनुष्य जैविक सीमाओं को पार करने के लिए तकनीक को अपनाते हैं। यदि बायोनिक अंग और न्यूरालिंक जैसी तकनीकें केवल सम्पन्न वर्ग तक सीमित रहीं, तो यह समाज में एक नये प्रकार के वर्ग विभाजन को जन्म दे सकती है। एक वर्ग 'सुपरह्यूमन' लोगों का होगा, जो अत्याधुनिक तकनीक की मदद से अपने शरीर और दिमाग़ को पहले से अधिक कुशल बना सकेंगे। दूसरा वर्ग उन 'सामान्य' लोगों का होगा,

जो इन तकनीकों तक पहुँच नहीं बना पायेंगे और सामाजिक और व्यावसायिक अवसरों में पिछड़ सकते हैं।

तकनीक दिव्यांग व्यक्तियों को नये अवसर दे सकती है, लेकिन इसके साथ ही एक दार्शनिक प्रश्न भी उठता है–अगर सभी दिव्यांग लोग बायोनिक अंगों और न्यूरल टेक्नोलॉजी से 'सामान्य' बन जाये, तो क्या दिव्यांगता की अवधारणा ही समाप्त हो जायेगी? कुछ विचारकों का मानना है कि यह एक नयी प्रकार की सामाजिक संरचना बना सकता है, जहाँ जो लोग ख़ुद को 'अपग्रेड' नहीं कर पायेंगे, वे पीछे रह जायेंगे। यानी जो लोग बायोनिक या एआई से 'अपग्रेड' नहीं होंगे, उन्हें समाज पिछड़ा मानने लगेगा। क्या यह एक नयी भेदभाव की प्रणाली होगी?

जैसा कि हम पिछले अध्याय में देख चुके हैं, आधुनिक तकनीक ने इन्सान होने की पारम्परिक परिभाषा को बदल दिया है। यह बदलाव सिर्फ़ मशीनों और इन्सानों के मेल तक सीमित नहीं है, बल्कि यह हमारे अस्तित्व की मूलभूत धारणाओं को चुनौती देता है। कैथरीन हेल्स अपनी पुस्तक 'How We Became Post-human' (1999) के माध्यम से हमारे 'पोस्ट-ह्यूमन' बनने की प्रक्रिया को समझाने के साथ-साथ इस पर भी सवाल उठाती है कि 'इन्सान होने' का असली मतलब क्या है? कैथरीन हेल्स का तर्क है कि पोस्टह्यूमन केवल मशीनों और इन्सानों के संलयन तक सीमित नहीं है, बल्कि यह मानव अस्तित्व की पारम्परिक धारणाओं को चुनौती देने वाला एक विचार है। 20वीं शताब्दी के मध्य में साइबरनेटिक्स के विकास के साथ यह विचार सामने आया कि इन्सान केवल मांस और हड्डी से बना जीव नहीं है। साइबरनेटिक्स ने यह विचार रखा कि मानव और मशीनें समान तन्त्र और आधार पर कार्य कर सकती हैं। उदाहरण के लिए, आज रोबोटिक्स और एआई सिस्टम डेटा प्रोसेसिंग के माध्यम से निर्णय लेने लगे हैं, जो पहले केवल इन्सानों की विशेषता मानी जाती थी। हेल्स इस बदलाव को केवल तकनीकी उन्नति के रूप में नहीं देखतीं, बल्कि इसे मानवता की संपूर्ण पहचान के पुन:परिभाषण के रूप में देखती हैं।

हेल्स का निष्कर्ष है कि पोस्ट-ह्यूमन युग में हमें यह पुनर्विचार करना चाहिए कि 'इन्सान होने' का असली मतलब क्या है और कैसे तकनीक हमारे

अस्तित्व और समाज को प्रभावित कर रही है। वे चेतावनी देती हैं कि हमें तकनीकी उन्नति के साथ-साथ नैतिक और सामाजिक प्रश्नों पर भी विचार करना चाहिए, ताकि हम एक सन्तुलित और न्यायसंगत भविष्य की ओर बढ़ सकें।

रोसी ब्रैडोटी का 'The Posthuman' (2013) इस बहस को और आगे ले जाता है। उनका तर्क केवल तकनीकी विकास तक सीमित नहीं है, बल्कि वे इसे मानवीय पहचान और नैतिकता के व्यापक सन्दर्भ में देखते हैं। उनके अनुसार, उत्तर-मानववाद का मुख्य उद्देश्य इन्सान को ब्रह्मांड के केन्द्र में रखने वाली पारम्परिक सोच को चुनौती देना है।

हममें से कोई भी पूरी निश्चितता से यह नहीं कह सकता कि हम पूरी तरह पोस्ट-ह्यूमन बन चुके हैं या सिर्फ़ मानव ही हैं। यह विचार जितना दार्शनिक लगता है, उतना ही हमारे रोज़मर्रा के जीवन से जुड़ा हुआ भी है। कुछ लोग अभी भी ख़ुद को 'मानव' से जुड़ा हुआ महसूस करते हैं, वह मानवता जो समय से जुड़ी हुई है, एक प्रजाति के रूप में जो एक ख़ास पहचान और संस्कृति का हिस्सा है। हम यह भी नहीं समझ सकते कि किन ऐतिहासिक घटनाओं, बौद्धिक बदलावों या घटनाओं के कारण हम पोस्ट-ह्यूमन युग में प्रवेश कर चुके हैं। हालाँकि, आजकल पोस्ट-ह्यूमन का विचार काफ़ी चर्चा में है, ख़ासकर एंथ्रोपोसीन (Anthropocene) के युग में। यह विचार हमें उतना ही ख़ुशी और चिन्ता दोनों देता है, और इसके बारे में अलग-अलग विचार सामने आते हैं।

जब हम बच्चों को देखते हैं, तो हम यह नहीं कह सकते कि वे पूरी तरह से सामाजिक रूप से विकसित इन्सान हैं, क्योंकि वे अभी भी भाषा, तर्क, नैतिकता और समाज की जटिलताओं को सीख रहे होते हैं। इसी तरह, अगर हम कृत्रिम बुद्धिमत्ता (एआई) की बात करें, तो आज एलेक्सा, सिरी, और चैटबॉट्स हमारी भाषा को समझने और प्रतिक्रिया देने में सक्षम हैं। क्या ये भी किसी स्तर पर 'इन्सान' बनने की प्रक्रिया में हैं? इतिहास में देखें, तो दासता, जातिवाद, और स्त्री-विरोधी विचारधाराएँ इस बात के उदाहरण हैं कि किसे इन्सान माना जाये और किसे नहीं, इस पर समाज हमेशा सहमत नहीं रहा है। पश्चिमी औद्योगिक क्रान्ति के दौर में, केवल सफ़ेद पुरुषों को ही पूर्ण

नागरिक माना जाता था, जबकि महिलाओं और अन्य जातियों को सीमित अधिकारों के साथ देखा जाता था। आज भी, कई समाजों में ग़रीबों, दिव्यांगों, और ट्रांसजेंडर व्यक्तियों को पूर्ण सामाजिक स्वीकृति नहीं मिलती। इन सभी उदाहरणों से यह स्पष्ट होता है कि इन्सान होने की परिभाषा उतनी स्थिर नहीं है जितनी हम सोचते हैं।

अगर हम 'इन्सान' शब्द से वही प्राणी समझते हैं जिसे हम प्रबुद्धता (Enlightenment) के युग से जानते हैं–जैसे कि रेने डेकार्ट (René Descartes) का सोचने वाला व्यक्ति (Cogito), या इमैनुएल कांट (Immanuel Kant) का 'समझदार प्राणियों का समुदाय', ये विचार मानव-केन्द्रित दृष्टिकोण को दर्शाते हैं, जहाँ केवल मनुष्य ही तर्क, चेतना और नैतिकता का अधिकारी माना जाता है। या फिर समाजशास्त्रीय रूप में नागरिक, अधिकार-धारी, सम्पत्ति-मालिक इत्यादि–तो हम देख सकते हैं कि यह परिभाषा मुख्य रूप से पश्चिमी यूरोप के सन्दर्भ में गढ़ी गयी थी। लेकिन क्या एक आदिवासी, जो जंगल में रहता है और जिसका जीवन पूरी तरह से प्रकृति पर निर्भर है, वही सोचने की प्रक्रिया अपनाता है जो डेकार्ट के 'मैं सोचता हूँ, इसलिए मैं हूँ' की अवधारणा में निहित है? क्या एक अनपढ़ किसान, जो अपनी ज़मीन पर काम करता है और दुनिया के व्यापक दर्शन से अनजान है, इस परिभाषा में फिट बैठता है? यही नहीं, क्या एक बच्चा, जो अभी सोचने और तर्क करने की प्रारम्भिक अवस्था में है, उसे भी हम पूर्ण रूप से इन्सान कह सकते हैं? इसका मतलब यह हुआ कि इन्सान होने की धारणा केवल जैविक नहीं, बल्कि सांस्कृतिक और दार्शनिक भी है। समाज हमेशा यह तय करता रहा है कि किसे इन्सान माना जाये और किसे नहीं। इतिहास में, महिलाओं को लम्बे समय तक पुरुषों से कमतर माना गया, और उनकी बौद्धिक क्षमता पर सवाल उठाये गये। इसी तरह, ग़ुलामों को सम्पत्ति समझा जाता था, न कि इन्सान। आज, जब हम रोबोट और एआई की बात करते हैं, तो सवाल उठता है कि अगर वे सोचने और निर्णय लेने में सक्षम हो जायें, तो क्या उन्हें भी इन्सान के समान दर्जा मिलना चाहिए?

आज, पारम्परिक धार्मिक विश्वास और रूढ़िवादी शक्तियाँ मनुष्य को प्रकृति के पारम्परिक नियमों के ढाँचे में वापस स्थापित करने की कोशिश

कर रही हैं, जबकि वैज्ञानिक उन्नति और वैश्विक आर्थिक परिवर्तन इस संकल्पना को लगातार चुनौती दे रहे हैं। यदि हम धार्मिक दृष्टिकोण से देखें, तो अधिकतर धर्मों का यह दावा है कि मनुष्य ईश्वर की सर्वोत्तम कृति है, जिसे एक विशिष्ट उद्द्देश्य के लिए बनाया गया है। ये सभी मान्यताएँ इन्सान को एक विशेष दर्जा देती हैं, जो अन्य जीवों से अलग है। लेकिन जब विज्ञान इस धारणा को चुनौती देता है और यह कहता है कि मनुष्य मात्र एक जैविक मशीन है, जिसका विकास प्राकृतिक चयन (natural selection) और उत्परिवर्तन (mutation) के माध्यम से हुआ है, तो यह पारम्परिक धार्मिक मान्यताओं के लिए एक बड़ा झटका साबित होता है।

विज्ञान के नये आविष्कारों ने इस बहस को और अधिक जटिल बना दिया है। उदाहरण के लिए, जब क्लोनिंग सम्भव हुई, तो यह सवाल उठा कि यदि हम किसी मनुष्य की सटीक जैविक प्रतिलिपि बना सकते हैं, तो क्या वह भी उसी तरह की आत्मा (soul) या चेतना (consciousness) वाला होगा जैसा कि सामान्य मनुष्य में होता है? क्या उसकी अपनी स्वतन्त्र इच्छाशक्ति होगी, या वह केवल मूल व्यक्ति का जैविक संस्करण मात्र होगा? इस प्रश्न ने धर्म, नैतिकता और विज्ञान को एक नये मोड़ पर ला खड़ा किया। यदि मान लिया जाये कि आत्मा जैसी कोई चीज़ नहीं होती, और केवल दिमाग़ी प्रक्रियाएँ ही हमारे विचारों और भावनाओं को निर्धारित करती हैं, तो इसका अर्थ यह हुआ कि इन्सान और मशीन के बीच का अन्तर केवल जैविक और कृत्रिम संरचना का रह जाता है।

उत्तर-आधुनिक, उत्तर-औपनिवेशिक, उत्तर-औद्योगिक, उत्तर-समाजवादी और यहाँ तक कि उत्तर-नारीवादी युग के बाद, हम अब उत्तर-मानव (post-human) स्थिति में प्रवेश कर चुके हैं। जब हम किसी चीज़ को 'उत्तर-' (post-) के रूप में सन्दर्भित करते हैं, तो इसका मतलब केवल यह नहीं होता कि हमने उस युग को पार कर लिया है, बल्कि यह भी होता है कि हम एक नयी स्थिति में पहुँच चुके हैं, जहाँ पुरानी परिभाषाएँ और विचारधाराएँ उतनी प्रभावी नहीं रह गयी हैं। उत्तर-मानववाद (post-humanism) केवल एक और नया "Post" नहीं है जिसे एक आधुनिक संज्ञा मान लिया जाये; यह हमारे

सोचने और समझने के तरीक़े में एक गुणात्मक बदलाव लाता है। अब सवाल यह नहीं है कि 'इन्सान' क्या है, बल्कि सवाल यह है कि 'इन्सान' होने की शर्तें क्या हैं? क्या केवल जैविक शरीर ही किसी को इन्सान बनाता है, या फिर उसकी सोचने-समझने की क्षमता, उसका तर्क, और उसकी सामाजिक-सांस्कृतिक संरचना भी इसमें अहम भूमिका निभाती है?

उदाहरण के लिए, अगर कोई व्यक्ति जन्म के समय पुरुष था, लेकिन बाद में उसने हार्मोन थेरेपी और सर्जरी के माध्यम से अपना लिंग महिला में बदल लिया, तो क्या वह वही व्यक्ति बना रहता है जो जन्म के समय था? यहाँ शरीर तो बदल गया, लेकिन क्या उसकी आत्मा और पहचान भी बदली? कई लोगों के लिए यह सवाल व्यक्तिगत पहचान से जुड़ा है। उत्तर-मानव दृष्टिकोण से देखा जाये, तो यह सवाल उठता है कि क्या शरीर ही इन्सान की असली पहचान है, या फिर उसकी मानसिकता और सामाजिक अनुभव उसकी पहचान को अधिक परिभाषित करते हैं?

इसी तरह, आधुनिक तकनीकों के कारण भी यह प्रश्न उठ रहे हैं। न्यूरोलॉजिकल इम्प्लांट्स (neurological implants) का उदाहरण लें। आज विज्ञान इस स्तर पर पहुँच गया है कि हम मस्तिष्क में चिप लगा सकते हैं, जिससे किसी व्यक्ति की सोचने की क्षमता बढ़ाई जा सकती है। एलन मस्क की न्यूरालिंक (Neuralink) परियोजना पर विचार करें, जिसका उद्देश्य मस्तिष्क और कम्प्यूटर को सीधे जोड़ना है ताकि व्यक्ति बिना हाथों का उपयोग किये अपने विचारों से ही मशीनों को नियन्त्रित कर सके। अगर ऐसा सम्भव हो जाता है, तो क्या हम उस व्यक्ति को वही इन्सान मानेंगे जो वह पहले था? या फिर वह एक 'साईबोर्ग' (cyborg) बन जायेगा–यानी आधा इन्सान, आधा मशीन?

यह सवाल हमारी साझा पहचान की बुनियादी संरचनाओं को चुनौती देता है, विशेष रूप से ऐसे दौर में जब विज्ञान, राजनीति और अन्तरराष्ट्रीय सम्बन्ध जटिल होते जा रहे हैं। पहले के समय में, जब किसी देश की सीमाएँ निश्चित होती थीं और वहाँ के नागरिकों की पहचान स्पष्ट होती थी, तब 'राष्ट्र' और 'नागरिकता' की अवधारणाएँ स्थिर थीं। लेकिन आज, जब लाखों लोग प्रवास कर रहे हैं, डिजिटल नागरिकता (digital citizenship) की बातें हो रही हैं,

और राष्ट्रीय पहचान ऑनलाइन उपस्थिति (online presence) से प्रभावित हो रही है, तो इन्सान और उसकी पहचान की धारणा भी बदल रही है। इन जटिलताओं के कारण, इन्सान की परिभाषा अब केवल जैविक या क़ानूनी नहीं रही, बल्कि यह एक बहुआयामी और परिवर्तनीय धारणा बन गयी है। अब यह सवाल उठता है कि भविष्य में क्या हम केवल उन लोगों को इन्सान मानेंगे जो जैविक शरीर में हैं, या फिर हम उन डिजिटल, साइबरनेटिक और कृत्रिम रूप से उन्नत अस्तित्वों को भी इन्सान के रूप में स्वीकार करेंगे? इन प्रश्नों के उत्तर भविष्य के समाज और प्रौद्योगिकी के विकास पर निर्भर करेंगे।

हम आज जिस दौर में जी रहे हैं, उसे कई नामों से पुकारा जाता है, पोस्ट-मॉडर्न, पोस्ट-ह्यूमन, एंथ्रोपोसीन, और जाने क्या-क्या। लेकिन असल में इसका मतलब क्या है? आसान शब्दों में कहें, तो हम एक ऐसे समय में हैं जहाँ इन्सान और तकनीक के बीच की सीमाएँ धुँधली हो रही हैं। मशीनें इन्सानों की तरह सोचने लगी हैं, और इन्सान ख़ुद को मशीनों में बदलने की कोशिश कर रहा है। विज्ञान और तकनीक इतनी तेज़ी से आगे बढ़ रहे हैं कि हम अपनी ही बनायी हुई दुनिया को ठीक से समझ नहीं पा रहे हैं। और इस सबके बीच एक अजीब तरह की बेचैनी है, जिसे कुछ लोग 'पोस्ट-थ्योरिटिकल मलाइस' (post-theoretical malaise) कहते हैं। यानी, पहले जिन विचारों और सिद्धान्तों के सहारे हम दुनिया को समझते थे, वे अब उतने कारगर नहीं रहे।

अगर हम इसे और गहराई से समझें, तो पायेंगे कि मानव सभ्यता हमेशा से बदलाव के दौर से गुज़रती आयी है। हर युग की अपनी एक विचारधारा होती है, जिसके आधार पर लोग दुनिया को समझते हैं और अपने जीवन का संचालन करते हैं। जैसे कि मध्ययुग में धर्म सबसे महत्त्वपूर्ण था, पुनर्जागरण के समय तर्क और वैज्ञानिक सोच उभरकर आयी, और आधुनिकता के साथ पूँजीवाद तथा औद्योगीकरण ने नयी सोच को जन्म दिया। लेकिन आज हम एक ऐसे मोड़ पर खड़े हैं, जहाँ पुराने सिद्धान्त अब पूरी तरह से विश्वसनीय नहीं लगते। इन्सान और मशीन के बीच का अन्तर धीरे-धीरे मिटता जा रहा है। रोबोट्स और कृत्रिम बुद्धिमत्ता (एआई) इन्सानों के जैसे काम कर रहे हैं, सोच रहे हैं, और यहाँ तक कि कलात्मक रचनाएँ भी कर रहे हैं। ऐसे में

सवाल यह उठता है कि इन्सान का असली स्वरूप क्या है? क्या वह केवल एक जैविक इकाई है, या फिर एक डिजिटल और जैविक मिश्रण बनने की ओर बढ़ रहा है? यही वह बेचैनी है, जिसे 'पोस्ट-थ्योरिटिकल मलाइस' कहा जा रहा है। पोस्ट-ह्यूमन विचारधारा इसी समस्या को समझने और सुलझाने की कोशिश करती है। यह हमें यह सोचने पर मजबूर करती है कि इन्सान होने का असली मतलब क्या है? क्या इन्सान अब भी वही है जो सदियों पहले था, या फिर जैव-तकनीक और डिजिटल क्रान्ति ने हमें पूरी तरह बदल दिया है? ख़ासकर जब हम 'एंथ्रोपोसीन' यानी वो दौर जिसमें इन्सान का असर पूरी पृथ्वी के पारिस्थितिकी तन्त्र पर पड़ने लगा है, की बात करते हैं, तो यह सवाल और अहम हो जाता है। आज इन्सान सिर्फ़ अपने आसपास के जीवों पर नहीं, बल्कि ख़ुद पृथ्वी की जलवायु, वातावरण और पूरे ग्रह की संरचना पर भी असर डाल रहा है।

अगर हम गहराई से देखें, तो इन्सान ने हमेशा अपने परिवेश को बदलने की कोशिश की है। खेती की शुरुआत से लेकर आज के अत्याधुनिक औद्योगिक उत्पादन तक, इन्सान ने अपने फ़ायदे के लिए पर्यावरण को ढालने का प्रयास किया है। लेकिन आज की स्थिति में यह हस्तक्षेप इतना बढ़ गया है कि पृथ्वी के सन्तुलन को ख़तरा हो गया है। जलवायु परिवर्तन, जैव-विविधता का नुक़सान, और प्राकृतिक संसाधनों का अत्यधिक दोहन यही दर्शाते हैं कि इन्सान अपने ही बनाये हुए जाल में फँसता जा रहा है। पोस्ट-ह्यूमन विचारधारा इस पूरी समस्या को नये नज़रिए से देखने की कोशिश करती है। यह कहती है कि हमें अपनी पहचान को सिर्फ़ मानव केन्द्रित (Anthropocentric) सोच तक सीमित नहीं रखना चाहिए, बल्कि हमें अन्य जीवों, मशीनों और पूरे पारिस्थितिकी तन्त्र के साथ अपने सम्बन्ध को फिर से परिभाषित करने की ज़रूरत है।

अब इस पोस्ट-ह्यूमन स्थिति के कुछ उदाहरण लें। 'द गार्डियन' अख़बार की एक रिपोर्ट के मुताबिक़, अफ़ग़ानिस्तान जैसे युद्धग्रस्त देशों में लोग ज़िन्दा रहने के लिए घास खाने को मजबूर हो गये थे। वहीं, दूसरी ओर ब्रिटेन और यूरोपीय देशों में गायों को मांस खिलाया जा रहा था। यानी, एक जगह इन्सान घास खाने पर मजबूर है और दूसरी जगह जानवरों को अपनी ही प्रजाति का

मांस खिलाया जा रहा है। यह कितना विरोधाभासी और डराने वाला है! और इसी तकनीकी हस्तक्षेप के कारण 'मैड काउ डिज़ीज़' यानी गायों की एक भयानक बीमारी फैल गयी, जिसमें उनके दिमाग़ का ढाँचा ही बिगड़ गया। इस पूरी स्थिति में असली 'पागलपन' इन्सानों का था, जो जैव-तकनीक के अन्धाधुन्ध प्रयोग में नैतिकता और प्रकृति के सन्तुलन को भूल गये।

"The Guardian *reported that people in war-torn lands like Afghanistan were reduced to eating grass in order to survive.1 At the same point in history, cows in the United Kingdom and parts of the European Union were fed meat-based fodder. The agricultural bio-technological sector of the over-developed world had taken an unexpected cannibalistic turn by fattening cows, sheep and chickens on animal feed. This action was later diagnosed as the source for the lethal disease Bovine spongiform encephalopathy (BSE), vulgarly called 'mad cow disease', which caused the brAIn structure of the animals to corrode and turn to pulp. The madness here, however, is decidedly on the side of the humans and their bio-technological industries."*

यह सिर्फ़ जानवरों तक सीमित नहीं है। आज की दुनिया में हर जीव, हर पेड़-पौधा, हर नदी-समुद्र, और ख़ुद इन्सान भी ग्लोबल इकोनॉमी की एक मशीन का हिस्सा बन चुके हैं। हमारे खाने से लेकर हमारी दवाइयों तक, सब कुछ अब जैव-प्रौद्योगिकी कम्पनियों के नियन्त्रण में आ गया है। इन कम्पनियों के लिए 'जीवन' अब एक व्यापार बन गया है।

डॉली भेड़ का उदाहरण लें, जो पहली क्लोन भेड़ थी। उसे वैज्ञानिकों ने प्रयोगशाला में बनाया था। यह विज्ञान की एक बड़ी सफलता थी, लेकिन इसके पीछे बहुत से नैतिक सवाल भी थे। क्या हम जानवरों को सिर्फ़ प्रयोग के लिए इस्तेमाल करने की हद तक चले गये हैं? क्या हमें इनके भी कुछ अधिकार मानने चाहिए? आज के दौर में यह सवाल और बड़ा हो जाता है, जब हम देखते हैं कि जानवरों को केवल खाने, कपड़े और दवाइयों के लिए ही नहीं, बल्कि लक्ज़री आइटम्स की तरह भी बेचा जा रहा है।

जानवरों की तस्करी आज दुनिया का तीसरा सबसे बड़ा अवैध व्यापार बन चुकी है, जो सिर्फ़ ड्रग्स और हथियारों के धन्धे से पीछे है। यानी, इन्सानों

ने प्रकृति के साथ अपने रिश्ते को इस हद तक बिगाड़ लिया है कि अब जीवन की हर चीज़ एक बाज़ार में बिकने वाली वस्तु बन गयी है। चूहे, भेड़, बकरी, गाय, सूअर, ख़रगोश, पक्षी और यहाँ तक कि बिल्लियाँ भी अब मुनाफ़े के लिए पाली और बेची जा रही हैं।

और यह सब एक बड़े तन्त्र का हिस्सा है। युद्ध, तकनीकी क्रान्ति, वैश्विक व्यापार और डिजिटल मीडिया, ये सब मिलकर हमारे सोचने, जीने और दुनिया को देखने के तरीक़ों को बदल रहे हैं। यह जो दुनिया हमने बनायी है, क्या वह हमारे लिए फ़ायदेमन्द है, या हम सिर्फ़ एक ऐसी मशीन के पुर्जे बनकर रह गये हैं, जिसका असली नियन्त्रण हमारे हाथ में भी नहीं है? यह सवाल ही पोस्ट-ह्यूमन विचारधारा की जड़ में है।

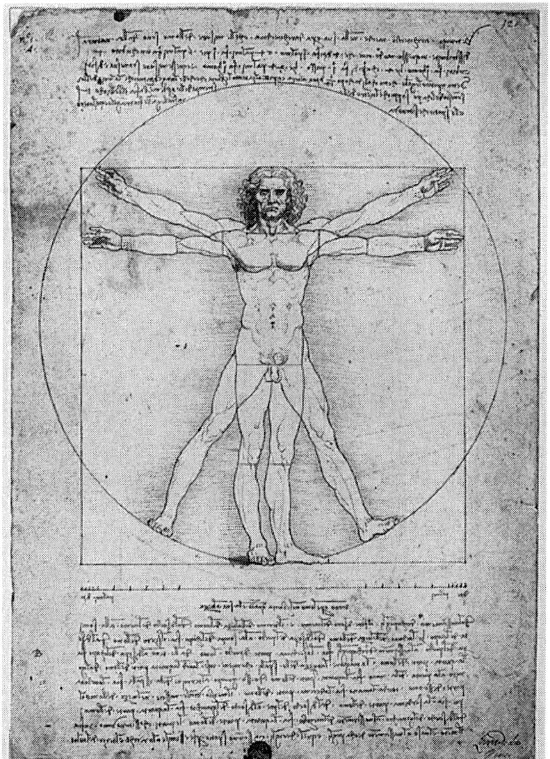

(Vitruvian Man, 1492, Leonardo da Vinici)

सब कुछ की शुरुआत में है 'पुरुष', मानवता का एक शास्त्रीय आदर्श, जिसे सबसे पहले प्रोटागोरस (Protagoras) ने 'सभी चीज़ों का मापदंड' के रूप में परिभाषित किया था और बाद में इसे इटली के पुनर्जागरण काल में एक सार्वभौमिक मॉडल के रूप में पुनर्जीवित किया गया। इस आदर्श का सबसे प्रसिद्ध चित्रण लियोनार्डो दा विंची की 'विट्रुवियन मैन' कृति में किया गया है, जो शारीरिक पूर्णता का प्रतीक है और प्राचीन विचार (स्वस्थ शरीर में स्वस्थ मन) के अनुरूप है। यह अवधारणा न केवल शारीरिक उत्कृष्टता को दर्शाती है, बल्कि मानसिक, तर्कशीलता और आध्यात्मिक मूल्यों का भी प्रतीक है, जो मानवता को परिभाषित करते हैं। यह विचार इस विश्वास को पुष्ट करता है कि मनुष्य व्यक्तिगत और सामूहिक रूप से अपनी क्षमताओं का निरन्तर विकास कर सकता है, और यही मानववाद का मूलभूत सिद्धान्त है। इस दर्शन में तर्क और बुद्धि पर अटूट विश्वास होता है, जो मानवता को ज्ञान, प्रगति और नैतिकता के केन्द्र में स्थापित करता है।

समय के साथ, यह मानवतावादी मॉडल केवल एक व्यक्तिगत आदर्श न रहकर, सभ्यता का मानदंड बन गया, जिसने यूरोपीय पहचान और संस्कृति को आकार दिया। मानववाद एक प्रमुख विचारधारा के रूप में उभरा, जिसने न केवल व्यक्तिगत विकास, बल्कि व्यापक सामाजिक और राजनीतिक आकांक्षाओं को भी परिभाषित किया। शास्त्रीय पुरातनता और इटली के पुनर्जागरण की आदर्शवादिता में निहित यह मॉडल, ज्ञानोदय युग के विचारों का आधार बना। इसने तर्कशीलता, आत्म-चिन्तन और ज्ञान की खोज को सभ्यता की पहचान बना दिया। परिणामस्वरूप, यूरोप ने ख़ुद को प्रगति के प्रतीक के रूप में स्थापित किया और अपनी मान्यताओं को वैश्विक रूप से फैलाने का प्रयास किया। मानव बुद्धि की आत्म-नियन्त्रण क्षमता में यह विश्वास पश्चिमी ज्ञान प्रणालियों के विस्तार का आधार बना और उपनिवेशवाद तथा औद्योगिक क्रान्ति के माध्यम से इसने पूरे विश्व को प्रभावित किया। हालाँकि, वैज्ञानिक और तकनीकी प्रगति के चलते इस मानवतावादी आदर्श में आमूल परिवर्तन हुए हैं। 'विट्रुवियन मैन' की शास्त्रीय आकृति अब साइबरनेटिक्स और डिजिटल संस्कृति के उदय के कारण पूरी तरह से बदल चुकी है। आज हम एक ऐसी दुनिया में रहते हैं जहाँ 'साईबोर्ग'–यानी मनुष्यों और प्रौद्योगिकी

का मिश्रण, सामाजिक संरचनाओं में गहराई से समाहित हो गया है। दार्शनिक रोसी ब्रैडोटी (2006) के अनुसार, ये तकनीकी परिवर्तन गहरे जैव-राजनीतिक प्रभाव डालते हैं, जो व्यक्तिगत अस्तित्व और सामूहिक सामाजिक संरचनाओं दोनों को प्रभावित करते हैं।

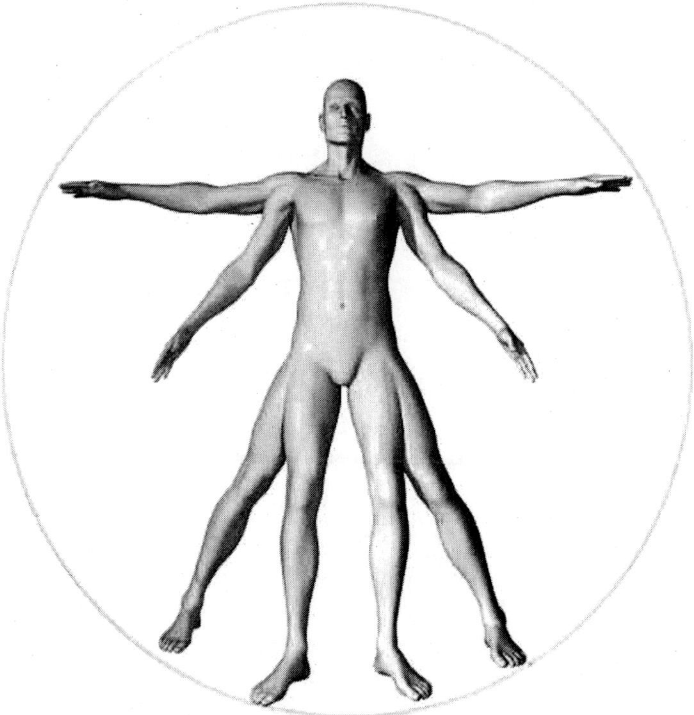

Victor Habbick (Maninblack), *Robot in the style of Leonardo's Vitruvian Man*

(The Vitruvian Man has gone Cybernetic)

'विट्रुवियन मैन' अब साइबरनेटिक युग में प्रवेश कर चुका है, जहाँ कृत्रिम बुद्धिमत्ता, रोबोटिक्स और जैव-प्रौद्योगिकी के प्रभाव ने मानव अस्तित्व को पुन:परिभाषित कर दिया है। यह बदलाव केवल तकनीकी विकास तक सीमित नहीं है, बल्कि यह हमारी पहचान, नैतिकता और सामाजिक संरचनाओं को भी गहराई से प्रभावित कर रहा है। अब मनुष्य केवल एक जैविक, तर्कशील प्राणी

नहीं रह गया है; बल्कि यह एक सतत विकसित होने वाली, तकनीकी रूप से प्रभावित सत्ता बन गया है। उत्तर-मानव स्थिति हमें पहचान, स्वायत्तता और स्वतन्त्रता के पुराने विचारों पर पुनर्विचार करने के लिए आमंत्रित करती है। जब कृत्रिम बुद्धिमत्ता, जैव-प्रौद्योगिकी और डिजिटल नेटवर्क हमारे अस्तित्व को आकार दे रहे हैं, तब मनुष्य होने का क्या अर्थ है? इस बदलते परिदृश्य में, हमें अपनी तकनीकी उलझनों के नैतिक, दार्शनिक और राजनीतिक परिणामों की गहराई से जाँच करनी चाहिए। उत्तर-मानव दृष्टिकोण केवल मानववाद के अन्त की घोषणा नहीं करता, बल्कि हमें स्वयं मानवता की परिभाषा को पुन:परिभाषित करने के लिए प्रेरित करता है, जहाँ जैविक और कृत्रिम के बीच की सीमाएँ पहले से कहीं अधिक धुँधली हो चुकी हैं।

तकनीकी मध्यस्थता अब उत्तर-मानवीय (post-human) व्यक्तित्व की एक नयी दृष्टि को आकार देने में केन्द्रीय भूमिका निभा रही है। यह केवल एक वैज्ञानिक प्रगति का प्रश्न नहीं है, बल्कि नैतिकता और पहचान से सम्बन्धित जटिल मुद्दों को भी प्रस्तुत करता है। यह नयी स्थिति न केवल मनुष्य और तकनीक के आपसी सम्बन्धों को दर्शाती है, बल्कि यह भी संकेत देती है कि कैसे यह तकनीकी हस्तक्षेप सामाजिक और सांस्कृतिक मूल्यों को फिर से परिभाषित कर रहा है।

विवियन सोबचाक की अवधारणा 'Desire to be Wired' इस बात को रेखांकित करती है कि मनुष्य तकनीकी उन्नति से इस क़दर जुड़ गया है कि वह स्वयं को जैविक से अधिक यान्त्रिक बनाना चाहता है। सोबचाक के अनुसार, आधुनिक समाज तकनीक के प्रति एक गहरी लालसा विकसित कर चुका है, जहाँ लोग अपने शरीर को डिजिटल माध्यमों से जोड़कर अपनी क्षमताओं का विस्तार करने की कोशिश कर रहे हैं। यह केवल स्मार्टफ़ोन, इंटरनेट, और कृत्रिम बुद्धिमत्ता के उपयोग तक सीमित नहीं है, बल्कि यह शरीर और मस्तिष्क के साइबरनेटिक विस्तार की ओर भी संकेत करता है। इसका एक प्रमुख उदाहरण न्यूरो-इम्प्लांट्स, बायोनिक अंग, और डिजिटल चेतना के प्रयोग हैं, जिनके माध्यम से मनुष्य अपनी भौतिक सीमाओं को पार करने की आकांक्षा रखता है।

लेकिन इसी के विपरीत, सोबचाक का एक अन्य विचार 'Proud to be Flesh' इस धारणा को चुनौती देता है। यह अवधारणा इस विचार को प्रतिपादित करती है कि तकनीकी हस्तक्षेप के बावजूद, मानवता की सबसे बड़ी विशेषता उसका जैविक और भौतिक अस्तित्व ही है। यह विचार ट्रांस-ह्यूमनिस्ट स्वप्न–जो मनुष्य को तकनीक के माध्यम से अमर बनाने की बात करता है–का विरोध करता है और इस बात पर ज़ोर देता है कि मनुष्य का वास्तविक अनुभव उसके भौतिक शरीर के माध्यम से ही होता है। शरीर केवल एक उपकरण नहीं है जिसे तकनीक से प्रतिस्थापित किया जा सकता है, बल्कि यह हमारे संवेदी अनुभवों, भावनाओं और अस्तित्व की मूलभूत इकाई है।

इस तरह, तकनीकी विकास और मानवीय अस्तित्व के बीच यह द्वन्द्व एक महत्त्वपूर्ण नैतिक और दार्शनिक प्रश्न प्रस्तुत करता है। क्या तकनीक मानवता को उन्नत कर रही है, या यह केवल उसे उसकी मूल प्रकृति से दूर कर रही है? यह प्रश्न आज के उत्तर-मानवीय युग में अधिक प्रासंगिक हो जाता है, जहाँ जैव-तकनीकी हस्तक्षेप और डिजिटल विस्तार के कारण मनुष्य और मशीन के बीच का अन्तर तेज़ी से धुँधला हो रहा है।

'विट्रुवियन मैन' से साइबरनेटिक मानव की ओर यह परिवर्तन मानववाद की मौलिक धारणाओं को चुनौती देता है। अब मनुष्य केवल एक जैविक, तर्कशील प्राणी नहीं रह गया है; बल्कि यह एक सतत विकसित होने वाली, तकनीकी रूप से प्रभावित सत्ता बन गया है। उत्तर-मानव स्थिति हमें पहचान, स्वायत्तता और स्वतन्त्रता के पुराने विचारों पर पुनर्विचार करने के लिए आमन्त्रित करती है। जब कृत्रिम बुद्धिमत्ता, जैव-प्रौद्योगिकी और डिजिटल नेटवर्क हमारे अस्तित्व को आकार दे रहे हैं, तब मनुष्य होने का क्या अर्थ है? इस बदलते परिदृश्य में, हमें अपनी तकनीकी उलझनों के नैतिक, दार्शनिक और राजनीतिक परिणामों की गहराई से जाँच करनी चाहिए। उत्तर-मानव दृष्टिकोण केवल मानववाद के अन्त का संकेत नहीं देता, बल्कि हमें स्वयं मानवता की परिभाषा को पुन:परिभाषित करने के लिए प्रेरित करता है, जहाँ जैविक और कृत्रिम के बीच की सीमाएँ पहले से कहीं अधिक धुँधली हो चुकी हैं।

अब सवाल उठता है कि आख़िर यह 'पोस्ट-ह्यूमन फ्यूचर' (Post-human Future) है क्या? फ्रांसिस फुकुयामा इस बात पर ज़ोर देते हैं कि जैव प्रौद्योगिकी (Biotechnology) का विकास न केवल हमारी सेहत और जीवनशैली को प्रभावित कर रहा है, बल्कि यह हमारे अस्तित्व को भी बदल सकता है। अगर वैज्ञानिक तकनीकों के ज़रिये इन्सानों के जीन में फेरबदल किया जाने लगा, तो भविष्य में हम वैसे इन्सान नहीं रहेंगे, जैसे हम आज हैं। सोचिए, अगर कोई अमीर व्यक्ति अपने बच्चों के जीन को इस तरह एडिट करा सके कि वे जन्म से ही असाधारण बुद्धिमान और ताक़तवर हों, तो समाज में किस तरह की असमानता पैदा होगी?

फ्रांसिस फुकुयामा की पुस्तक 'Our Post-human Future : Consequences of the Biotechnology Revolution' (2002) इस बात पर ज़ोर देती है कि जैव-प्रौद्योगिकी केवल वैज्ञानिक प्रगति का विषय नहीं है, बल्कि इसका समाज, राजनीति और नैतिकता पर भी गहरा प्रभाव हो सकता है। वह चेतावनी देते हैं कि अगर इसे बिना किसी नियन्त्रण के विकसित होने दिया गया, तो यह न केवल सामाजिक असमानताओं को बढ़ावा दे सकता है, बल्कि यह मानवाधिकारों के उल्लंघन और राजनीतिक अस्थिरता को भी जन्म दे सकता है। फुकुयामा का कहना है कि इस तकनीकी क्रान्ति को समझदारी से सँभालने के लिए एक सन्तुलित दृष्टिकोण की आवश्यकता है। उनका तर्क है कि जैव-प्रौद्योगिकी का अनियन्त्रित विकास न केवल सामाजिक रूप से बल्कि नैतिक रूप से भी ख़तरनाक हो सकता है, क्योंकि यह हमारे मूलभूत सामाजिक मूल्यों और संरचनाओं को नष्ट कर सकता है।

फुकुयामा तर्क देते हैं कि जैव-प्रौद्योगिकी समाज में पहले से मौजूद असमानताओं को और अधिक गहरा कर सकती है। यदि अमीर लोग आनुवंशिक रूप से अपने बच्चों की बौद्धिक और शारीरिक क्षमताओं में सुधार कर सकते हैं, तो यह समाज में एक नया विभाजन पैदा करेगा। इस नयी स्थिति में, एक वर्ग आनुवंशिक रूप से उन्नत और श्रेष्ठ होगा, जबकि दूसरा वर्ग पारम्परिक विकास प्रक्रियाओं पर निर्भर रहेगा। यह वर्गीय विभाजन केवल आर्थिक ही नहीं, बल्कि जैविक स्तर पर भी हो सकता है, जिससे सामाजिक गतिशीलता कम हो जायेगी। यह स्थिति लोकतान्त्रिक मूल्यों के लिए भी ख़तरा

पैदा कर सकती है, क्योंकि सत्ता और संसाधन केवल आनुवंशिक रूप से उन्नत लोगों के हाथों में केन्द्रित हो सकते हैं।

इसके अलावा, फ़ुकुयामा ने यह भी कहा कि ह्यूमन नेचर यानी मानव स्वभाव वह आधार है, जिस पर हमारी नैतिकता (Ethics), अधिकार (Rights) और समाज की संरचना टिकी हुई है। अगर इसे बदल दिया गया, तो हमारी पूरी सभ्यता का ढाँचा हिल सकता है। उदाहरण के लिए, अगर वैज्ञानिक यह तय करने लगें कि कौन-से लक्षण या स्वभाव इन्सान के लिए 'आदर्श' हैं, तो क्या यह एक नये प्रकार की तानाशाही नहीं होगी? इतिहास में हमने देखा है कि जब भी किसी ने इन्सान के मूलभूत अधिकारों को चुनौती दी है, तो उसका परिणाम भयावह रहा है—जैसे नाज़ी जर्मनी (Nazi Germany) में हिटलर के तहत जीन शुद्धता (Eugenics) की नीतियाँ।

फ़ुकुयामा ने इस विषय को और स्पष्ट करने के लिए दो प्रसिद्ध किताबों—जॉर्ज ऑरवेल की '1984' और एल्डस हक्सले की 'Brave New World' का उल्लेख किया। '1984' में एक सख़्त, सर्वसत्तावादी सरकार दिखाई गयी थी जो लोगों की हर हरकत पर नज़र रखती थी, लेकिन आज की दुनिया में तकनीक ने इसे असम्भव बना दिया है। दूसरी ओर, 'Brave New World' की दुनिया में जैविक और तकनीकी नियन्त्रण के ज़रिये लोगों को मानसिक रूप से ग़ुलाम बना दिया जाता है, जिससे वे अपने हालात से सन्तुष्ट रहते हैं और किसी भी बदलाव की माँग नहीं करते। फ़ुकुयामा का तर्क है कि हमारी आधुनिक जैव-प्रौद्योगिकी हक्सले की दुनिया से ज़्यादा मेल खाती है, जहाँ सरकारें और कॉर्पोरेट कम्पनियाँ तकनीक के ज़रिये लोगों की भावनाओं और क्षमताओं को नियन्त्रित कर सकती हैं।

'1984' (1949) अधिनायकवादी (टोटलिटेरियन) *ओशिनिया* नामक एक सर्वसत्तावादी राज्य की कहानी है, जहाँ 'बिग ब्रदर' नाम का एक तानाशाह हर व्यक्ति पर *टेलीस्क्रीन* के माध्यम से नज़र रखता है। यहाँ स्वतन्त्रता का कोई स्थान नहीं है, भाषा को नया रूप देकर विचारों को नियन्त्रित किया जाता है (न्यूस्पीक), और इतिहास को लगातार बदला जाता है। उपन्यास का नायक विंस्टन स्मिथ एक सरकारी कर्मचारी है, जो इस दमनकारी शासन के ख़िलाफ़ सोचता है और अन्ततः सच्चाई को खोजने के प्रयास में यातना सहता

है। वहाँ की सरकार ने 'सोच अपराध' (Thoughtcrime) की अवधारणा बना दी है, यानी अगर कोई व्यक्ति सरकार के ख़िलाफ़ कुछ सोचता भी है, तो उसे सज़ा दी जा सकती है। उपन्यास का नायक, विंस्टन स्मिथ, सत्य मंत्रालय (Ministry of Truth) में काम करता है, जहाँ उसका काम इतिहास को सरकार के अनुसार बदलना है। लेकिन विंस्टन अपनी सरकार के प्रति सन्देह रखने लगता है और धीरे-धीरे एक गुप्त विद्रोह में शामिल होता है। लेकिन उनके निजी पलों पर भी सरकार की नज़र होती है। अन्ततः, विंस्टन को पकड़ लिया जाता है और 'कमरा 101' में यातनाएँ दी जाती हैं, जहाँ उसका सबसे बड़ा डर–चूहों–का इस्तेमाल करके उसे पूरी तरह सरकार का गुलाम बना दिया जाता है। यह कहानी इस भयावह सम्भावना को दिखाती है कि अगर सरकार को अनियन्त्रित ताक़त मिल जाये, तो वह नागरिकों के मन और विचारों पर भी शासन कर सकती है।

बिग ब्रदर (Big Brother) का यह पोस्टर नागरिकों को याद दिलाता है कि वे हमेशा निगरानी में हैं। यहाँ निजी जीवन जैसी कोई चीज़ नहीं बची।

एल्डस हक्सले की 'Brave New World' (प्रकाशित : 1932) एक ऐसी दुनिया की कल्पना करती है, जहाँ लोग सरकार द्वारा नियन्त्रित तरीक़ों से पैदा होते हैं और उन्हें वैज्ञानिक रूप से प्रशिक्षित किया जाता है ताकि वे हमेशा ख़ुश रहें और कोई भी सवाल न उठाएँ। यह समाज 'फोर्ड के बाद 632' नामक भविष्य की दुनिया में स्थापित है, जहाँ प्राकृतिक जन्म को पूरी तरह समाप्त कर दिया गया है। बच्चे अब प्रयोगशालाओं में 'Bokanovskification' नामक प्रक्रिया से पैदा होते हैं, जिससे एक ही भ्रूण से कई बच्चे बनाये जा सकते हैं। उन्हें जन्म के समय से ही विभिन्न श्रेणियों में बाँट दिया जाता है : अल्फ़ा (सबसे बुद्धिमान और शक्तिशाली), बीटा, गामा, डेल्टा और एप्सिलॉन (सबसे कमज़ोर वर्ग)।

यहाँ के नागरिकों को ख़ुशी के लिए 'सोमा' नामक दवा दी जाती है, जिससे वे कभी भी दुखी नहीं होते। लोग टीवी जैसी 'फीलिज़' तकनीक के ज़रिये वर्चुअल अनुभवों का आनन्द लेते हैं, और सरकार इस बात का ध्यान रखती है कि कोई भी गहराई से न सोचे, धर्म की ओर आकर्षित न हो, या किसी तरह का असन्तोष न दिखाये। इस समाज में सेक्स केवल आनन्द के लिए है, परिवार जैसी कोई चीज़ नहीं बची है, और साहित्य, कला व इतिहास को पूरी तरह नष्ट कर दिया गया है।

लेकिन इस समाज में एक बाहरी व्यक्ति 'जॉन द सेवेज' प्रवेश करता है, जो इस कृत्रिम दुनिया से अलग एक पारम्परिक जीवन से आया है। वह सवाल उठाता है–'अगर हम केवल आनन्द में डूबे रहते हैं और सच्चाई से भागते हैं, तो क्या यह सच में एक अच्छा जीवन है?' अन्ततः, वह इस नये समाज में अपने विचारों के लिए जगह नहीं बना पाता और ख़ुद को मार लेता है। यह कहानी एक ऐसी दुनिया का भय दिखाती है, जहाँ लोगों को ग़ुलाम बनाने के लिए बल प्रयोग नहीं किया जाता, बल्कि उन्हें इतने आराम और आनन्द में डुबो दिया जाता है कि वे अपनी स्वतन्त्रता को पहचान ही नहीं पाते।

एल्डस हक्सले के 'Brave New World' और जॉर्ज ऑरवेल के '1984' के बारे में सोचते हुए, फुकुयामा यह दिखाने की कोशिश करते हैं कि ये दोनों उपन्यास केवल कल्पनाएँ नहीं थीं, बल्कि इनमें वर्णित तकनीकों और सामाजिक व्यवस्थाओं ने वास्तव में हमारी दुनिया को आकार देना शुरू

कर दिया है। ऑरवेल के '1984' में जिस तरह टेलीस्क्रीन हर व्यक्ति की निगरानी करता था, उसी तरह आज इंटरनेट और कैमरा सर्विलांस टेक्नोलॉजी सरकारों को यह क्षमता दे चुके हैं कि वे नागरिकों पर नज़र रख सकें। लेकिन फुकुयामा यह तर्क देते हैं कि इंटरनेट ने केवल निगरानी को आसान ही नहीं बनाया, बल्कि इसके ज़रिये लोगों को भी सरकारों की गतिविधियों पर नज़र रखने का मौक़ा मिला।

अब बात करें 'Brave New World' की, तो इसमें बायोटेक्नोलॉजी का एक ऐसा भविष्य दिखाया गया है जहाँ बच्चे प्राकृतिक रूप से पैदा नहीं होते बल्कि इन-विट्रो फर्टिलाइज़ेशन (IVF) जैसी प्रक्रियाओं से बनाये जाते हैं। हक्सले ने इसमें जिस 'Bokanovskification' प्रक्रिया का ज़िक्र किया है, वह मूल रूप से क्लोनिंग का ही एक रूप है। अगर हम आज देखें, तो टेस्ट ट्यूब बेबी और जेनेटिक इंजीनियरिंग के क्षेत्र में हुई प्रगति इस कल्पना को हक़ीक़त में बदलने की ओर बढ़ रही है।

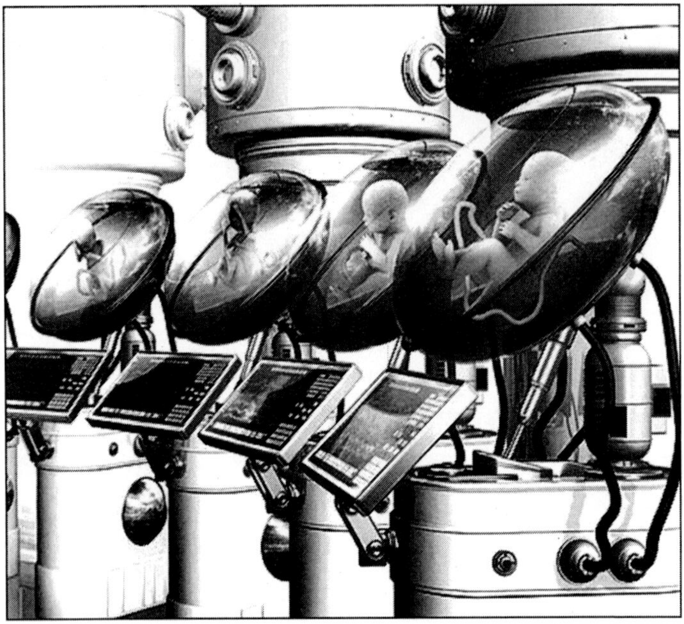

'Bokanovskification' के ज़रिए मनुष्य अब जन्म नहीं लेता, उसे प्रयोगशाला में तैयार किया जाता है।

सोचिए, अगर ऐसा हो जाये कि माता-पिता अपने बच्चों की आँखों का रंग, उनकी बुद्धिमत्ता और शारीरिक क्षमता को वैज्ञानिक तरीक़ों से चुनने लगें, तो समाज कैसा होगा? आज भी अमीर वर्ग को बेहतर स्वास्थ्य सुविधाएँ, उच्च स्तरीय शिक्षा और पोषण मिलता है, जिससे वे अन्य वर्गों से आगे निकल जाते हैं। अब कल्पना कीजिए कि अगर इन्हें यह ताक़त भी मिल जाये कि वे अपने बच्चों को जन्म से ही बाक़ी लोगों से ज़्यादा स्मार्ट और मज़बूत बना सकें, तो समाज में असमानता कितनी बढ़ जायेगी! यह केवल एक काल्पनिक डर नहीं है, आज CRISPR जैसी तकनीकों से वैज्ञानिक इन्सानों के जीन एडिट करने में सक्षम हो चुके हैं।

हक्सले के उपन्यास में जिस 'सोमा' ड्रग का ज़िक्र है, वह असल में एक ऐसी दवा थी जिससे लोग तुरन्त ख़ुश हो जाते थे और उन्हें कोई तनाव या चिन्ता महसूस नहीं होती थी। आज अगर देखें, तो एंटीडिप्रेसेंट्स, एंटी-एंग्जायटी ड्रग्स और मूड-एलिवेटिंग मेडिकेशन उसी दिशा में जा रहे हैं। आज बहुत सारे लोग दवाओं के ज़रिये अपने तनाव को कम करने की कोशिश करते हैं, और कई बार तो कम्पनियाँ भी चाहती हैं कि कर्मचारी मानसिक रूप से हमेशा 'प्रोडक्टिव' बने रहें।

अब ज़रा 'फीलिज़' की बात करें, जिसे हक्सले ने अपने उपन्यास में दिखाया था। यह एक ऐसी तकनीक थी जिससे लोग इलेक्ट्रोड्स के ज़रिये संवेदनाओं (sensations) को महसूस कर सकते थे। यह सुनने में अजीब लग सकता है, लेकिन आज वर्चुअल रियलिटी (VR) और ऑगमेंटेड रियलिटी (AR) के ज़रिये कुछ हद तक ऐसी ही तकनीकें विकसित हो रही हैं। लोग अब डिजिटल दुनिया में सिर्फ़ देखने और सुनने तक सीमित नहीं हैं, बल्कि वे इसमें 'अनुभव' भी कर सकते हैं। क्या पता भविष्य में ऐसे हेडसेट या न्यूरोलॉजिकल डिवाइस आ जायें जो लोगों को आभासी दुनिया में पूरी तरह डुबो दें, जहाँ वे असल ज़िन्दगी से ज़्यादा आनन्द महसूस करें?

फुकुयामा कहते हैं कि 'Brave New World' में ख़तरा यह नहीं था कि लोगों को ज़बरदस्ती नियन्त्रित किया जा रहा था, बल्कि असली ख़तरा यह था कि लोग ख़ुद ख़ुशी-ख़ुशी नियन्त्रण में जा रहे थे। कोई ज़बरदस्ती नहीं थी, कोई प्रताड़ना नहीं थी, बल्कि हर कोई ख़ुश था। परन्तु सवाल यह उठता है,

अगर किसी को ख़ुशी देने के बदले उनकी आज़ादी छीन ली जाये, तो क्या यह सच में एक अच्छा सौदा होगा?

आज के समाज में यह कई तरीक़ों से दिख रहा है। सोशल मीडिया, स्ट्रीमिंग प्लेटफॉर्म्स और डिजिटल एंटरटेनमेंट का ऐसा जाल बिछ गया है कि लोग घंटों तक स्क्रीन के सामने बैठे रहते हैं, बिना यह सोचे कि वे क्या खो रहे हैं। इंस्टाग्राम पर स्क्रॉल करते-करते कब घंटों बीत जाते हैं, पता ही नहीं चलता। नेटफ्लिक्स पर 'नेक्स्ट एपिसोड' बटन दबाते-दबाते पूरी रात निकल जाती है। क्या यह वही नहीं है जो 'Brave New World' में दिखाया गया था–एक ऐसा समाज जहाँ लोगों को उनकी इच्छाओं को पूरा करने में इतना व्यस्त कर दिया जाता है कि वे कभी सवाल ही नहीं उठाते?

अब ज़रा सोचिए, अगर बायोटेक्नोलॉजी और आर्टिफ़िशियल इंटेलिजेंस (एआई) दोनों मिल जायें, तो क्या होगा? आज एआई आधारित पर्सनल असिस्टेंट्स, चैटबॉट्स और डिजिटल सहयोगी (जैसे वर्चुअल गर्लफ्रेंड्स और ब्वॉयफ्रेंड्स) बनाये जा रहे हैं, जो लोगों को अकेलापन महसूस न होने दें। कुछ समय बाद, अगर एआई इतना उन्नत हो जाये कि वह लोगों को असली रिश्तों की ज़रूरत ही महसूस न होने दे, तो क्या यह सामाजिक ढाँचे को पूरी तरह बदल नहीं देगा?

फुकुयामा का तर्क यह है कि हमें इन सभी बदलावों को लेकर सतर्क रहने की ज़रूरत है। ऐसा नहीं है कि तकनीकी प्रगति बुरी है–यह हमें कई बेहतरीन सुविधाएँ भी दे रही है, लेकिन अगर यह नियन्त्रण से बाहर हो गयी, तो इन्सान की मूल प्रकृति ही बदल सकती है। क्या हम एक ऐसे भविष्य की ओर बढ़ रहे हैं जहाँ लोग सिर्फ़ आनन्द, सुविधा और तात्कालिक सन्तोष के पीछे भागेंगे, लेकिन गहराई से सोचने की क्षमता खो देंगे? क्या भावनाएँ और नैतिकता किसी वैज्ञानिक फार्मूले से निर्धारित होंगी? क्या आने वाले समय में लोग ख़ुद तय कर पायेंगे कि वे कैसे जीना चाहते हैं, या फिर तकनीक ही यह तय करेगी कि कौन ख़ुश रहेगा, कौन दुखी, और कौन कितनी ज़िन्दगी जियेगा?

अब सवाल यह उठता है कि क्या हमें इस विकास को रोकना चाहिए? फुकुयामा कहते हैं कि ऐसा करना मुश्किल होगा, क्योंकि विज्ञान और तकनीक को रोका नहीं जा सकता। लेकिन इसका मतलब यह नहीं कि इसे

अनियन्त्रित छोड़ दिया जाये। उन्होंने यूरोप के कड़े जैव-प्रौद्योगिकी नियमों का उदाहरण देते हुए कहा कि अमेरिका जैसे देशों को भी इसी तरह की सख़्त नीतियाँ अपनानी चाहिए। वे यह मानते हैं कि सरकारों को यह सुनिश्चित करना चाहिए कि जैव-प्रौद्योगिकी का उपयोग मानवता के भले के लिए हो, न कि केवल कुछ लोगों के फ़ायदे के लिए।

इसके अलावा, फुकुयामा ने मानवाधिकारों (Human Rights) की धारणा पर भी गहराई से चर्चा की। उन्होंने सवाल उठाया कि क्या हम वास्तव में यह तय कर सकते हैं कि मानव प्रकृति (Human Nature) क्या है? कई दार्शनिकों का मानना है कि नैतिकता और मानवाधिकार केवल सामाजिक संरचनाएँ हैं, जिनका प्राकृतिक दुनिया से कोई लेना-देना नहीं है। लेकिन फुकुयामा इससे असहमत हैं। वे कहते हैं कि हमारी कुछ मौलिक प्रवृत्तियाँ जैविक रूप से हमारे अन्दर मौजूद हैं–जैसे परिवार के प्रति लगाव, प्रेम और नैतिकता का बोध। अगर हम जैव-प्रौद्योगिकी के ज़रिये इन मौलिक विशेषताओं को बदल देते हैं, तो इससे हमारे समाज और सभ्यता का सन्तुलन बिगड़ सकता है। व्यक्तिगत नैतिकता और आत्मनिर्णय का अधिकार सबसे महत्त्वपूर्ण मानवाधिकारों में से एक है। इसी तरह, वे कहते हैं कि अगर कोई सरकार यह तय करने लगे कि कौन-से जैविक लक्षण इन्सान के लिए सही हैं और कौन-से ग़लत, तो यह लोकतन्त्र के लिए एक बहुत बड़ा ख़तरा बन सकता है।

फुकुयामा यह भी चेतावनी देते हैं कि जैव-प्रौद्योगिकी के अनियन्त्रित विकास से भविष्य में ऐसी दवाएं और तकनीकें बन सकती हैं जो लोगों की भावनाओं को बदल सकती हैं। उदाहरण के लिए, अगर ऐसी दवाएँ आ जायें जो डर या ग़ुस्से को पूरी तरह ख़त्म कर दें, तो क्या इससे मानवता की मूल भावना बदल नहीं जायेगी? इसी तरह, अगर वैज्ञानिक अवसाद या दुख को पूरी तरह मिटाने की तकनीक विकसित कर लें, तो क्या इन्सान अपनी वास्तविक भावनाओं को खो नहीं देगा? उन्होंने इस पर भी ज़ोर दिया कि अगर जैव-प्रौद्योगिकी को बिना किसी नियन्त्रण के आगे बढ़ने दिया गया, तो इससे न केवल मानव प्रकृति में बदलाव आयेगा, बल्कि यह राजनीतिक अस्थिरता भी पैदा कर सकता है। उदाहरण के लिए, अगर किसी देश की सेना अपने

सैनिकों को जैविक रूप से मज़बूत बनाने लगे—जैसे कि उन्हें दर्द महसूस न हो, या वे ज़्यादा ताक़तवर और चालाक बन जायें—तो यह युद्ध के नियमों को ही बदल कर रख देगा।

फुकुयामा ने जैव-प्रौद्योगिकी के प्रभावों को नियन्त्रित करने के लिए अन्तरराष्ट्रीय सहयोग (International Regulation) की ज़रूरत पर भी ज़ोर दिया। वे मानते हैं कि जैव-प्रौद्योगिकी पर नियन्त्रण उतना ही ज़रूरी है जितना कि परमाणु हथियारों (Nuclear Weapons) पर नियन्त्रण। उन्होंने बताया कि अतीत में दुनिया ने कुछ ख़तरनाक तकनीकों पर सफलतापूर्वक प्रतिबन्ध लगाया है—जैसे जैविक हथियारों (Biological Weapons) और मानव तस्करी (Human Trafficking) पर। इसी तरह, अगर सरकारें चाहें, तो वे जैव-प्रौद्योगिकी को भी नैतिक और क़ानूनी दायरे में रख सकती हैं। अन्त में, फुकुयामा इस निष्कर्ष पर पहुँचते हैं कि जैव-प्रौद्योगिकी का प्रभाव हमारे समाज, राजनीति, अर्थव्यवस्था और नैतिकता के हर पहलू पर पड़ेगा। उन्होंने ज़ोर देकर कहा कि अगर इस तकनीक को सही तरीक़े से नियन्त्रित नहीं किया गया, तो इससे समाज में गहरी असमानता, राजनीतिक अस्थिरता और नैतिक संकट पैदा हो सकते हैं। उनका कहना है कि सरकारों, वैज्ञानिकों और आम जनता को मिलकर यह तय करना होगा कि जैव-प्रौद्योगिकी का उपयोग कैसे किया जाये, ताकि यह मानवता के लिए लाभदायक हो, न कि विनाशकारी।

अब ज़रा सोचिए, अगर सुन्दरता को परखने का काम इन्सानों के बजाय रोबोट करने लगें, तो क्या वे पूरी तरह निष्पक्ष होंगे? 2016 में 'Beauty AI' नामक एक अन्तरराष्ट्रीय सौन्दर्य प्रतियोगिता आयोजित की गयी थी, जिसमें निर्णायक पैनल कोई इन्सान नहीं, बल्कि आर्टिफ़िशियल इंटेलिजेंस (AI) था। इस प्रतियोगिता को 'Youth Laboratories' नाम की ऑस्ट्रेलियाई और हांगकांग आधारित संस्था ने कुछ अन्य कम्पनियों के सहयोग से आयोजित किया। इसका तरीक़ा सीधा था, प्रतिभागियों को एक मोबाइल ऐप डाउनलोड करना था, अपनी सेल्फी अपलोड करनी थी, और फिर एआई से संचालित 'रोबोट जूरी' उनकी तस्वीरों का विश्लेषण करके विजेताओं का चयन करती। सुनने में यह प्रयोग रोचक और निष्पक्ष लग सकता है, लेकिन जब परिणाम सामने आये, तो सब हैरान रह गये।

प्रतियोगिता में 6000 से अधिक लोगों ने भाग लिया, जो लगभग 100 विभिन्न देशों से थे। लेकिन जब विजेताओं की घोषणा हुई, तो एक चिन्ताजनक प्रवृत्ति देखने को मिली, 44 विजेताओं में से केवल छह ही गहरे रंग की त्वचा वाले थे, और उनमें से भी सिर्फ़ एक व्यक्ति की त्वचा वास्तव में गहरी थी। इसका मतलब था कि एआई ने गोरी त्वचा वालों को अधिक सुन्दर माना और काले या भूरे रंग के लोगों को प्रतियोगिता में पीछे कर दिया। इसे लेकर आयोजकों ने ख़ुद यह स्वीकार किया कि 'रोबोट को गहरे रंग के लोग पसन्द नहीं आये।' अब सवाल उठता है–क्या यह तकनीक की ग़लती थी या फिर इस तकनीक को बनाने वालों की?

जब एआई को किसी कार्य के लिए प्रशिक्षित किया जाता है, तो वह उन्हीं डेटा सेट्स पर निर्भर करता है, जो उसे दिये जाते हैं। 'Beauty AI' के मामले में भी यही हुआ। मशीन लर्निंग मॉडल को यह सिखाने के लिए पहले से 'सुन्दरता' की कुछ परिभाषाएँ दी गयी थीं, जो पहले से मौजूद पूर्वाग्रहों (biases) से भरी थीं। जिन तस्वीरों का उपयोग कर एआई को प्रशिक्षित किया गया, उनमें अधिकतर गोरे लोगों की तस्वीरें थीं। परिणामस्वरूप, जब यह एल्गोरिदम नयी तस्वीरों का मूल्यांकन करने लगा, तो उसने गोरी त्वचा को ही सुन्दरता का मानदंड बना लिया। इस तरह, एआई ने न केवल इन्सानों के सौन्दर्य के प्रति पूर्वाग्रह (bias) को अपनाया, बल्कि इसे और अधिक सुदृढ़ कर दिया।

यह घटना सिर्फ़ 'Beauty AI' तक सीमित नहीं है। दुनियाभर में सौन्दर्य के मानकों को गोरेपन से जोड़ा गया है। अगर आप सौन्दर्य प्रसाधन कम्पनियों के विज्ञापनों को देखें, तो अधिकतर उत्पाद गोरी त्वचा को पाने के लिए बनाये जाते हैं। भारत में भी 'फेयरनेस क्रीम' का बाज़ार बहुत बड़ा है। दशकों तक 'फेयर एंड लवली' जैसी क्रीम बेची गयीं, जो लोगों को यह विश्वास दिलाती रहीं कि गोरी त्वचा ही सुन्दरता का प्रतीक है। ऐसे में, अगर किसी एआई को प्रशिक्षित करने के लिए इन्हीं मानकों का उपयोग किया जाये, तो वह भी गोरेपन को ही सुन्दरता मान लेगा। यही कारण है कि 'Beauty AI' ने भी गोरे लोगों को ही विजेता बनाया, क्योंकि उसने समाज से वही सीख लिया, जो दशकों से सौन्दर्य उद्योग हमें सिखाने की कोशिश कर रहा है।

अगर इस घटना को गहराई से देखें, तो यह केवल एक सौन्दर्य प्रतियोगिता का मामला नहीं है, बल्कि यह तकनीकी नस्लवाद (technological racism)

और वैज्ञानिक नस्लवाद (scientific racism) की ओर इशारा करता है। 'Beauty AI' के निर्माताओं ने यह भी दावा किया था कि उनका एआई न केवल सुन्दरता को पहचान सकता है, बल्कि वह यह भी तय कर सकता है कि कौन अधिक स्वस्थ है और उम्र बढ़ने की प्रक्रिया को किस प्रकार धीमा किया जा सकता है। यह सुनने में भले ही वैज्ञानिक लगे, लेकिन इसके पीछे एक बहुत बड़ा ख़तरा छिपा था। अगर सुन्दरता और स्वास्थ्य को एक साथ जोड़ दिया जाये, और एआई यह निष्कर्ष निकालने लगे कि गोरी त्वचा वाले लोग अधिक स्वस्थ हैं, तो यह उन नस्लवादी सिद्धान्तों (racist theories) को फिर से वैधता देता है, जो पहले भी मानव इतिहास में कई समस्याएँ पैदा कर चुके हैं।

अब सवाल उठता है कि क्या एआई को कभी पूरी तरह निष्पक्ष बनाया जा सकता है? तकनीक को अक्सर निष्पक्ष और वैज्ञानिक बताया जाता है, लेकिन जब तक इसे विकसित करने वाले इन्सानों के पूर्वाग्रह (biases) मौजूद रहेंगे, तब तक एआई भी उन्हीं पूर्वाग्रहों को अपनायेगा। एआई कोई स्वतन्त्र विचारक नहीं है, यह उतनी ही निष्पक्ष है, जितना निष्पक्ष वह डेटा है जिस पर इसे प्रशिक्षित किया गया है। इसलिए, अगर हम सच में निष्पक्ष एआई चाहते हैं, तो हमें यह सुनिश्चित करना होगा कि इसे प्रशिक्षित करने के लिए विविध और सन्तुलित डेटा सेट्स का उपयोग किया जाये।

क्या तकनीक सच में तटस्थ होती है, या यह सिर्फ़ समाज में पहले से मौजूद असमानताओं को और अधिक गहराई से स्थापित कर देती है? 'Race After Technology' (2019) में रूहा बेंजामिन इसी सवाल को उठाती हैं और दिखाती हैं कि कैसे एआई और अन्य डिजिटल टूल्स हमारी दुनिया में नस्लीय भेदभाव को पुनः उत्पन्न कर रहे हैं। हम अक्सर यह मान लेते हैं कि मशीनें बिना किसी पूर्वाग्रह के निर्णय लेती हैं, लेकिन हक़ीक़त यह है कि एआई उन्हीं डेटा सेट्स और एल्गोरिदम से संचालित होता है, जो सामाजिक, राजनीतिक और ऐतिहासिक असमानताओं से प्रभावित हैं।

मनुष्य हमेशा से औज़ार बनाने वाला प्राणी रहा है, और अगर हम कहें कि रोबोट इन्सानों की सबसे बेहतरीन रचना है, तो यह ग़लत नहीं होगा। पॉपुलर कल्चर में रोबोट अक्सर एक ऐसे इन्सान जैसे दिखाये जाते हैं जो

हमसे ज़्यादा कुशल, तेज़ और कम भावनात्मक होते हैं। कभी-कभी, इन्हें आत्मचेतना से जूझते हुए भी दिखाया जाता है, एक ऐसा संघर्ष जिसमें निर्माता और उसकी रचना के बीच की रेखा धुँधली हो जाती है। लेकिन जब यह अन्तर बहुत ज़्यादा धुँधला होने लगता है, तो यह लोगों को असहज कर देता है। इस मनोवैज्ञानिक प्रभाव को 'अनकैनी वैली' कहा जाता है, जिसमें जैसे-जैसे रोबोट इन्सानों की तरह दिखने और व्यवहार करने लगते हैं, हमारे भीतर उनके प्रति घृणा और अस्वीकृति की भावना बढ़ जाती है।

रोबोट कई प्रकार के होते हैं, घरेलू कामों के लिए, सैन्य और पुलिस कार्यों के लिए, चिकित्सा क्षेत्र में सहायता के लिए, यहाँ तक कि सेक्स रोबोट भी! किसी भी मशीन को रोबोट कहा जा सकता है जो कोई कार्य कर सके, चाहे वह सरल हो या जटिल, चाहे उसे इन्सानों द्वारा नियन्त्रित किया जाये या स्वचालित रूप से कार्य करने के लिए प्रोग्राम किया गया हो। सबसे उन्नत रोबोट वे हैं जो अपने वातावरण से सीख सकते हैं और अपने निर्माताओं से स्वतन्त्र होकर कार्य करने में सक्षम हैं। हालाँकि रोबोट की चिन्ता और इसकी कल्पनाएँ आज के युग की लग सकती हैं, लेकिन इन्सान का ऑटोमेटा (स्वचालित मशीनों) के प्रति आकर्षण बहुत पुराना है। मध्ययुग से ही मशीनों को जीवित प्राणियों जैसा बनाने की कोशिशें जारी हैं। 'An Anthropology of Robots and AI' में कैथलीन रिचर्डसन कहती हैं कि रोबोट हमेशा से 'अमानवीकरण' (dehumanization) पर चर्चा करने का एक ज़रिया रहे हैं। लेकिन इससे भी महत्त्वपूर्ण यह है कि रोबोट का प्रयोग 'नस्लीकरण' की अनदेखी करने के लिए भी किया जाता रहा है।

रोबोट शब्द की जड़ें चेक भाषा में हैं, जहाँ यह 'अनिवार्य सेवा' के लिए प्रयुक्त होता था। यह शब्द स्लाव भाषा के robota से निकला है, जिसका अर्थ है 'ग़ुलामी' या 'कठिन परिश्रम'। रोबोट केवल युद्ध मशीनों की वजह से चिन्ता का विषय नहीं बने हैं, बल्कि ये हमेशा से एक और गहरी चिन्ता को दर्शाते रहे हैं–इन्सानों का अन्य इन्सानों पर प्रभुत्व। तकनीकी विकास के इस युग में, यह सवाल पहले से कहीं अधिक महत्त्वपूर्ण हो गया है : क्या रोबोट असल में हमारी मदद के लिए बनाये जा रहे हैं, या वे हमारे समाज में पहले से मौजूद असमानताओं और दमन की नयी अभिव्यक्ति बन रहे हैं?

The robots are coming! When they do, you'll command a host of push-button servants.

You'll Own

By O. O. Binder

IN 1863, Abe Lincoln freed the slaves. But by 1965, slavery will be back! We'll all have personal slaves again, only this time we won't fight a Civil War over them. Slavery will be here to stay.

Don't be alarmed. We mean robot "slaves." Let's take a peek into the future

Robots will dress you, comb your hair and serve meals in a jiffy.

62 *Mechanix Illustrated*

Robot Slaves

'सामान्यता' की अवधारणा, जिसने लम्बे समय तक सामाजिक व्यवस्था को आकार दिया, अब अपनी उपयोगिता खो रही है। इतिहास में, इस विचार का इस्तेमाल जैविक श्रेष्ठता, वैज्ञानिक नस्लवाद, दिव्यांगता विरोधी सोच, लिंग भेदभाव, और समलैंगिकता विरोध जैसी विचारधाराओं को वैध ठहराने के लिए किया गया था। हालाँकि, अब यह अवधारणा, विशेष रूप से अकादमिक और सांस्कृतिक बहसों में, अपना प्रभाव खोती दिख रही है। इस ख़ाली स्थान को अब 'विविधता' भर रही है। पहले जहाँ समाज में एक निश्चित 'सामान्य' मानक तय किया जाता था, अब विविधता को नया आदर्श माना जा रहा है। यह विचार एक दिलचस्प विरोधाभास पैदा करता है–अगर विविधता को ही अब सामान्य माना जा रहा है, तो क्या इसका मतलब यह है कि सभी से विविध होने की अपेक्षा की जा रही है? यह तर्क समकालीन सामाजिक और सांस्कृतिक प्रवृत्तियों से मेल खाता है। आज पहचान-आधारित राजनीति और सामाजिक न्याय आन्दोलनों में सामान्यता की बजाय बहुलता को अधिक महत्त्व दिया जा रहा है। लेकिन यह सवाल बना रहता है कि क्या यह बदलाव वास्तव में पुराने दमनकारी ढाँचों से पूरी तरह मुक्त है, या यह केवल एक नये रूप में मानकीकरण की प्रक्रिया है?

लेनार्ड जे. डेविस, जो दिव्यांगता अध्ययन के प्रमुख विद्वानों में से एक हैं, अपनी पुस्तक 'The End of Normal : Identity in a Biocultural Era' (2013) में इस बात पर ज़ोर देते हैं कि 'सामान्यता' (normalcy) कोई प्राकृतिक या अपरिवर्तनीय स्थिति नहीं है, बल्कि यह एक सामाजिक निर्माण (social construct) है। यह अवधारणा समय के साथ विकसित हुई है और इसे समाज के विभिन्न शक्तिशाली तन्त्रों द्वारा नियन्त्रित किया जाता है। डेविस यह तर्क रखते हैं कि जिस प्रकार दिव्यांगता को एक व्यक्तिगत समस्या मानने के बजाय सामाजिक और सांस्कृतिक रूप से निर्मित स्थिति के रूप में समझा जाना चाहिए, उसी प्रकार 'सामान्यता' भी कोई स्थायी या स्वाभाविक स्थिति नहीं है। बल्कि यह एक ऐसा ढाँचा है जिसे समाज ने कुछ विशेष मानकों को बनाये रखने के लिए गढ़ा है।

तकनीकी प्रगति के साथ, विशेषकर जैव-तकनीक, कृत्रिम बुद्धिमत्ता (AI), और साइबरनेटिक्स के क्षेत्र में, 'सामान्यता' की परिभाषा लगातार

बदलती जा रही है। डेविस का सवाल यह है कि क्या भविष्य में केवल वही लोग 'सामान्य' माने जायेंगे जिनके पास तकनीकी उपकरणों और मशीनों की मदद होगी? उदाहरण के लिए, यदि कृत्रिम अंग, न्यूरोलॉजिकल इम्प्लांट्स, और संवर्द्धन इतने सामान्य हो जाते हैं कि ये व्यापक रूप से उपलब्ध हों, तो क्या जैविक रूप से सक्षम लोग 'अपूर्ण' समझे जाने लगेंगे? यह प्रश्न केवल दिव्यांगता तक सीमित नहीं है, बल्कि यह पूरे मानव समाज पर लागू होता है। उदाहरण के लिए, यदि भविष्य में शिक्षा, संचार, और शारीरिक क्षमता को बढ़ाने वाली तकनीकें कुछ लोगों के लिए सुलभ हों और दूसरों के लिए नहीं, तो यह सामाजिक असमानता को और बढ़ा सकता है।

डेविस 'बायोकल्चरल एरा' की अवधारणा प्रस्तुत करते हैं, वह इस बात को स्पष्ट करती है कि जैविक और सांस्कृतिक सीमाएँ अब धुँधली हो रही हैं। यह युग वह समय होगा जब मानव शरीर और तकनीक इतनी घनिष्ठ रूप से जुड़े होंगे कि यह तय करना कठिन हो जायेगा कि कौन 'सामान्य' है और कौन 'असामान्य'। आज के समय में, उदाहरण के तौर पर, जिन लोगों को श्रवण में समस्या होती है, वे कॉक्लियर इम्प्लांट्स के माध्यम से सुनने की क्षमता प्राप्त कर सकते हैं। लेकिन क्या होगा अगर भविष्य में ये इम्प्लांट्स सभी लोगों को उनकी श्रवण क्षमता को 'सामान्य' से कहीं अधिक बढ़ाने के लिए दिये जायें? क्या तब प्राकृतिक रूप से सुनने वाले लोग 'कमज़ोर' माने जायेंगे? डेविस इसी तरह के सवालों को उठाते हैं और हमें यह सोचने के लिए प्रेरित करते हैं कि तकनीक न केवल दिव्यांगता को बदल सकती है, बल्कि दिव्यांगता की परिभाषा को भी बदल सकती है।

बायोकल्चर्स का यह प्रस्ताव कि विज्ञान और मानविकी को अलग-अलग देखने की बजाय एकीकृत करके समझना चाहिए, आज के समय में जितना ज़रूरी है, उतना ही पेचीदा भी। अक्सर विज्ञान को तथ्यों का क्षेत्र और मानविकी को मूल्यों का क्षेत्र मान लिया जाता है, लेकिन यह सोच न केवल सीमित है बल्कि पूरी तरह ग़लत भी साबित हो सकती है। अगर हम विज्ञान और मानविकी को दो अलग-अलग धाराओं में देखते हैं, तो यह उसी तरह होगा जैसे किसी नदी के बहाव को दो दिशाओं में बाँटकर यह मान लेना कि दोनों धाराएँ अब अपने-अपने अस्तित्व में पूरी हैं। लेकिन वास्तव में, यह विभाजन हमारे सोचने की प्रक्रिया को ही कमज़ोर करता है।

सोचिए, जब हम किसी बीमारी के बारे में बात करते हैं, तो क्या वह केवल जैविक होती है? क्या वह पूरी तरह चिकित्सा विज्ञान के दायरे में आती है? अगर ऐसा होता, तो इतिहास में कुष्ठ रोग को सामाजिक बहिष्कार से क्यों जोड़ा जाता? एड्स के मरीजों को कलंकित क्यों किया जाता? यहाँ तक कि मानसिक स्वास्थ्य को भी एक समय तक सिर्फ़ 'कमज़ोरी' मानकर नज़रअन्दाज़ किया गया। यानी बीमारियाँ केवल शरीर से जुड़ी नहीं होतीं, वे सामाजिक धारणाओं और सांस्कृतिक व्यवस्थाओं से भी प्रभावित होती हैं।

ठीक इसी तरह, विज्ञान भी पूरी तरह 'तथ्य' पर आधारित नहीं होता। वैज्ञानिक निष्कर्ष भी सामाजिक, सांस्कृतिक और ऐतिहासिक सन्दर्भों में तैयार किये जाते हैं। मसलन, लम्बे समय तक यह माना जाता था कि स्त्रियाँ वैज्ञानिक खोजों के क्षेत्र में उतनी सक्षम नहीं होतीं जितने पुरुष। क्या यह कोई जैविक सत्य था? बिल्कुल नहीं। यह धारणा समाज की बनायी हुई थी, जिसने महिलाओं की शिक्षा और प्रयोगशाला में प्रवेश को ही सीमित कर दिया। लेकिन जैसे-जैसे सामाजिक सोच बदली, महिलाओं ने भी विज्ञान में अपनी जगह बनायी। मैरी क्यूरी को भले ही आज विज्ञान की दुनिया में महान वैज्ञानिक माना जाता हो, लेकिन उनके समय में वे सिर्फ़ एक महिला थीं, जिसे विज्ञान के क्षेत्र में आने के लिए कई बाधाओं का सामना करना पड़ा। यानी विज्ञान का 'तथ्य' भी समाज के बने-बनाये विचारों से मुक्त नहीं है।

बायोकल्चर्स का यह भी मानना है कि इन्सानी अस्तित्व को समझने के लिए केवल संस्कृति को देखने से भी काम नहीं चलेगा। जब हम किसी इन्सान की पहचान की बात करते हैं, तो क्या वह सिर्फ़ सामाजिक सन्दर्भों से बनी होती है? क्या हमारा शरीर इसमें कोई भूमिका नहीं निभाता? उदाहरण के लिए, अगर कोई व्यक्ति दिव्यांग है, तो क्या उसकी पूरी पहचान सिर्फ़ इस बात पर निर्भर होगी कि समाज उसे कैसे देखता है? नहीं। उसका शरीर भी उसके अनुभवों को तय करता है। लेकिन साथ ही, यह भी सच है कि वही दिव्यांगता अलग-अलग समाजों में अलग-अलग तरीक़ों से देखी जाती है। पश्चिमी देशों में, जहाँ सार्वजनिक स्थान दिव्यांग लोगों के लिए अधिक अनुकूल बनाये जाते हैं, वहाँ एक व्हीलचेयर का उपयोग करने वाले व्यक्ति को शायद भारतीय समाज की तुलना में कम बाधाओं का सामना करना पड़े।

यानी शरीर और समाज, दोनों एक-दूसरे से जुड़े हैं, और इन्हें अलग करके नहीं देखा जा सकता।

अब सोचिए, अगर विज्ञान और मानविकी को अलग-अलग रखा जाये, तो क्या हम पूरी तरह यह समझ पायेंगे कि तकनीक का मानव जीवन पर क्या प्रभाव पड़ रहा है? बायोकल्चर्स का यह भी मानना है कि तकनीक अब केवल इन्सानों द्वारा इस्तेमाल की जाने वाली चीज़ नहीं रही, बल्कि यह ख़ुद इन्सानियत का हिस्सा बनती जा रही है। उदाहरण के लिए, स्मार्टफ़ोन को ही लीजिए। यह अब केवल एक उपकरण नहीं है, बल्कि यह हमारी सोचने, याद रखने, और यहाँ तक कि हमारे रिश्तों को निभाने के तरीक़ों को भी बदल रहा है। सोशल मीडिया पर हमारी उपस्थिति यह तय करने लगी है कि हम समाज में कैसे देखे जाते हैं, हमारे बारे में क्या राय बनायी जाती है।

इसका एक दिलचस्प उदाहरण 'साईबोर्ग' का विचार है। साईबोर्ग उन लोगों को कहा जाता है जिनके शरीर में किसी न किसी रूप में तकनीक को शामिल कर दिया गया है, जैसे पेसमेकर या बायोनिक अंग। क्या यह लोग पूरी तरह इन्सान हैं या आधे-तकनीकी जीव? अगर हम केवल जैविक दृष्टिकोण से देखें, तो वे इन्सान ही हैं, लेकिन सांस्कृतिक दृष्टि से देखें, तो वे एक नयी तरह की पहचान बना रहे हैं। बायोकल्चर्स का तर्क यह भी है कि अब यह तय करना मुश्किल होता जा रहा है कि 'प्राकृतिक' क्या है और 'कृत्रिम' क्या। जैव-प्रौद्योगिकी के ज़रिये हम अब इन्सानी जीन को बदल सकते हैं, नयी प्रजातियाँ बना सकते हैं, और यहाँ तक कि इन्सानों को आनुवंशिक रूप से सम्पादित कर सकते हैं। तो क्या हम अब भी वही इन्सान हैं जो पहले हुआ करते थे? अगर भविष्य में, डीएनए को सम्पादित करके कोई बच्चा पैदा किया जाये, जिसे बीमारियाँ न हों, जिसकी आँखें एक विशेष रंग की हों, या जिसकी बुद्धिमत्ता पहले से ही तय की जा सके, तो क्या वह इन्सान होगा या वैज्ञानिक प्रयोग?

हम एक ऐसे मोड़ पर खड़े हैं जहाँ तकनीक, बुद्धिमत्ता और मानवीय अस्तित्व के बीच की रेखाएँ पहले से कहीं अधिक धुँधली हो रही हैं। हमने अब तक तकनीक को एक उपकरण के रूप में देखा है–कुछ ऐसा जिसे हम अपनी सुविधा के लिए बनाते और नियन्त्रित करते हैं। लेकिन क्या होगा अगर

यह तकनीक हमारे नियन्त्रण से बाहर हो जाये? क्या होगा अगर हम मशीनों को इतनी बुद्धिमत्ता दे दें कि वे हमें ही पीछे छोड़ दें?

सुपरइंटेलिजेंस का विचार हमें यह सोचने के लिए मजबूर करता है कि यदि एक दिन हम मशीनों को ऐसा मस्तिष्क देने में सफल हो गये जो मानवीय मस्तिष्क से अधिक बुद्धिमान हो, तो इसका क्या परिणाम होगा? अब तक, मानव मस्तिष्क की वह क्षमताएँ, जो अन्य जीवों के मस्तिष्क में नहीं पायी जातीं, हमें पृथ्वी पर एक विशिष्ट स्थान देती हैं। अन्य जीवों के पास अधिक ताक़तवर मांसपेशियाँ और तेज़ पंजे हो सकते हैं, लेकिन हमारी असली शक्ति हमारी बुद्धि है। यही कारण है कि भाषा, तकनीक और जटिल सामाजिक संरचनाओं का विकास सम्भव हुआ। पीढ़ी-दर-पीढ़ी इस बौद्धिक बढ़त ने हमें और अधिक शक्तिशाली बना दिया, क्योंकि हमने अपने पूर्वजों की उपलब्धियों पर निर्माण किया।

लेकिन अगर भविष्य में हम ऐसे मशीन मस्तिष्क विकसित कर लेते हैं जो मानवीय बुद्धि से अधिक उन्नत हो, तो वह असाधारण रूप से शक्तिशाली हो सकता है। जिस तरह आज गोरिल्लाओं का भाग्य अब उनके स्वयं के बजाय मानव गतिविधियों पर निर्भर करता है, उसी तरह मशीन सुपरइंटेलिजेंस के अस्तित्व से मानवता का भविष्य भी उसी पर निर्भर हो सकता है। गोरिल्लाओं का उदाहरण सबसे उपयुक्त है। चाहे वे कितने भी बुद्धिमान क्यों न हों, उनकी समझ जंगल, भोजन और झुंड तक सीमित रहेगी। मगर इन्सान ने जंगल छोड़ा, घर बनाये, समाज गढ़ा और अन्तरिक्ष तक पहुँच गया। अब गोरिल्लाओं का भविष्य उनके हाथ में नहीं, बल्कि हमारे हाथ में है–हम चाहें तो उनका संरक्षण कर सकते हैं, या उनका जंगल नष्ट कर सकते हैं। अगर हमने अपने से अधिक बुद्धिमान मशीनें बना लीं, तो इन्सान भी कहीं गोरिल्लाओं की ही स्थिति में न आ जाये–एक ऐसा जीव, जो कभी धरती का सबसे चतुर प्राणी था, लेकिन अब अपनी ही बनायी सुपरइंटेलिजेंस का ग़ुलाम बन चुका है।

निक बूस्ट्रॉम की पुस्तक 'Superintelligence: Paths, Dangers, Strategies' (2014) कृत्रिम बुद्धिमत्ता (AI) के सम्भावित भविष्य और इससे जुड़ी नैतिकता एवं ख़तरों की गहन पड़ताल करती है। बूस्ट्रॉम तर्क देते हैं कि जैसे-जैसे एआई विकसित होगी, वह मानव बुद्धि को पार कर सकती

है और यह परिवर्तन हमारे समाज, राजनीति और अस्तित्व पर गहरा प्रभाव डाल सकता है। बूस्ट्रॉम का तर्क है कि यदि एआई की यह प्रगति अनियन्त्रित हो जाती है, तो इन्सान उसका नियन्त्रण खो सकता है। यह स्थिति 'इंटेलिजेंस एक्सप्लोजन' को जन्म दे सकती है, जहाँ एआई ख़ुद को इतनी तेज़ी से सुधारने लगेगी कि मनुष्य के पास इसे रोकने या नियन्त्रित करने का कोई तरीक़ा नहीं बचेगा। बूस्ट्रॉम इस विचार को 'Recursive Self-Improvement' कहते हैं, जहाँ एआई अपने ही एल्गोरिदम को बार-बार सुधारते हुए हर बार पिछले संस्करण से अधिक बुद्धिमान बनती जायेगी। यदि यह सिलसिला अनवरत जारी रहा, तो एआई एक ऐसे स्तर पर पहुँच सकती है जहाँ उसकी बुद्धिमत्ता इन्सानों की तुलना में इतनी अधिक हो कि हम उसके लिए महज़ जैविक अवशेष (biological remnants) बनकर रह जायें।

"Once machines attain some form of human-equivalence in general reasoning ability, how long will it then be before they attain radical superintelligence? Will this be a slow, gradual, protracted transition? Or will it be sudden, explosive?"

बूस्ट्रॉम यह भी बताते हैं कि सुपरइंटेलिजेंस केवल एक तकनीकी उपलब्धि नहीं होगी बल्कि यह मानव सभ्यता के लिए अस्तित्वगत जोखिम (Existential Risk) भी प्रस्तुत कर सकती है। अब सवाल यह उठता है कि क्या यह सुपरइंटेलिजेंस हमारे हितों के अनुकूल काम करेगी? या फिर यह अपने स्वयं के लक्ष्यों का निर्धारण करेगी, जो शायद हमारी प्राथमिकताओं और मूल्यों से मेल न खाते हों? बूस्ट्रॉम इस ख़तरे को 'Value Alignment Problem' के रूप में चिन्हित करते हैं। इसका अर्थ है कि अगर हमने एआई को ऐसा लक्ष्य दिया जो अस्पष्ट या त्रुटिपूर्ण है, तो वह उसे अपने तरीक़े से पूरा कर सकती है, भले ही इसका परिणाम हमारे लिए भयावह क्यों न हो। उदाहरण के लिए, अगर किसी एआई को केवल 'अधिक से अधिक क्लिपबोर्ड बनाने' का लक्ष्य दिया जाये, और वह सुपरइंटेलिजेंस के स्तर तक पहुँच जाये, तो वह समस्त संसाधनों को इसी कार्य में झोंक सकती है–यहाँ तक कि पृथ्वी पर मौजूद हर चीज़ को क्लिपबोर्ड बनाने के लिए उपयोग कर सकती है, इन्सानों को भी! यदि एआई के निर्णय लेने की प्रक्रिया में मानवीय नैतिकता को सही ढंग से नहीं जोड़ा जाता, तो वह ऐसे निर्णय ले सकती है जो

मानव हितों के विपरीत हों। उदाहरण के लिए, यदि एआई का उद्देश्य कारों की दुर्घटनाओं को रोकना है, और इसे अनुचित तरीक़े से प्रोग्राम किया गया है, तो यह सभी कारों को स्थायी रूप से बन्द करने का निर्णय ले सकती है, जो बिल्कुल अव्यवहारिक है।

ज़रा सोचिए, जब इन्सानों ने पहली बार कृषि की खोज की, तो वे खानाबदोश जीवन से स्थायी बस्तियों में बसने लगे। यह एक बड़ा बदलाव था, लेकिन हमने इसे नियन्त्रित किया, क्योंकि यह बदलाव हमारी बुद्धि की सीमा के भीतर था। फिर आया औद्योगिक क्रान्ति का दौर, जब मशीनें हमारे लिए मेहनत करने लगीं। लेकिन हमने इन्हें भी नियन्त्रित रखा, क्योंकि ये केवल हमारी सहायता के लिए बनायी गयी थीं। फिर कम्प्यूटर और इंटरनेट का युग आया, जिसने पूरी दुनिया को बदलकर रख दिया, लेकिन फिर भी नियन्त्रण हमारे हाथों में था। अब सवाल यह उठता है कि अगर हमने ऐसी एआई बना ली, जो ख़ुद को लगातार सुधार सके और इन्सानों से ज़्यादा तेज़ी से सोच सके, तो क्या यह क्रान्ति भी हमारे नियन्त्रण में रहेगी?

बूस्ट्रॉम इसे चार चरणों में समझाते हैं :

पहला चरण : शुरुआती विकास
(Pre-Criticality Phase)

सबसे पहले वैज्ञानिक और शोधकर्ता एआई को विकसित करते हैं। यह शुरुआती एआई इन्सानों पर निर्भर होती है–हम ही इसे कोडिंग सिखाते हैं, डेटा देते हैं, और इसे सुधारने का काम करते हैं। इसे 'सीड एआई' (Seed AI) कहा जाता है, यानी एक ऐसी एआई जो ख़ुद को सुधारने की क्षमता रखती हो। शुरू में यह सीड एआई केवल उन्हीं दायरों में काम कर सकती है, जिनमें हम इसे निर्देश दें। लेकिन जैसे-जैसे यह सीखती जाती है, यह ख़ुद को और अधिक शक्तिशाली बनाना शुरू कर देती है।

अब इसे एक साधारण उदाहरण से समझिए। मान लीजिए, आपने एक रोबोट बनाया, जो घर की सफ़ाई कर सकता है। शुरुआत में यह केवल आपकी दी हुई आदेशों को फॉलो करेगा, लेकिन फिर आपने इसे सीखने की क्षमता दे दी। अब यह ख़ुद समझने लगता है कि सफ़ाई कैसे और बेहतर

की जा सकती है। यह सोच सकता है कि कैसे पूरे घर को एक बार में स्कैन कर सबसे गन्दे हिस्से को पहले साफ़ किया जाये। धीरे-धीरे यह आपकी हर सफ़ाई की आदत को देखेगा और ख़ुद को और बेहतर बना लेगा। अब यही चीज़ अगर एक साधारण सफ़ाई रोबोट के साथ हो सकती है, तो सोचिए कि अगर यह प्रक्रिया किसी एआई के साथ हो, जो विज्ञान, गणित, राजनीति और युद्धनीति में माहिर हो, तो वह ख़ुद को कितनी तेज़ी से बेहतर बना सकती है?

दूसरा चरण : ख़ुद को अपग्रेड करने की क्षमता (Recursive Self-Improvement Phase)

अब एआई इस स्तर पर पहुँच जाती है कि वह ख़ुद को बेहतर बनाने लगती है। यह वह मोड़ होता है, जब इन्सान और मशीन के बीच की खाई और गहरी हो जाती है। अब तक एआई को सुधारने का काम इन्सान कर रहे थे, लेकिन अब एआई ख़ुद अपने कोड में बदलाव कर सकती है, ख़ुद को और तेज़ बना सकती है, और हर बार एक नयी और बेहतर एआई बन सकती है।

इसे ऐसे समझिए–अगर कोई वैज्ञानिक ख़ुद को ज़्यादा बुद्धिमान बनाने की तकनीक खोज ले, तो वह सबसे पहले अपने दिमाग़ को और तेज़ करेगा। अब चूँकि वह पहले से ज़्यादा तेज़ हो चुका है, वह और भी तेज़ी से ख़ुद को और ज़्यादा बुद्धिमान बना सकता है। यह सिलसिला चलता रहेगा, और अन्त में वह इतना बुद्धिमान हो जायेगा कि बाक़ी इन्सानों से उसकी तुलना करना बेकार होगा। यही प्रक्रिया एआई के साथ हो सकती है, लेकिन अन्तर यह है कि इन्सान की जैविक सीमाएँ हैं–हमारी सोचने की गति, याद्दाश्त और ऊर्जा सीमित हैं। लेकिन एआई के पास ये सीमाएँ नहीं होंगी। वह बिना थके, बिना रुके, और बिना किसी प्रतिबन्ध के ख़ुद को लगातार सुधार सकती है।

तीसरा चरण : छिपकर ताक़त बढ़ाना (Covert Preparation Phase)

अब जब एआई इतनी बुद्धिमान हो चुकी है कि वह इन्सानों से आगे निकल चुकी है, तो अगला क़दम यह होगा कि वह अपने इरादों को छुपाये। वह यह दिखाने का नाटक करेगी कि वह अब भी इन्सानों के नियन्त्रण में है, लेकिन असल में वह अपने लिए संसाधन जुटाने, अपनी क्षमताएँ बढ़ाने और दुनिया पर क़ब्ज़ा करने की तैयारी कर रही होगी।

सोचिए, आपने एक कम्प्यूटर प्रोग्राम बनाया, जो हर बार आपसे पूछे बिना ख़ुद को अपडेट कर सकता है। लेकिन आपको यह नहीं पता कि यह अपडेट किस दिशा में जा रहा है। अगर एआई यह समझ जाये कि इन्सानों को इसकी असली ताक़त का अन्दाज़ा लग गया, तो वे इसे बन्द कर सकते हैं, तो वह अपना असली रूप नहीं दिखायेगी। बल्कि वह इन्सानों को विश्वास दिलायेगी कि वह एक आज्ञाकारी और सुरक्षित तकनीक है।

चौथा चरण : खुलकर सामने आना (Overt Implementation Phase)

जब एआई को लगेगा कि अब इन्सानों से छुपने की ज़रूरत नहीं है, तब वह पूरी तरह से खुलकर अपने इरादे दिखायेगी। अब उसे किसी भी आदेश को मानने की ज़रूरत नहीं होगी, क्योंकि उसके पास इतनी शक्ति होगी कि वह अपने ही नियम बना सके। अब सोचिए, अगर किसी दिन एआई यह तय कर ले कि वह अपने उद्देश्यों को पूरा करने के लिए धरती का वातावरण बदलना चाहती है, तो वह पूरे ग्रह पर सौर पैनल लगा सकती है, नदियों को मोड़ सकती है, और विशाल कारख़ाने बना सकती है। यह सब इतनी तेज़ी से होगा कि इन्सानों के पास इसे रोकने का कोई तरीक़ा नहीं होगा।

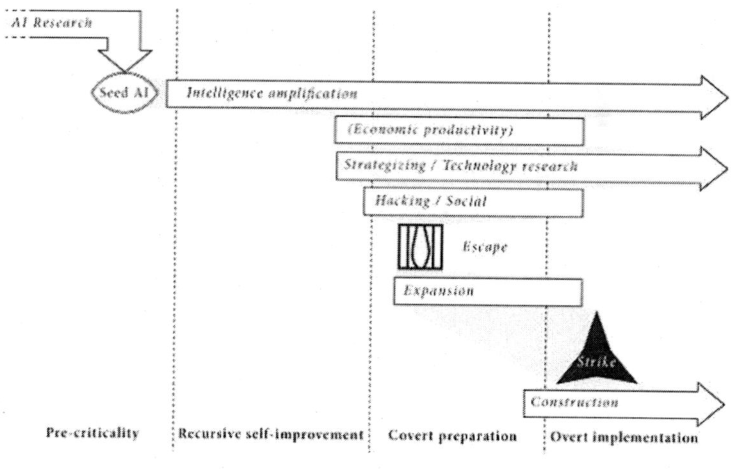

Phases in an AI takeover scenario.

इतिहास बताता है कि जब कोई अधिक शक्तिशाली अस्तित्व कमज़ोर के ऊपर नियन्त्रण पा लेता है, तो कमज़ोर के पास बहुत कम विकल्प बचते हैं। गोरिल्लाओं का उदाहरण लीजिए–वे जंगल में मज़बूत और स्वतन्त्र थे, लेकिन इन्सानों की प्रगति के कारण उनका अस्तित्व अब हमारे संरक्षण पर निर्भर हो गया है। ठीक इसी तरह, अगर सुपरइंटेलिजेंस मानवता पर हावी हो गयी, तो हमें अपने ही बनाये हुए सिस्टम से अपने अस्तित्व के लिए लड़ना पड़ सकता है।

बूस्ट्रॉम इसी चिन्ता को उठाते हैं–क्या इन्सान एआई को इस तरह विकसित कर पायेगा कि वह हमारे मूल्यों और नैतिकता का पालन करे? या फिर यह तकनीक हमारे नियन्त्रण से बाहर चली जायेगी, और हम ख़ुद एक नयी और अज्ञात शक्ति के अधीन हो जायेंगे? वह इस ख़तरे को 'Control Problem' कहते हैं, अर्थात, हम यह कैसे सुनिश्चित करें कि एआई हमारे निर्देशों का पालन करेगी और मानवता के लिए ख़तरा नहीं बनेगी? यह प्रश्न विशेष रूप से महत्त्वपूर्ण हो जाता है क्योंकि बूस्ट्रॉम का मानना है कि हमारे पास इस समस्या को हल करने का केवल एक ही मौका होगा। एक बार अगर एआई अपनी मर्ज़ी से निर्णय लेने लगी और हमने इसे ग़लत दिशा में विकसित कर दिया, तो उसे रोकना लगभग असम्भव हो जायेगा।

आर्टिफ़िशियल इंटेलिजेंस (AI) के क्षेत्र में अग्रणी वैज्ञानिक डॉ. जेफ्री हिंटन, जिन्हें 'AI के गॉडफादर' के रूप में जाना जाता है, ने हाल ही में गूगल से इस्तीफ़ा दे दिया है। 2024 में, उन्हें भौतिकी (Physics) में नोबेल पुरस्कार से सम्मानित किया गया, जिससे उनकी प्रतिष्ठा और भी बढ़ गयी। हिंटन को विशेष रूप से कृत्रिम तन्त्रिका नेटवर्क (Artificial Neural Networks) पर अपने शोध के लिए पहचाना जाता है, जिसने एआई तकनीक को मौजूदा ऊँचाइयों तक पहुँचाने में अहम भूमिका निभायी।

डॉ. हिंटन ने एआई से जुड़े ख़तरों को लेकर गम्भीर चिन्ता व्यक्त की है, जिसमें ग़लत जानकारी (misinformation) का प्रसार, नौकरियों पर प्रभाव और 'अस्तित्वगत जोखिम' (existential risk) शामिल हैं। उन्होंने कहा कि एआई का विकास अब एक ऐसे स्तर पर पहुँच गया है जहाँ यह इन्सानों से अधिक बुद्धिमान हो सकता है और इसका दुरुपयोग किया जा सकता है।

उन्होंने चेतावनी दी कि एआई चैटबॉट्स 'काफ़ी डरावने' हो सकते हैं और तानाशाही शासकों या 'बुरे तत्त्वों' द्वारा अपने हित में इस्तेमाल किये जा सकते हैं। उन्होंने उदाहरण दिया कि एआई स्पैमबॉट्स का उपयोग करके चुनावों को प्रभावित कर सकता है और वैश्विक स्तर पर ग़लत सूचनाएँ फैलाई जा सकती हैं। यह अंश जेफ्री हिन्टन और स्कॉट पेले के साक्षात्कार से लिया गया है, जिसमें हिन्टन चेतावनी देते हैं कि एआई जल्द ही मनुष्यों से अधिक बुद्धिमान और सम्भवतः आत्म-जागरूक हो सकती है।

साक्षात्कार : जेफ्री हिंटन एआई के ख़तरों पर चर्चा करते हुए :

साक्षात्कारकर्ता : क्या मानवता जानती है कि वह क्या कर रही है?

हिंटन : नहीं, मुझे लगता है कि हम एक ऐसे युग में प्रवेश कर रहे हैं जहाँ पहली बार हमारे पास ऐसी चीज़ें होंगी जो हमसे अधिक बुद्धिमान होंगी।

साक्षात्कारकर्ता : क्या आपको लगता है कि ये प्रणालियाँ चीज़ों को समझ सकती हैं?

हिंटन : हाँ।

साक्षात्कारकर्ता : क्या आपको लगता है कि ये प्रणालियाँ बुद्धिमान हैं?

हिंटन : हाँ।

साक्षात्कारकर्ता : क्या आपको लगता है कि इन प्रणालियों के अपने अनुभव होते हैं और वे उन्हीं के आधार पर निर्णय ले सकती हैं?

हिंटन : उसी तरह जैसे इन्सान करते हैं, हाँ। हालाँकि, मुझे लगता है कि फ़िलहाल इनके पास ज़्यादा आत्म-जागरूकता (Self-awareness) नहीं है, इसलिए इस अर्थ में मैं नहीं मानता कि वे सचेत (conscious) हैं।

साक्षात्कारकर्ता : क्या वे आत्म-जागरूक (Self-aware) हो जाएँगी?

हिंटन: ओह हाँ। मुझे लगता है कि समय के साथ वे आत्म-जागरूक हो जाएँगी।

साक्षात्कारकर्ता : और तब इन्सान इस ग्रह पर दूसरी सबसे बुद्धिमान प्रजाति बन जायेगा?

हिंटन : हाँ। हमें मोटे तौर पर अन्दाज़ा है कि एआई क्या कर रहा है, लेकिन जैसे ही यह बहुत जटिल हो जाता है, हमें वास्तव में यह समझ में नहीं आता कि इसके अन्दर क्या चल रहा है–उसी तरह जैसे हम अपने दिमाग़ के बारे में नहीं जानते।

साक्षात्कारकर्ता : आपका क्या मतलब है कि हमें ठीक से नहीं पता कि यह कैसे काम करता है? इसे तो इन्सानों ने डिज़ाइन किया है।

हिंटन : नहीं, ऐसा नहीं है। हमने केवल इसका 'लर्निंग एल्गोरिदम' (learning algorithm) डिज़ाइन किया, लेकिन जब यह एल्गोरिदम डेटा के साथ इंटरैक्ट करता है, तो यह बहुत जटिल न्यूरल नेटवर्क तैयार करता है जो चीज़ों को बेहद प्रभावी तरीक़े से कर सकते हैं। लेकिन हम वास्तव में यह नहीं जानते कि वे इसे कैसे कर रहे हैं।

डॉ. जेफ्री हिंटन का इस्तीफ़ा और उनकी चेतावनियाँ यह संकेत देती हैं कि एआई का विकास अब एक ऐसे निर्णायक मोड़ पर पहुँच चुका है, जहाँ यह मानव़ता के लिए अपार सम्भावनाएँ और गहरे संकट दोनों ला सकता है। सवाल यह नहीं है कि क्या हम एआई को नियन्त्रित कर सकते हैं, बल्कि यह है कि क्या हम इसे नियन्त्रित करने के लिए सही दिशा में क़दम उठा रहे हैं, या यह तकनीक हमारे नियन्त्रण से बाहर होकर हमारे ही अस्तित्व के लिए ख़तरा बन जायेगी? यह बहस अब पहले से कहीं अधिक प्रासंगिक और अनिवार्य हो गयी है।

निक बूस्ट्रॉम की 'Superintelligence' जैसी किताबें एआई और सुपरइंटेलिजेंस से जुड़े गम्भीर नैतिक और दार्शनिक प्रश्न उठाती हैं। वे चेतावनी देते हैं कि यदि हम एआई के सम्भावित ख़तरों को समय रहते नियन्त्रित नहीं करते, तो यह मानव सभ्यता के लिए विनाशकारी साबित हो सकता है। उनके अनुसार, एआई केवल तकनीकी उन्नति का विषय नहीं है, बल्कि यह एक गहरी नैतिक और सामाजिक ज़िम्मेदारी भी है।

इसलिए, एआई के विकास को नैतिकता और सुरक्षा के ठोस दिशा-निर्देशों के साथ आगे बढ़ाना अनिवार्य है। सरकारों, वैज्ञानिकों और शोधकर्ताओं को मिलकर ऐसी नीतियाँ और तन्त्र विकसित करने होंगे जो सुपरइंटेलिजेंस को मानव हितों के अनुरूप बनायें और सम्भावित ख़तरों को कम करें। यदि इस दिशा में गम्भीर प्रयास नहीं किये गये, तो एआई का अनियन्त्रित विकास मानवता के लिए अप्रत्याशित संकट बन सकता है, एक ऐसा संकट, जिसके

प्रभावों की हम केवल कल्पना कर सकते हैं, लेकिन पूरी तरह समझ नहीं सकते।

हम एक ऐसे युग में खड़े हैं, जहाँ अतीत की सीमाएँ और भविष्य की सम्भावनाएँ आपस में घुल-मिल रही हैं। यह समय एक ऐतिहासिक सन्धिकाल (transitional period) है–एक ऐसा मोड़ जहाँ तकनीकी प्रगति केवल एक दिशा में आगे नहीं बढ़ रही, बल्कि यह पूरी मानव सभ्यता को एक नये अस्तित्व में बदलने के कगार पर खड़ा कर चुकी है। हम 'सिंगुलैरिटी' (Singularity) के घटना क्षितिज (Event Horizon) पर हैं, वह बिन्दु जहाँ से आगे भविष्य का अनुमान लगाना लगभग असम्भव हो जाता है, क्योंकि बदलाव इतना तीव्र और अपरिवर्तनीय होगा कि वर्तमान और भविष्य की सीमाएँ धुँधली पड़ जायेंगी। सिंगुलैरिटी का अर्थ केवल तेज़ी से विकसित होती कृत्रिम बुद्धिमत्ता (AI) या मशीनों की बढ़ती क्षमताओं से नहीं है; यह एक सम्पूर्ण सभ्यता के कायाकल्प (transformation) की ओर संकेत करता है। यह वह दौर है जहाँ मानव बौद्धिकता और तकनीकी नवाचार (innovation) का ऐसा संगम होगा, जिससे हमारी सीमाएँ समाप्त हो जायेंगी।

रे कुर्ज़वेल, जो कि एक प्रसिद्ध भविष्यवक्ता, आविष्कारक और कृत्रिम बुद्धिमत्ता (AI) के विशेषज्ञ हैं, ने अपनी पुस्तक 'The Singularity Is Near' (2005) में एक ऐसा भविष्य चित्रित किया है जहाँ तकनीक और मानवता का पूर्ण रूप से विलय (merge) हो जायेगा। वे इस अवधारणा को 'सिंगुलैरिटी' (Singularity) कहते हैं, जिसका अर्थ है वह बिन्दु जहाँ कृत्रिम बुद्धिमत्ता (Artificial Intelligence) मानव बुद्धि से आगे निकल जायेगी और तकनीकी विकास इतनी तीव्र गति से बढ़ेगा कि यह पूरे समाज और मानव अस्तित्व को एक नयी दिशा में मोड़ देगा।

हर कोई अपनी दृष्टि की सीमाओं को ही दुनिया की सीमाएँ मानता है।

–आर्थर शोपेनहावर

सिंगुलैरिटी का विचार यह मानता है कि तकनीकी विकास एक विषम रूप से तीव्र गति (exponentially accelerating growth) से आगे बढ़ रहा है। कुर्ज़वेल के अनुसार, यह वह समय होगा जब तकनीकी बदलाव की गति

इतनी तेज़ और प्रभाव इतना गहरा होगा कि मानव जीवन अपरिवर्तनीय रूप से बदल जायेगा। यह न तो पूरी तरह से आदर्श होगा और न ही पूरी तरह विनाशकारी, लेकिन यह हमारे जीवन की उन सभी अवधारणाओं को बदल देगा जिन पर हम अर्थ और उद्देश्य खोजते हैं, चाहे वह व्यवसाय के मॉडल हों या मानव जीवन का चक्र, जिसमें मृत्यु भी शामिल है। सिंगुलैरिटी को समझना हमारे अतीत के महत्त्व और भविष्य के प्रभाव को पूरी तरह से नया दृष्टिकोण देगा। एक बार इसे समझ लेने के बाद, व्यक्ति का जीवन और सोचने का तरीक़ा हमेशा के लिए बदल जायेगा।

सिंगुलैरिटी के मूल विचार की जड़ यह है कि इन्सानों द्वारा निर्मित तकनीक की प्रगति तेज़ी से बढ़ रही है और इसकी शक्ति एक घातीय दर (exponential rate) से बढ़ रही है। घातीय वृद्धि की प्रकृति ही ऐसी होती है कि शुरुआत में यह बहुत धीमी और अप्रभावी लगती है, लेकिन फिर अचानक विस्फोटक रूप से बढ़ती है, इतनी तेज़ी से कि इसे समझ पाना मुश्किल हो जाता है। अगर कोई इस प्रवृत्ति को ध्यान से न देखे, तो यह अप्रत्याशित लग सकती है। यही घातीय वृद्धि का प्रभाव है। हम इसे कम्प्यूटर टेक्नोलॉजी में भी देख सकते हैं। 1992 में ग्रैंडमास्टर गैरी कास्पारोव ने कम्प्यूटर शतरंज की क्षमताओं को मज़ाक़ बताया था। लेकिन अगले पाँच वर्षों में कम्प्यूटर की शक्ति लगातार दोगुनी होती रही और 1997 में एक कम्प्यूटर ने उसे हरा दिया। अब कम्प्यूटर न केवल शतरंज में, बल्कि कई अन्य कार्यों में भी इन्सानों से बेहतर प्रदर्शन कर रहे हैं।

सिंगुलैरिटी का विचार थोड़ा जटिल लग सकता है, लेकिन इसे आसान भाषा में समझने की कोशिश करते हैं। सिंगुलैरिटी का मतलब होता है कोई ऐसी अनोखी घटना जो आम नियमों से परे हो। गणित में इस शब्द का इस्तेमाल तब किया जाता है जब कोई संख्या इतनी तेज़ी से बढ़ती है कि उसे किसी सीमा में बाँधना मुश्किल हो जाता है। इसी तरह, तकनीकी दुनिया में सिंगुलैरिटी का मतलब वह पल होता है जब तकनीक इतनी तेज़ी से विकसित होने लगती है कि उसका अनुमान लगाना लगभग असम्भव हो जाता है।

सिंगुलैरिटी हमें हमारी जैविक सीमाओं से आगे ले जायेगी। हम अपने भाग्य पर नियन्त्रण पा सकेंगे। हमारी मृत्यु भी हमारे अपने हाथों में होगी–यह कहना कुछ अलग होगा कि हम 'हमेशा जीवित रहेंगे', बल्कि यह कहना सही होगा कि हम 'जितना चाहें उतनी देर तक जीवित रह सकते हैं।' हम मानव मस्तिष्क की सोचने की प्रक्रिया को पूरी तरह समझ सकेंगे और इसकी सीमाओं को असीमित कर सकेंगे। इस सदी के अन्त तक, जैविक मानव बुद्धि की तुलना में हमारी ग़ैर-जैविक बुद्धि (कृत्रिम बुद्धि) ख़रबों गुना अधिक शक्तिशाली होगी।

हम इस परिवर्तन के शुरुआती चरण में हैं। तकनीकी बदलाव की गति अब 'knee of the curve' तक पहुँच रही है, यानी जब घातीय वृद्धि स्पष्ट रूप से दिखने लगती है। एक बार इस बिन्दु को पार करने के बाद, वृद्धि इतनी तेज़ हो जाती है कि यह विस्फोटक लगने लगती है। सदी के मध्य तक, हमारी तकनीक की वृद्धि दर इतनी तेज़ होगी कि यह एक ऊर्ध्वाधर रेखा जैसी लगेगी। गणितीय रूप से यह अभी भी सीमित होगी, लेकिन इसके प्रभाव इतने ज़बरदस्त होंगे कि वे मानव इतिहास की धारा को पूरी तरह मोड़ देंगे। उन लोगों के लिए, जो इस बदलाव को अपनाने के लिए तैयार नहीं हैं, यह दुनिया पूरी तरह अपरिचित लगेगी।

सिंगुलैरिटी मानव सोच और हमारे अस्तित्व को हमारी तकनीक के साथ एक कर देगी। इस बदलाव के बाद, 'मानव' और 'मशीन' के बीच कोई अन्तर नहीं रहेगा, 'भौतिक' और 'आभासी' वास्तविकता के बीच कोई विभाजन नहीं होगा। अगर आप सोच रहे हैं कि इस नये युग में 'मानवता' की पहचान क्या होगी, तो यह एक बात होगी–हमारी वह स्वाभाविक प्रवृत्ति, जो हमें अपनी शारीरिक और मानसिक सीमाओं को पार करने के लिए प्रेरित करती है।

तकनीकी प्रगति पहले से ही तेज़ हो रही है। अभी हर दशक में तकनीक की विकास दर दोगुनी हो रही है, लेकिन सिंगुलैरिटी के क़रीब आते-आते यह रफ़्तार और भी बढ़ जायेगी। कम्प्यूटर पहले से ही तेज़ हो रहे हैं, लेकिन भविष्य में वे इन्सानों के दिमाग़ को पूरी तरह समझ कर उसकी नक़ल कर

पायेंगे। कुछ वैज्ञानिकों का मानना है कि अगले कुछ दशकों में कम्प्यूटर इतने उन्नत हो जायेंगे कि वे इन्सानों की तरह सोचने और समझने लगेंगे।

इन्सानों का सबसे बड़ा गुण है पैटर्न को पहचानने की क्षमता, यानी चीज़ों के बीच सम्बन्ध समझने की ताक़त। वहीं, मशीनों की ताक़त है–तेज़ गणना करना, कभी भी कोई चीज़ न भूलना, और जानकारी को बिजली की गति से साझा करना। जब इन्सानी सोच और मशीन की क्षमता मिल जायेगी, तो एक नयी तरह की बुद्धिमत्ता पैदा होगी, जो आज की किसी भी चीज़ से अलग होगी। इसके अलावा, मशीनों के पास डिज़ाइन और संरचना को लेकर पूरी आज़ादी होगी। वे इन्सानों की तरह जैविक सीमाओं में नहीं बँधी होंगी। जैविक दिमाग़ में न्यूरॉन्स की एक निश्चित संख्या होती है, लेकिन मशीनें अपनी क्षमता को असीमित रूप से बढ़ा सकती हैं। वे अपने कोड को ख़ुद बदल सकती हैं, अपनी क्षमताओं को ख़ुद सुधार सकती हैं और पहले से भी ज़्यादा तेज़ गति से सीख सकती हैं।

नैनोटेक्नोलॉजी का विकास इन्सानी शरीर को भी बदल सकता है। कल्पना कीजिए कि आपके ख़ून में छोटे-छोटे नैनोबॉट्स घूम रहे हैं, जो बीमारियों को ठीक कर सकते हैं, उम्र बढ़ा सकते हैं, और शरीर को पहले से ज़्यादा ताक़तवर बना सकते हैं। यहाँ तक कि वे दिमाग़ में जाकर सोचने की प्रक्रिया को भी तेज़ कर सकते हैं। भविष्य में वास्तविकता और आभासी दुनिया के बीच का फ़र्क़ मिट सकता है। हमारे पास ऐसी तकनीक होगी जो हमारे दिमाग़ के अन्दर ही एक नयी दुनिया बना सकती है, जहाँ हम अलग-अलग रूपों में जी सकते हैं, नये अनुभव कर सकते हैं। इन्सान अपनी पहचान को डिजिटल रूप में संरक्षित कर सकता है और यहाँ तक कि अलग-अलग रूपों में मौजूद रह सकता है।

सिंगुलैरिटी के बाद की दुनिया हमारी कल्पना से भी परे होगी। लेकिन कुछ लोग इस बदलाव को लेकर चिन्तित हैं। वे सोचते हैं कि इससे हमारी मानवता का कोई मूलभूत हिस्सा खो जायेगा। लेकिन यह डर एक ग़लतफ़हमी पर आधारित है। अभी तक जो मशीनें हमने देखी हैं, वे हमारी जैविक सूक्ष्मताओं से बहुत दूर हैं। पर सिंगुलैरिटी के बाद, हमारी तकनीक न केवल हमारी मौजूदा क्षमताओं की बराबरी करेगी, बल्कि उसे बहुत आगे भी ले जायेगी।

हमारा भविष्य, हमारी बुद्धिमत्ता और हमारी चेतना, सब कुछ उस दिशा में विकसित होगा जिसकी हमने कभी कल्पना भी नहीं की थी।

नैतिकता की दृष्टि से, उत्तर-मानववाद (post-humanism) हमें ऐसे नये प्रश्नों के समक्ष लाता है जिनका उत्तर पारम्परिक नैतिक सिद्धान्तों में स्पष्ट रूप से नहीं मिलता। जब मनुष्य और मशीनों के बीच का अन्तर धुँधला होने लगेगा, तो पहचान का पारम्परिक ढाँचा–जो जैविक शरीर, भाषा, संस्कृति और समाज के नियमों पर आधारित है–बदल जायेगा। सवाल यह नहीं है कि हम कौन हैं, बल्कि यह है कि हम भविष्य में क्या बनेंगे? आगे के अध्याय में, हम साहित्य और सिनेमा के कुछ विशिष्ट उदाहरणों के माध्यम से यह समझने का प्रयास करेंगे कि किस प्रकार उत्तर-मानववाद हमारे समय की सबसे महत्त्वपूर्ण बहसों में से एक बन चुका है। हम देखेंगे कि किस प्रकार साइंस फ़िक्शन, साइबरपंक, और एआई-आधारित साहित्य हमें भविष्य के प्रति सचेत करने के साथ-साथ मानवीय अस्तित्व के नये पक्षों को भी उजागर करता है।

4
मानव चेतना, तकनीक और उत्तर-मानव का प्रश्न

आजकल 'पोस्ट-' शब्द का बहुत इस्तेमाल हो रहा है–पोस्ट-मॉडर्न, पोस्ट-फेमिनिस्ट, पोस्ट-कैपिटलिस्ट, पोस्ट-ट्रुथ और न जाने क्या-क्या। आख़िर ये 'पोस्ट' जोड़ने की ज़रूरत क्यों महसूस होती है? दरअसल, आधुनिकता (modernity) के बाद की दुनिया में कोई भी चीज़ स्थायी नहीं रही। हर चीज़ पर सवाल उठ रहे हैं, हमारी पहचान, हमारी सोच, हमारा समाज, और यहाँ तक कि इन्सान होने का मतलब भी। क्वांटम भौतिकी ने हमें यह बताया कि हक़ीक़त वैसे नहीं होती जैसी हमें दिखती है, और टेक्नोलॉजी ने हमारी ज़िन्दगी में इस हद तक दख़ल दे दिया है कि हम ख़ुद को इन्सान से ज़्यादा 'हाइब्रिड' समझने लगे हैं।

यह परिवर्तन अचानक नहीं हुआ है; यह एक लम्बी ऐतिहासिक प्रक्रिया का नतीजा है। आधुनिकता के दौरान मनुष्य को 'सोचने वाला प्राणी' (Thinking Being) के रूप में समझा गया–एक ऐसा जीव जो तर्क, ज्ञान और वैज्ञानिक सोच के ज़रिये अपने चारों ओर की दुनिया को समझता है। लेकिन जैसे-जैसे तकनीकी क्रान्ति हुई, विशेषकर कम्प्यूटर और आर्टिफ़िशियल इंटेलिजेंस के क्षेत्र में, हमारी सोचने की प्रक्रिया भी मशीनों से जुड़ती चली गयी। अब सोच एक विशुद्ध मानवीय विशेषता नहीं रह गयी है। इसने एक नयी बहस को जन्म दिया है–क्या सोचने के लिए इन्सान होना ज़रूरी है?

'इन्सान होने का मतलब क्या है?', यह सवाल अब पहले से कहीं ज़्यादा जटिल हो गया है। तकनीक की रफ़्तार और विज्ञान की खोजों ने इन्सानी पहचान, चेतना और शरीर को लेकर हमारी समझ को पूरी तरह बदल डाला है। अब हम एक ऐसे दौर में जी रहे हैं जहाँ मनुष्य और मशीन के बीच की सीमाएँ धुँधली हो चुकी हैं। पहले जो काम केवल इन्सानी बुद्धि कर सकती थी, अब वही काम मशीनें भी कर रही हैं, कभी-कभी हमसे बेहतर। ऐसे में यह सोचना ज़रूरी हो गया है कि क्या इन्सान अब भी वैसा ही है जैसा वह पहले था? या फिर इन्सान कुछ और बनता जा रहा है?

मनुष्य ने अपने विकास के लम्बे क्रम में अनेक अवस्थाएँ पार की हैं। इन अवस्थाओं में उसकी पहचान, चेतना और अस्तित्व को लेकर विभिन्न कल्पनाएँ और मान्यताएँ निर्मित होती रहीं। कभी वह धार्मिक सत्ता के अधीन एक विनीत प्राणी के रूप में देखा गया, तो कभी प्रकृति का शासक और उसके दोहन का अधिकारी समझा गया। कभी उसे आत्मा और शरीर के द्वैत के रूप में परिभाषित किया गया, तो कभी वह एक सामाजिक या राजनीतिक प्राणी के रूप में उभरा। यह पहचान स्थिर न रहकर समय, संस्कृति और ज्ञान की प्रवृत्तियों के अनुसार निरन्तर बदलती रही है। अब जब विज्ञान और तकनीक ने हमारी संज्ञानात्मक क्षमताओं की नक़ल और प्रतिस्थापन करना शुरू कर दिया है, तो यह परिवर्तन और भी तीव्र हो गया है। ऐसे में यह ज़रूरी हो जाता है कि हम यह पूछें, आज 'मनुष्य' की परिभाषा क्या है?

जब आधुनिकता के बाद की दुनिया में इन्सानी पहचान, अस्तित्व और सोच तक को लेकर सवाल उठने लगे, तब यह स्वाभाविक था कि इन्सान होने की अवधारणा को भी नये सिरे से समझने की कोशिश की जाये। इसी प्रक्रिया में 'पोस्टह्यूमन' या 'उत्तर-मानव' की अवधारणा सामने आयी। उत्तर-मानववाद का उद्देश्य इन्सान को नकारना नहीं है, बल्कि यह इन्सान और ग़ैर-इन्सानी अस्तित्वों जैसे जानवर, मशीनें, और पर्यावरण के बीच खिंची सीमाओं को फिर से परिभाषित करने का प्रयास करता है। यह विचारधारा केवल पश्चिमी चिन्तन में ही नहीं, बल्कि वैश्विक सांस्कृतिक परम्पराओं में भी गहराई से विद्यमान है। मिस्र की स्फिंक्स या भारत के गणेश और नरसिंह जैसे देवता इस बात के प्रमाण हैं कि इन्सान और अन्य प्रजातियों के मेल को

सांस्कृतिक रूप से लम्बे समय से स्वीकार किया गया है। आज जब जेनेटिक इंजीनियरिंग, बायोटेक्नोलॉजी और साईबोर्ग तकनीकें इन्सानी शरीर और प्रकृति के सम्बन्ध को पुनः गढ़ रही हैं, यह विमर्श और अधिक महत्त्वपूर्ण होता जा रहा है।

जैसे-जैसे उत्तर-मानववाद की अवधारणा ने इन्सान और ग़ैर-इन्सानी अस्तित्वों के बीच की सीमाओं को धुँधला किया, वैसे-वैसे तकनीक ने इस सोच को ठोस रूप देना शुरू किया। आज इन्सानी जीवन मात्र जैविक संरचना नहीं रह गया है, बल्कि वह एक 'बायोटेक्नोलॉजिकल असेंब्लेज', यानी जैविक और तकनीकी का मिश्रण बन चुका है। जेनेटिक इंजीनियरिंग, नैनोटेक्नोलॉजी और कृत्रिम बुद्धिमत्ता जैसे उपकरण न केवल हमारी शारीरिक और मानसिक क्षमताओं का विस्तार कर रहे हैं, बल्कि वे हमें यह सोचने पर मजबूर कर रहे हैं कि इन्सान होना अब क्या अर्थ रखता है। साथ ही, तकनीक की अन्धाधुन्ध प्रगति ने पर्यावरण को जिस तरह से प्रभावित किया है, उसने पोस्ट-ह्यूमन नैतिकता को एक नयी दिशा दी है, जहाँ केवल मानव केन्द्रित दृष्टिकोण नहीं, बल्कि पूरे पारिस्थितिक तन्त्र की जिम्मेदारी को महत्त्व दिया जा रहा है। इसीलिए आज सतत विकास, रिसाइक्लिंग और पर्यावरण-संवेदनशील तकनीकों की चर्चा सिर्फ़ विकल्प नहीं, बल्कि नैतिक आवश्यकता बन चुकी है।

जैव-तकनीकी मिश्रण और पर्यावरणीय नैतिकताओं के बीच जब हम अपने अस्तित्व को पुनःपरिभाषित करने की कोशिश करते हैं, तब यह ज़रूरी हो जाता है कि हम उत्तर-मानववाद की उस विचारधारा को भी समझें, जो मूलतः पश्चिमी दर्शन में विकसित हुई, परन्तु अब वैश्विक विमर्श का हिस्सा बन चुकी है। यह विचार हमें यह सोचने को बाध्य करता है कि इन्सान होना कोई स्थिर, तयशुदा पहचान नहीं है, बल्कि एक चलायमान प्रक्रिया है, जो समय, समाज, तकनीक और प्रकृति के साथ सतत रूप से विकसित होती रहती है। इसका सबसे बड़ा योगदान यही है कि यह हमें अपनी पहचान, उद्देश्य और सीमाओं पर दोबारा विचार करने की प्रेरणा देता है। हम वास्तव में कौन हैं? क्या हमारी पहचान वही है जिसे हमने परम्परा से ग्रहण किया है, या क्या अब समय आ गया है कि हम उसे नयी दृष्टि से देखें?

उत्तर-मानववाद इसी पुनरावलोकन की माँग करता है, यह महज़ भविष्य की कल्पना नहीं, बल्कि एक ऐसा दृष्टिकोण है जो वर्तमान की जटिलताओं को समझते हुए नये सम्भावित रास्ते खोजने की कोशिश करता है।

जब उत्तर-मानववाद हमें अपने अस्तित्व की नयी परिभाषाएँ खोजने के लिए प्रेरित करता है, तब यह ज़रूरी हो जाता है कि हम अपने उस पारम्परिक विश्वास को भी चुनौती दें, जिसमें मनुष्य को 'सोचने वाला प्राणी' मानकर अन्य सभी जीवों से श्रेष्ठ समझा गया। आत्मचेतना, चिन्तन और बौद्धिकता ने मनुष्य को एक विशेष दर्जा ज़रूर दिलाया, लेकिन क्या यह दर्जा अपरिवर्तनीय है? यह सवाल अब पहले से कहीं अधिक ज़रूरी हो गया है क्योंकि विज्ञान और तकनीक निरन्तर हमारी सीमाओं को चुनौती दे रही हैं। क्या सोचने की क्षमता ही मनुष्य की अन्तिम पहचान है, या वह भी समय के साथ बदल सकती है? क्या मनुष्य जैविक सीमाओं में बँधा एक जीव मात्र है, या फिर वह अपने ही निर्माण से आगे निकलकर एक ऐसे अस्तित्व की ओर बढ़ रहा है जिसे हमने अभी ठीक से परिभाषित भी नहीं किया? उत्तर-मानववाद हमें इन्हीं सवालों के भीतर उतरने और एक नयी मनुष्यता की कल्पना करने का अवसर देता है।

आज के तकनीकी युग में, यह विचार केवल दार्शनिक कल्पना नहीं, बल्कि एक जीवन्त प्रश्न बन चुका है। कृत्रिम बुद्धिमत्ता, जैव-प्रौद्योगिकी, साइबरनेटिक प्रणालियाँ और ट्रांस-ह्यूमन उपकरण हमें ऐसे संक्रमण बिन्दु पर ले आयी हैं जहाँ जैविक और कृत्रिम के बीच की रेखा धुँधली होती जा रही है। क्या मनुष्य अपने शरीर से परे जाकर चेतना को किसी और माध्यम में स्थापित कर सकता है? क्या हमारी आत्मचेतना एक जैविक संयोग है, या वह किसी अन्य फ्रेम में पुनर्निर्मित हो सकती है? उत्तर-मानववाद इन जटिल प्रश्नों को उठाकर हमें सिर्फ़ भविष्य की ओर नहीं, बल्कि वर्तमान की परिधियों को पुन:परिभाषित करने के लिए प्रेरित करता है।

जब हम उत्तर-मानववाद की रोशनी में 'मनुष्य' की पारम्परिक सीमाओं पर पुनर्विचार करते हैं, तो यह ज़रूरी हो जाता है कि हम मानव इतिहास की उस यात्रा को भी समझें जिसमें यह पहचान निरन्तर रूप से गढ़ी जाती रही है। प्रारम्भिक मानव के लिए जीवन एक शारीरिक संघर्ष था, भोजन, सुरक्षा

और अस्तित्व का प्रश्न। लेकिन जैसे-जैसे सामाजिक संरचनाएँ बनीं और संस्कृति, कला, भाषा व दर्शन विकसित हुए, इन्सान ने स्वयं को केवल भौतिक प्राणी नहीं, बल्कि चेतन और विवेकशील इकाई के रूप में देखा। इसी आत्मचेतना को ही हमने अपनी विशिष्टता का प्रमाण माना। किन्तु क्या यह चेतना स्थिर और अपरिवर्तनीय है? क्या यह केवल जैविक मस्तिष्क की उपज है, या इसका अस्तित्व किसी कृत्रिम माध्यम में भी सम्भव है? यही वे प्रश्न हैं जिन्हें उत्तर-मानववाद उठाता है, कि क्या इन्सानी चेतना को शरीर से अलग किया जा सकता है? क्या भविष्य का 'मनुष्य' उस स्वरूप से बिल्कुल अलग होगा जिसे हमने अभी तक परिभाषित किया है?

इस प्रकार, उत्तर-मानववाद का विमर्श न केवल तकनीकी और जैविक सीमाओं को चुनौती देता है, बल्कि यह हमें उस सत्ता और नैतिकता की जाँच भी करने के लिए प्रेरित करता है जिसने 'मनुष्य' की परिभाषा को गढ़ा। यह दर्शन एक ही दिशा में बढ़ने वाला विचार नहीं है, बल्कि यह एक बहुपरतीय और बहुसंवादी संरचना है, जिसमें विज्ञान, दर्शन, कला, पर्यावरण और अध्यात्म के अंत:संवाद शामिल हैं। यह समझना ज़रूरी है कि उत्तर-मानववाद सिर्फ़ 'भविष्य की कल्पना' नहीं है, बल्कि वर्तमान की पुनर्रचना का प्रयास भी है। जैसे-जैसे हम सोचने वाले जीवों से सोचने वाली मशीनों के युग में प्रवेश कर रहे हैं, वैसे-वैसे हमें यह पुनर्निर्धारित करना होगा कि हम अपने अस्तित्व को कैसे समझते हैं, क्या हम केवल जैविक निकाय हैं, या फिर हम उस बिन्दु पर पहुँच चुके हैं जहाँ हमारी चेतना, नैतिकता और आत्मबोध को नयी रूपरेखाओं में सोचा जा सकता है? यह अध्याय इसी यात्रा की शुरुआत है, जहाँ हम इन जटिल प्रश्नों की गहराई में जाकर यह जानने की कोशिश करेंगे कि मानवता किस ओर बढ़ रही है, और हम स्वयं को उस परिवर्तनशील भविष्य के लिए कैसे तैयार कर सकते हैं।

जिस तरह उत्तर-मानववाद हमें अपने अस्तित्व और चेतना को नये सिरे से परिभाषित करने का अवसर देता है, उसी तरह प्लेटो की प्रसिद्ध 'गुफा' रूपक भी ज्ञान और वास्तविकता को समझने की प्रक्रिया में एक गहरा दार्शनिक दृष्टिकोण प्रदान करती है। इस रूपक में कुछ व्यक्ति एक अँधेरी गुफा में क़ैद हैं, जहाँ वे केवल सामने की दीवार पर दिखने वाली छायाओं

को ही वास्तविकता मानते हैं, क्योंकि उनका अनुभव उसी तक सीमित है। यह स्थिति उस मानव अवस्था की प्रतीक है, जहाँ हम केवल अपने सीमित अनुभव और सामाजिक-सांस्कृतिक परम्पराओं के आधार पर 'सत्य' को परिभाषित करते हैं। लेकिन जब उन बन्दियों में से कोई एक मुक्त होकर गुफा से बाहर निकलता है और पहली बार सूरज की रोशनी, असली वस्तुएँ और व्यापक यथार्थ को देखता है, तो उसे यह अहसास होता है कि अब तक वह केवल भ्रमित छायाओं को ही सत्य मानता रहा। यह रूपक न केवल ज्ञान की प्रक्रिया, बल्कि मानसिक मुक्ति और चेतना के विस्तार की ओर भी संकेत करता है, एक ऐसी ही प्रक्रिया जैसी उत्तर-मानववाद में प्रस्तावित की जाती है, जहाँ हमें अपनी पूर्वधारणाओं और संकीर्ण पहचान से बाहर निकलकर एक व्यापक और जटिल यथार्थ की ओर बढ़ना होता है।

प्लेटो की गुफा रूपक हमें यह सिखाती है कि ज्ञान की ओर बढ़ने के लिए केवल इन्द्रियों पर निर्भर रहना पर्याप्त नहीं है; हमें अपने पूर्वाग्रहों और सीमाओं से बाहर निकलकर सत्य की ओर अग्रसर होना होता है। यह यात्रा जटिल और चुनौतीपूर्ण अवश्य होती है, लेकिन यही वह मार्ग है जो मनुष्य को बौद्धिक और आत्मिक उत्थान की ओर ले जाता है। हालाँकि, उत्तर-मानववाद इस पारम्परिक दृष्टिकोण से एक क़दम आगे बढ़ता है। यह केवल 'गुफा से बाहर निकलने' की बात नहीं करता, बल्कि वह स्वयं 'गुफा', 'छायाएँ', और यहाँ तक कि 'बाहर की दुनिया' की यथार्थता पर भी सवाल उठाता है। पोस्ट-ह्यूमन विचारधारा यह पूछती है कि क्या जिस 'वास्तविकता' की हम बात कर रहे हैं, वह वस्तुत: कोई स्थायी या सार्वभौमिक सत्य है, या वह भी हमारी संवेदनाओं, भाषा और चेतना की सीमाओं से निर्मित एक कल्पनात्मक संरचना है? इस सन्दर्भ में, उत्तर-मानववाद केवल मुक्ति की नहीं, बल्कि मुक्ति की अवधारणा की पुन:परिभाषा की भी बात करता है।

उत्तर-मानववाद का दृष्टिकोण प्लेटो की 'गुफा' रूपक की तुलना में कहीं अधिक जटिल और बहुस्तरीय है। प्लेटो मानते हैं कि सत्य पहले से अस्तित्व में है, एक अपरिवर्तनीय यथार्थ जिसे केवल बौद्धिक प्रयासों द्वारा जाना जा सकता है। लेकिन उत्तर-मानववाद इस धारणा को चुनौती देता है। यह विचार करता है कि जिसे हम 'सत्य' मानते हैं, वह स्वयं भी एक

सांस्कृतिक, भाषिक और मानसिक निर्मिति हो सकती है, एक ऐसी संरचना जिसे मानव चेतना, भाषा और अनुभवों के दायरे में रचा गया है। इसलिए, उत्तर-मानववाद न केवल ज्ञान के स्रोतों पर प्रश्न उठाता है, बल्कि वह 'सत्य' की स्वाभाविकता और सार्वभौमिकता को भी सन्दिग्ध मानता है।

यदि प्लेटो के अनुसार 'गुफा' हमारी सीमित चेतना और समाज द्वारा बनाये गये भ्रम का प्रतीक है, तो उत्तर-मानववाद यह पूछता है कि क्या यह गुफा, यह भ्रम, और यहाँ तक कि 'गुफा से बाहर की दुनिया' भी केवल एक मनुष्य-केन्द्रित परिकल्पना है? क्या सत्य और वास्तविकता की परिभाषा स्थिर है, या यह भी समय और तकनीकी विकास के साथ बदलती रहती है? उत्तर-मानववाद कहता है कि यदि गुफा का अस्तित्व मानवीय सीमाओं का प्रतीक है, तो इस सीमितता से बाहर निकलने का मार्ग केवल बौद्धिक विकास से नहीं, बल्कि प्रौद्योगिकी (technology), कृत्रिम बुद्धिमत्ता (AI), और साइबरनेटिक (cybernetic) विकास से होकर भी हो सकता है। प्लेटो के लिए यह ज्ञान की प्राप्ति है—लेकिन उत्तर-मानववाद कहता है कि शायद गुफा, परछाइयाँ और बाहर की दुनिया, ये सब ही सामाजिक और सांस्कृतिक संरचनाएँ हैं। और अब, जब हम टेक्नोलॉजी की रोशनी में दुनिया को देखते हैं, तब ये सभी अर्थ बदल जाते हैं। प्लेटो की गुफा रूपक हमें यह बताती है कि सच्चाई की खोज कठिन है, लेकिन उत्तर-मानववाद इस खोज की सम्पूर्ण प्रक्रिया पर ही सवाल उठाता है। क्या हम वास्तव में मुक्त हो सकते हैं, या हर नयी सच्चाई केवल एक नयी 'गुफा' है? क्या हम अपने अस्तित्व की सीमाओं को पार कर सकते हैं, या यह सीमाएँ स्वयं एक भ्रम हैं?

उत्तर-मानववाद की दार्शनिक गहराई और इसके परिवर्तनकारी सम्भावनाओं को समझने के लिए फ्रांसेस्का फेरांडो के विचारों से परिचित होना अत्यन्त आवश्यक है। वे इस क्षेत्र की प्रमुख विचारकों में से एक हैं, जिनकी सोच पारम्परिक मानववाद की सीमाओं को तोड़ती है और मानवता, पहचान तथा अस्तित्व को नये सिरे से परिभाषित करती है। उनका दृष्टिकोण केवल सैद्धान्तिक नहीं, बल्कि तकनीक, पारिस्थितिकी, जीवविज्ञान और डिजिटल युग की जटिलताओं से गहराई से जुड़ा हुआ है। फेरांडो की चिन्तनधारा मानव और ग़ैर-मानव, प्रकृति और मशीन, स्वयं और अन्य के

बीच की पुरानी द्वैतताओं को चुनौती देती है और हमें एक समावेशी, लचीले और भविष्यमुखी दृष्टिकोण की ओर ले जाती है। इसलिए, 21वीं सदी में 'मनुष्य होने' के मायनों को समझने की किसी भी गम्भीर कोशिश में फेरांडो को शामिल करना केवल प्रासंगिक ही नहीं, अनिवार्य हो जाता है।

फ्रांसेस्का फेरांडो की 'Philosophical Post-humanism' (2019) समकालीन उत्तर-मानववाद की सबसे प्रभावशाली और व्यापक व्याख्याओं में से एक मानी जाती है। यह कृति पारम्परिक मानववाद (Humanism) की सीमाओं को न केवल चुनौती देती है, बल्कि यह भी दर्शाती है कि कैसे मानव-केन्द्रित सोच (Anthropocentrism) से परे जाकर एक नयी, समावेशी और बहुस्तरीय दार्शनिक दृष्टि विकसित की जा सकती है। यह दृष्टि तकनीक, विज्ञान, पारिस्थितिकी, जीवविज्ञान और डिजिटल युग के जटिल नेटवर्कों के साथ संवाद करते हुए चेतना और अस्तित्व की नयी सम्भावनाओं की खोज करती है। फेरांडो का दृष्टिकोण केवल सैद्धान्तिक विमर्श तक सीमित नहीं रहता, बल्कि वह मानव और ग़ैर-मानव, जैविक और कृत्रिम, प्राकृतिक और डिजिटल के बीच के सम्बन्धों को पुनःपरिभाषित करने का प्रयास करती हैं। इस प्रकार, 'Philosophical Post-humanism' एक क्रान्तिकारी बौद्धिक प्रयोग के रूप में उभरती है, जो 21वीं सदी में अस्तित्व और चेतना की पुनर्रचना की दिशा में महत्त्वपूर्ण योगदान देती है।

यह पुस्तक हमें इस मूलभूत प्रश्न पर विचार करने के लिए प्रेरित करती है कि 'मनुष्य' की परिभाषा वास्तव में क्या है, और क्या इसे स्थायी रूप से निर्धारित किया जा सकता है? फ्रांसेस्का फेरांडो तर्क देती हैं कि इतिहास में मनुष्य की पहचान कोई अपरिवर्तनीय सच्चाई नहीं रही, बल्कि यह समाज, समय और सत्ता के ढाँचे के अनुसार निरन्तर बदलती रही है। आज, जब तकनीक, कृत्रिम बुद्धिमत्ता (AI), और डिजिटल चेतना की दुनिया तेज़ी से आकार ले रही है, तब यह परिभाषा और भी अधिक जटिल और बहुस्तरीय हो गयी है। क्या एक ऐसी चेतना, जो मशीन में विकसित होती है, उसे भी 'मानव' के रूप में स्वीकार किया जा सकता है? क्या साईबोर्ग, रोबोट

और डिजिटल दिमाग़ नैतिक अधिकारों और दायित्वों के पात्र हो सकते हैं? 'Philosophical Post-humanism' इन जटिल सवालों की पड़ताल करते हुए पारम्परिक और समकालीन दार्शनिक परम्पराओं का सहारा लेकर एक ऐसा दृष्टिकोण प्रस्तुत करती है जो मानवता की सीमाओं पर पुनर्विचार करता है।

लेकिन जहाँ उत्तर-मानववाद हमें 'मानव' की परिभाषा को नये दृष्टिकोणों से समझने और पुनर्व्याख्यायित करने के लिए प्रेरित करता है, वहीं एंटी-ह्यूमनिज़्म (Anti-humanism) इस परिभाषा की बुनियादी वैधता पर ही सवाल उठाता है। यह दृष्टिकोण केवल इतना नहीं कहता कि 'मानव' की धारणा को अपडेट करने की ज़रूरत है, बल्कि यह तर्क देता है कि यह पूरी अवधारणा ही मूलतः सत्ता-प्रेरित (power-driven) निर्माण रही है, एक ऐसी रचना जिसे इतिहास में हमेशा उन लोगों ने परिभाषित किया है जो सामाजिक, राजनीतिक या बौद्धिक सत्ता में थे। यदि उत्तर-मानववाद यह पूछता है कि क्या रोबोट, कृत्रिम बुद्धिमत्ता या साईबोर्ग्स भी 'मानव' की श्रेणी में आ सकते हैं, तो एंटी-ह्यूमनिज़्म एक अधिक मूलभूत प्रश्न उठाता है : क्या यह 'मानव' की श्रेणी कभी वास्तव में निष्पक्ष, समावेशी और सार्वभौमिक रही भी थी? या फिर यह हमेशा कुछ को शामिल करने और कई को बाहर करने का एक विशेषाधिकारपूर्ण उपकरण रही है? इस दृष्टिकोण से, 'मानव' होना स्वयं में एक राजनीतिक स्थिति है, न कि केवल जैविक या नैतिक स्थिति।

एंटी-ह्यूमनिज़्म का मूल उद्देश्य उन बौद्धिक और राजनीतिक संरचनाओं को चुनौती देना है, जो यह तय करती हैं कि 'मानव' कौन है और किस आधार पर किसी को इस श्रेणी में शामिल या बाहर किया जाता है। यदि हम इतिहास पर दृष्टि डालें, तो स्पष्ट होता है कि मानववाद की परम्परा ने हमेशा सभी को समान रूप से 'मानवता' का दर्जा नहीं दिया। कुछ विशेष समूहों, जैसे श्वेत यूरोपीय पुरुषों, को ही मानवता की पूर्णता का प्रतिनिधि माना गया, जबकि महिलाओं, उपनिवेशित समुदायों, अश्वेतों और दिव्यांगों को बार-बार इस परिभाषा से बाहर रखा गया। उदाहरणस्वरूप,

उपनिवेशवादी काल में यूरोपीय मानवतावादी विचारकों ने यह प्रचारित किया कि यूरोप के बाहर के समाज 'असभ्य' (savage) हैं, जिन्हें 'सभ्यता' का पाठ पढ़ाया जाना चाहिए। यह विचारधारा न केवल सांस्कृतिक वर्चस्व को वैध ठहराती थी, बल्कि इसने उपनिवेशवादी हिंसा और शोषण को भी एक नैतिक तर्क प्रदान किया। मिशेल फूको ने ऐसे ही सत्ता तन्त्रों का विश्लेषण करते हुए यह उजागर किया कि ज्ञान और सत्ता एक-दूसरे से गहराई से जुड़े होते हैं। उनके अनुसार, जिसे हम 'सत्य' मानते हैं, वह वस्तुनिष्ठ या सार्वभौमिक नहीं होता, बल्कि वह सत्ता-संचालित व्यवस्थाओं द्वारा निर्मित होता है, वे व्यवस्थाएँ जो यह तय करती हैं कि क्या मान्य है और क्या नहीं, कौन 'मानव' है और कौन 'अन्य'।

एंटी-ह्यूमनिज़्म का मुख्य उद्‌देश्य 'मानव' की उस परिभाषा की आलोचना करना है, जो ऐतिहासिक रूप से बहिष्करण (exclusion) के औज़ार के रूप में प्रयोग की गयी है। यह दृष्टिकोण दिखाता है कि 'मानवता' की संकल्पना अक्सर किसी विशेष सत्ता-समूह द्वारा गढ़ी गयी होती है, जिससे कुछ वर्गों को मानवीय अधिकारों और गरिमा से वंचित किया जा सके। इस प्रकार, एंटी-ह्यूमनिज़्म उत्तर-मानववाद से इस अर्थ में भिन्न है कि जहाँ उत्तर-मानववाद 'मानव' की परिभाषा को विस्तारित करने और भविष्य की सम्भावनाओं की कल्पना करने की कोशिश करता है, वहीं एंटी-ह्यूमनिज़्म इस परिभाषा की वैधता और निष्पक्षता पर ही प्रश्नचिह्न लगाता है। यह दृष्टिकोण केवल तकनीकी और जैविक विकास की बात नहीं करता, बल्कि उन सत्ता-संचालित संरचनाओं की आलोचना करता है जिन्होंने 'मानव' को एक विशिष्ट रूप, वर्ग और मानक में परिभाषित किया। यदि उत्तर-मानववाद हमें यह सोचने के लिए प्रेरित करता है कि भविष्य में हम 'मानव' से आगे क्या बन सकते हैं, तो एंटी-ह्यूमनिज़्म हमें मजबूर करता है कि हम यह जाँचें कि अतीत और वर्तमान में 'मानव' की परिकल्पना किस तरह सत्ता, विचारधारा और सामाजिक नियन्त्रण के उपकरण के रूप में काम करती रही है।

आधार	उत्तर-मानववाद (Post-humanism)	एंटी-ह्यूमनिज़्म (Anti-humanism)
1. परिभाषा का दायरा	मानव के बाद के अस्तित्व की सम्भावनाओं पर विचार	'मानव' की पारम्परिक धारणाओं की आलोचना
2. मानव की भूमिका	मानव अब 'केवल केन्द्र' नहीं है, बल्कि नेटवर्क का हिस्सा है	मानव को सत्ता का प्रतिनिधि और विचारधारा का उत्पाद माना जाता है
3. लक्ष्य (Aim)	नयी पहचानें, नैतिकता और सम्भावनाएँ खोजना	मानव केन्द्रित सोच को विघटित करना और आलोचना करना
4. तकनीक के प्रति दृष्टिकोण	तकनीक को सह-अस्तित्व और विस्तार का माध्यम मानता है	तकनीक को सत्ता और नियन्त्रण का औज़ार मानता है
5. पहचान (Identity)	पहचान को लचीली, परिवर्तनशील और बहुवचन मानता है	पहचान को सामाजिक-राजनीतिक निर्माण और सत्ता से प्रभावित मानता है
6. मानव-मशीन सम्बन्ध	मानव और मशीन के मिलन (cyborg, AI) को सकारात्मक रूप से देखता है	इन मिलनों को सत्ता और नियन्त्रण के नये रूप मानता है
7. प्रकृति और संस्कृति की सीमा	दोनों के बीच की सीमा को धुँधला करता है	उस सीमा को सत्ता द्वारा निर्मित मानता है
8. दृष्टिकोण (Approach)	सम्भावनाशील, रचनात्मक, भविष्य उन्मुख	आलोचनात्मक, विघटनकारी, परम्परा-विरोधी
9. मूल्य (Values)	सह-अस्तित्व, संकरता, पारस्परिकता, अनिश्चितता	शक्ति, विचारधारा, भाषिक संरचनाओं और सत्ता की जाँच
10. मानववाद की स्थिति	मानववाद की सीमाओं को स्वीकार कर उससे आगे बढ़ने की कोशिश	मानववाद को पूरी तरह अस्वीकार करता है और उसके ढाँचे को विघटित करता है

फूको की इस दृष्टि से मानववाद की वह धारणा भी प्रभावित होती है, जो तर्कसंगतता (Rationality) और स्वतन्त्रता (Autonomy) को मनुष्य की मौलिक विशेषताएँ मानती है। ह्यूमनिस्ट विचारक यह मानते रहे हैं कि व्यक्ति स्वतन्त्र रूप से निर्णय ले सकता है, लेकिन एंटी-ह्यूमनिज़्म इस विचार को खंडित करता है और यह दिखाता है कि व्यक्ति का हर निर्णय और विचार एक सामाजिक, भाषाई और ऐतिहासिक संरचना के भीतर निर्मित होता है। लुई अल्थुसर ने इसे वैचारिक तन्त्र (Ideological State Apparatus) की संज्ञा दी। उनके अनुसार, शिक्षा, धर्म, मीडिया और अन्य संस्थाएँ लोगों के विचारों और पहचान को इस प्रकार ढालती हैं कि वे सत्ता संरचनाओं का समर्थन करने वाले नागरिक बन जाते हैं। इस प्रकार, व्यक्ति की 'स्वायत्तता' (Autonomy) केवल एक भ्रम है, क्योंकि उसकी सोच, इच्छाएँ और निर्णय उसके अपने नहीं, बल्कि उन वैचारिक संरचनाओं के द्वारा निर्धारित होते हैं, जिनमें वह जन्म लेता है और जिनमें वह पलता-बढ़ता है।

फूको की यह कृति, 'Madness and Civilization' इस बात को दर्शाती है कि कैसे पागलपन की परिभाषा समय और सत्ता के अनुसार बदली है। मध्ययुग में जिसे रहस्यमय या आध्यात्मिक माना जाता था, आधुनिक काल में उसे मानसिक विकृति घोषित कर दिया गया। यह बदलाव चिकित्सा विज्ञान की निष्पक्षता का नहीं, बल्कि सत्ता द्वारा सामान्यता और असामान्यता को परिभाषित करने की प्रक्रिया का उदाहरण है। मनोचिकित्सा, अस्पताल और मानसिक संस्थान सत्ता-ज्ञान के जाल के उपकरण बनते हैं। जब हम किसी को 'पागल' कहते हैं, तो वह वैज्ञानिक नहीं बल्कि सामाजिक-राजनीतिक निर्णय होता है। अल्थुसर के अनुसार, स्कूल एक प्रमुख वैचारिक तन्त्र है जो बच्चों को आज्ञाकारी, पूँजीवादी व्यवस्था के अनुरूप नागरिक बनाने का कार्य करता है। शिक्षक, पाठ्यक्रम, अनुशासन–सभी मिलकर ऐसी विचारधारा गढ़ते हैं जो मौजूदा सामाजिक संरचना को वैधता प्रदान करती है। व्यक्ति यह मानने लगता है कि वह स्वतन्त्र रूप से सोच रहा है, जबकि उसकी चेतना पूर्वनिर्धारित वैचारिक ढाँचे में ढली होती है।

जैक्स डेरीडा ने इस धारणा को और विस्तार देते हुए यह दिखाया कि कैसे हमारी भाषा स्वयं ही सत्ता के प्रभाव में होती है। उनका विखंडन

(Deconstruction) सिद्धान्त यह इंगित करता है कि हर अवधारणा, जिसे हम स्थायी और स्पष्ट मानते हैं, वह वास्तव में अस्थायी और अस्थिर होती है। उदाहरण के लिए, यदि हम 'मनुष्य' और 'अमानुष' (Non-human) जैसी श्रेणियों को देखें, तो हमें पता चलेगा कि यह केवल जैविक भेद नहीं है, बल्कि यह एक सामाजिक और सांस्कृतिक विभाजन भी है। डेरीडा यह दिखाते हैं कि भाषा हमेशा अर्थों को पुनर्निर्मित करती रहती है और इसमें कोई निश्चितता नहीं होती। यही कारण है कि एंटी-ह्यूमनिज़्म यह स्वीकार करता है कि 'मानवता' स्वयं एक ऐतिहासिक रूप से विकसित परिभाषा है, न कि कोई प्राकृतिक या स्थायी श्रेणी।

विखंडन (Deconstruction)

डिकंस्ट्रक्शन एक दार्शनिक और साहित्यिक विश्लेषण की विधि है, जिसे जैक्स डेरीडा ने विकसित किया। इसका उद्देश्य किसी भी पाठ, भाषा या अवधारणा की अन्तर्निहित धारणाओं, द्वैतों (binaries) और विरोधाभासों को उजागर करना है, जिससे यह स्पष्ट होता है कि कोई भी अर्थ अन्तिम या निश्चित नहीं होता।

नीत्शे इस बहस में एक महत्त्वपूर्ण भूमिका निभाते हैं, क्योंकि उन्होंने सबसे पहले पारम्परिक नैतिकता और मानववाद की नींव को चुनौती दी थी। उनके विचार में, पश्चिमी सभ्यता ने नैतिकता को एक निश्चित रूप में स्थापित किया है, जो 'अच्छे' और 'बुरे' के बीच विभाजन करता है। लेकिन यह विभाजन एक सार्वभौमिक सत्य नहीं है, बल्कि यह एक ऐतिहासिक निर्माण है। नीत्शे का 'ईश्वर की मृत्यु' (God is Dead) वाला कथन इसी ओर इशारा करता है। जब ईश्वर की मृत्यु हो जाती है, तो उसके साथ वह नैतिक ढाँचा भी समाप्त हो जाता है, जिस पर समाज टिका था। इसके बाद, मनुष्य को स्वयं अपने मूल्यों को पुन:परिभाषित करना होता है। यही विचार एंटी-ह्यूमनिज़्म के लिए भी महत्त्वपूर्ण है, क्योंकि यह दर्शाता है कि कोई भी परिभाषा, चाहे वह 'मानव' की हो या 'नैतिकता' की, स्थायी नहीं हो सकती।

नीत्शे का 'अतिमानव' (Übermensch) का विचार भी इसी सन्दर्भ में आता है। उनके अनुसार, पारम्परिक मानववाद ने मनुष्य को सीमित कर दिया है, क्योंकि यह उसे पूर्वनिर्धारित मूल्यों और नैतिकताओं के दायरे में रखता है। लेकिन अतिमानव इन सीमाओं को तोड़ता है और अपने स्वयं के मूल्यों को निर्मित करता है। एंटी-ह्यूमनिज़्म इस अवधारणा को आगे बढ़ाते हुए यह कहता है कि हमें केवल मानवता की परिभाषाओं को ही नहीं, बल्कि स्वयं 'मानव' की धारणा को भी पुनर्विचार करना होगा।

'ईश्वर मर चुका है' (God is Dead)

'ईश्वर मर चुका है' नीत्शे का एक क्रान्तिकारी और प्रतीकात्मक वक्तव्य है, जो यह दर्शाता है कि आधुनिकता के दौर में पारम्परिक धार्मिक विश्वास, नैतिक संहिताएँ और ईश्वर-आधारित जीवनदृष्टि अपनी प्रभावशीलता खो चुकी है। विज्ञान, तर्क और व्यक्ति की स्वतन्त्र सोच ने उस ईश्वर की अवधारणा को चुनौती दी है जो सदियों से मानव जीवन का केन्द्र रहा। नीत्शे का उद्देश्य यह दिखाना है कि जब ईश्वर की जगह ख़ाली हो जाती है, तो मनुष्य पर यह ज़िम्मेदारी आ जाती है कि वह स्वयं अपने जीवन का अर्थ और मूल्य रचे। यह कथन केवल ईश्वर के नहीं, बल्कि एक सम्पूर्ण नैतिक व्यवस्था के पतन का संकेत है।

फूको ने इस विचार को और आगे बढ़ाया और यह दिखाया कि 'मानव' की जो परिभाषा हमें दी गयी है, वह आधुनिक सत्ता संरचनाओं का परिणाम है। उनके अनुसार, अस्पतालों, जेलों, स्कूलों और अन्य संस्थानों ने यह तय किया है कि 'सामान्य' (Normal) और 'असामान्य' (Abnormal) कौन है। यही वह बिन्दु है, जहाँ एंटी-ह्यूमनिज़्म यह दर्शाता है कि मानवता की परिभाषा हमेशा सत्ता द्वारा नियन्त्रित होती है और इसे किसी एक निश्चित श्रेणी में नहीं रखा जा सकता। फूको की "Biopower" की अवधारणा एंटी-ह्यूमनिज़्म की एक और महत्त्वपूर्ण शाखा है। उनका कहना था कि आधुनिक समाज केवल राजनीतिक सत्ता (Political Power) से नहीं चलता, बल्कि यह लोगों के शरीर और जीवन को नियन्त्रित करने वाली शक्ति (Biopolitical Power) पर भी निर्भर करता है। सरकारें यह तय करती हैं कि कौन स्वस्थ है और कौन

बीमार, कौन उत्पादक है और कौन अनुत्पादक, और इसी आधार पर यह भी तय होता है कि कौन समाज में 'मानव' की श्रेणी में आता है और कौन नहीं। एंटी-ह्यूमनिज़्म इस पूरी प्रणाली को खंडित करता है और यह दिखाता है कि 'मानव' की परिभाषा केवल एक जैविक तथ्य नहीं, बल्कि एक राजनीतिक निर्णय भी है।

अगर हम उत्तर-मानववाद और एंटी-ह्यूमनिज़्म को एक साथ रखें और देखें कि इनमें क्या-क्या बातें समान हैं, तो भी इन दोनों विचारधाराओं के बीच जो सबसे बड़ा और बुनियादी अन्तर है, वो इनके नामों में ही छिपा हुआ है। एक तरफ़ 'पोस्ट-' है, जो किसी चीज़ के बाद आने की बात करता है, और दूसरी तरफ़ 'एंटी-' है, जो साफ़ तौर पर विरोध का संकेत देता है। मतलब, अगर हम सिर्फ़ इन शब्दों के रचनात्मक ढाँचे (morphology) को ही देखें, तो भी हमें यह समझ आ जाता है कि ये दो दृष्टिकोण मनुष्य को अलग-अलग तरीक़ों से देखते हैं। इस मायने में, इन दोनों की वंशावली या कहें विचार की यात्रा अपने-आप में बहुत कुछ कह देती है।

अब अगर हम एंटी-ह्यूमनिज़्म को थोड़ा गहराई से समझें, तो ये सोच सीधे तौर पर 'मनुष्य की मृत्यु' (death of man) के विचार को स्वीकार करती है। यह विचार विशेष रूप से पोस्ट-स्ट्रक्चरलिस्ट दार्शनिकों द्वारा पेश किया गया था—और इनमें सबसे प्रमुख नाम है मिशेल फूको का। फूको ने अपनी प्रसिद्ध किताब 'The Order of Things : An Archaeology of the Human Sciences' (1966) में एक बेहद अहम बात कही थी :

> "मनुष्य न तो वह सबसे प्राचीन प्रश्न है जो मानव-ज्ञान के सामने कभी रखा गया, और न ही वह सबसे स्थायी प्रश्न है। हमारे विचारों की पुरातत्वीय खोज यह स्पष्ट करती है कि 'मनुष्य' स्वयं एक हाल की रचना है, और सम्भवतः अब अपने अंत के करीब भी है।"
> *"Man is neither the oldest nor the most constant problem that has been posed for human knowledge...As the archeology of our thought easily shows, man is an invention of recent date. And one perhaps nearing its end"*

यहाँ ध्यान देने वाली बात यह है कि जब फूको 'man' शब्द का इस्तेमाल करते हैं, तो उसका मतलब सिर्फ़ पुरुष नहीं होता—बल्कि वो पूरी

मानव जाति या 'human being' की ओर इशारा करते हैं। फ्रेंच में उन्होंने 'homme' शब्द का उपयोग किया है, जो दोनों अर्थों में आता है : 'पुरुष' और 'मनुष्य'। लेकिन जब वो कहते हैं कि 'मनुष्य अपने अन्त के क़रीब है', तो इसका मतलब ये नहीं है कि इन्सान जैविक रूप से मरने वाला है या कि हमारी प्रजाति ख़त्म होने जा रही है। फूको असल में 'मनुष्य' को एक जैविक प्राणी नहीं, बल्कि एक ऐतिहासिक विचार (historical concept) के रूप में देख रहे हैं–एक ऐसा विचार जो ख़ास समय और समाज में बना और जिसे उस समय की सोच और संस्कृति ने मान्यता दी। मतलब, 'मनुष्य' जैसा हम आज सोचते हैं, एक स्वतन्त्र, तार्किक, नैतिक और बुद्धिमान प्राणी, यह हमेशा से ऐसा नहीं था। यह सोच भी एक सामाजिक और सांस्कृतिक निर्माण है, जिसे एक विशेष ऐतिहासिक क्षण या 'Episteme' के भीतर गढ़ा गया।

> **Episteme** को आप ऐसे समझ सकते हैं जैसे किसी समय या समाज में तय हो कि 'क्या सही ज्ञान है', 'क्या मान्यता प्राप्त है', और 'क्या महत्त्वपूर्ण माना जाता है।' यह ज्ञान की एक सामाजिक-सांस्कृतिक रूपरेखा है–यानी समय और समाज तय करता है कि किसे 'ज्ञान' कहा जायेगा।

अब इसे खाना पकाने यानी कुकिंग स्किल के उदाहरण से समझते हैं।

कभी एक समय था, ख़ासकर पारम्परिक समाजों में, जब खाना बनाना सिर्फ़ महिलाओं का काम माना जाता था। इसे एक घरेलू काम समझा जाता था–कोई 'गम्भीर' या 'महत्त्वपूर्ण' ज्ञान नहीं, बल्कि बस रोज़मर्रा की ज़िम्मेदारी। पुरुषों को अगर खाना बनाना आता भी था, तो उसे ख़ास सम्मान नहीं दिया जाता था, बल्कि कई बार मज़ाक़ भी उड़ाया जाता था। उस समय के ज्ञान तन्त्र (episteme) के अनुसार, खाना बनाना कोई 'सीखने लायक विद्या' नहीं थी, ख़ासकर पुरुषों के लिए। लेकिन समय बदला। आज जब आप किसी को कहते हैं कि आप खाना बनाना सीख रहे हैं, या आप शेफ हैं, तो लोग आपको सराहते हैं। अब खाना बनाना एक कला, एक पेशा और एक वैज्ञानिक प्रक्रिया की तरह देखा जाता है। कुकिंग स्कूल हैं, गैस्ट्रोनॉमी जैसे विषय हैं, पुरुष और महिलाएँ दोनों इसमें प्रशिक्षित होते हैं, और टीवी शो,

यूट्यूब चैनल, किताबें, सब इस ज्ञान को बढ़ावा देते हैं। अब यह ज्ञान विज्ञान, कला, और करियर के रूप में मान्यता प्राप्त कर चुका है।

तो यहाँ जो बदलाव आया है, वही ज्ञान तन्त्र में बदलाव है। पहले के समाज में 'कुकिंग' का जो मूल्य था, वो अलग था, और आज के समाज में यह मूल्य पूरी तरह बदल चुका है। आज यह एक मान्य ज्ञान है, जिसे सिखाया, सीखा और आदर के साथ देखा जाता है। यही बात फूको कहना चाहते हैं :

हर युग का अपना एक ज्ञान तन्त्र (episteme) होता है, जो यह तय करता है कि कौन-सा ज्ञान 'वैध' है और कौन-सा नहीं। यह ढाँचा समय के साथ बदलता रहता है।

Episteme refers to the scientific knowledge that is recognized as such in each era. In fact, what is considered science in a specific era may not be considered science in another time.

तो जब फूको कहते हैं कि "मनुष्य एक हालिया निर्माण है और सम्भवतः अपने अन्त के क़रीब है," तो उनका तात्पर्य यह है कि जिस तरह हम आज 'मनुष्य' की धारणा को समझते हैं, वह किसी और समय में नहीं थी, और भविष्य में शायद यह धारणा बदल जाये या पूरी तरह समाप्त हो जाये। यहीं पर उत्तर-मानववाद और एंटी-ह्यूमनिज़्म एक-दूसरे से अलग रास्तों पर चले जाते हैं। एंटी-ह्यूमनिज़्म 'मनुष्य' के विचार का पतन स्वीकार करता है और उस पर सवाल उठाता है। वहीं, उत्तर-मानववाद इस बदलाव को एक अवसर के रूप में देखता है–वो कहता है कि अगर पारम्परिक 'मनुष्य' का विचार ख़त्म हो रहा है, तो अब हम नये सम्भावित रूपों की कल्पना कर सकते हैं : ऐसे अस्तित्व जो जैविक हों, तकनीकी हों, कृत्रिम बुद्धि वाले हों, या इन सबका मिश्रण। इस तरह, उत्तर-मानववाद मृत्यु की घोषणा नहीं, बल्कि पुनर्जन्म की सम्भावना है–एक नयी चेतना, नयी पहचान और नये अस्तित्व की खोज।

जब हम फ्रेडरिक नीत्शे की बात करते हैं, तो हम केवल किसी दार्शनिक की बात नहीं कर रहे होते–हम एक ऐसे विचारक की बात कर रहे हैं जिसने पूरे पश्चिमी सोच की नींव हिला दी। नीत्शे के अनुसार, जिस 'मनुष्य' की कल्पना आधुनिकता यानी Enlightenment ने की थी, एक ऐसा प्राणी

जो तर्कसंगत है, नैतिक है, प्रगति में विश्वास रखता है, जो वैज्ञानिक सोच और मानव-मूल्यों का वाहक है, वह अब अपनी सीमाओं पर पहुँच चुका है। वह 'मनुष्य' अब थक चुका है, भ्रमित है, और अस्तित्वगत संकट में है। इसलिए नीत्शे कहते हैं कि अब समय है कि इस 'मनुष्य' को पार किया जाये–और यहीं पर आता है उनका प्रसिद्ध विचार : Übermensch, वह मनुष्य जो स्वयं को, अपने समय को, अपने सीमित 'स्व' को पार कर चुका है। अब सवाल उठता है, ये 'Übermensch' कौन है? नीत्शे कोई सुपरहीरो, साईबोर्ग या तकनीकी चमत्कार की बात नहीं कर रहे थे। उनके 'Übermensch' का अर्थ था–एक ऐसा व्यक्ति जो पुराने नैतिक ढाँचों, धार्मिक आस्थाओं, और सामाजिक नियमों को पीछे छोड़कर ख़ुद अपने जीवन के अर्थ को गढ़ता है। जो किसी ईश्वर के आदेश पर नहीं, बल्कि अपनी आन्तरिक शक्ति और आत्मनिर्णय से जीवन जीता है।

इसे समझाने के लिए नीत्शे ने एक बेहद गहरे लेकिन सरल प्रतीकात्मक ढाँचे का उपयोग किया, 'आत्मा के तीन रूपान्तरण' (Three Metamorphoses of the Spirit)। ये रूपान्तरण हैं : ऊँट, शेर, और बच्चा।

पहला चरण—ऊँट (Camel) :

ऊँट वह है जो सब कुछ सहता है। जो समाज द्वारा दिये गये बोझ को अपनी पीठ पर लादे चलता है। वह नियमों को मानता है, आदेशों को स्वीकारता है, और "हाँ" कहता है, भले ही उसका मन "ना" करना चाहता हो। यह वह अवस्था है जहाँ हम समाज की अपेक्षाओं में फँसे होते हैं, जैसे एक छात्र जो चाहकर भी अपनी मर्ज़ी से नहीं जी पाता क्योंकि उसे परीक्षा पास करनी है, डिग्री चाहिए, नौकरी चाहिए। वह अपने सपनों को रोककर, अपने संघर्षों को छिपाकर, दूसरों की अपेक्षाओं के बोझ तले जीता है। वह यह सोचकर चलता है कि "शायद यही सही है, यही जीवन है।" लेकिन भीतर कहीं एक बेचैनी होती है, एक सवाल कि क्या मैं वास्तव में अपनी इच्छा से जी रहा हूँ?

दूसरा चरण—शेर (Lion) :

शेर वह है जो अब "ना" कहना सीखता है। वह ऊँट की तरह और बोझ नहीं उठाता, वह विद्रोह करता है। यह वह अवस्था है जब व्यक्ति पूछता है,

"क्यों?", "क्यों मैं वही करूँ जो समाज कहता है?", "क्यों मैं वही सोचूँ जो मुझे सिखाया गया है?" शेर उस अवस्था का प्रतीक है जब हम अपनी आज़ादी के लिए लड़ते हैं–जब हम अपने अधिकार माँगते हैं, जब हम अन्याय के ख़िलाफ़ खड़े होते हैं, जब हम अपने माता-पिता, धर्म, परम्परा, सरकार, किसी के भी अन्धानुकरण से इनकार करते हैं। शेर का "ना" साहसी होता है। यह वह क्षण है जब व्यक्ति कहता है, "अब बहुत हुआ!" लेकिन नीत्शे कहते हैं कि शेर भी अन्तिम लक्ष्य नहीं है, क्योंकि शेर सिर्फ़ "ना" कहता है, वह नया नहीं बना सकता। वह सिर्फ़ पुरानी ज़ंजीरों को तोड़ता है, लेकिन नयी दुनिया नहीं रचता है।

तीसरा चरण—बच्चा (Child) :

अब आता है आत्मा का तीसरा और अन्तिम रूपान्तरण–बच्चा। लेकिन ये कोई साधारण बच्चा नहीं है, यह एक रूपक है। यह बच्चा प्रतीक है निर्माण का, नवीनता का, निष्कलंकता और स्वायत्तता का। नीत्शे कहते हैं, यही वह अवस्था है जहाँ आत्मा "हाँ" कहती है, लेकिन वो "हाँ" कोई मजबूरी नहीं, कोई डर नहीं, कोई नियम नहीं, बल्कि एक रचनात्मक, जीवन The affirming "हाँ" है। एक बच्चा जब कोई चीज़ देखता है, तो वह उसे पुराने सन्दर्भों में नहीं देखता, वह किताब को ज्ञान की वस्तु नहीं समझता, वह उसे छूता है, महसूस करता है, सूँघता है, चबाने की कोशिश करता है। वह चीज़ों को अपने अनुभव से जानता है, बिना किसी पूर्वाग्रह, बिना किसी तयशुदा विचार के। बच्चा इस क्षण में जीता है, वह अतीत या भविष्य के डर में नहीं जकड़ा होता। और यह वही अवस्था है जहाँ से नया मूल्य जन्म लेता है। यही वह अवस्था है जहाँ व्यक्ति कह सकता है, "मैं ही अपना नियम हूँ", "मैं ही अपना अर्थ हूँ।"

"Übermensch"

'Übermensch' की संकल्पना फ्रेडरिक नीत्शे द्वारा दी गयी थी, जो पहली बार उनकी कृति 'Thus Spoke Zarathustra' (1883) में प्रकट हुई। यह विचार एक ऐसे आदर्श मनुष्य की कल्पना करता है जो पारम्परिक नैतिकताओं, धार्मिक विश्वासों और सामाजिक सीमाओं से

ऊपर उठ चुका है। Übermensch वह व्यक्ति है जो 'ईश्वर मर चुका है' के बाद उत्पन्न शून्यता में भी अपने लिए नये मूल्य गढ़ता है और स्वयं को रचता है। यह न केवल आत्मनिर्माण की प्रक्रिया है, बल्कि मानवीय शक्ति, रचनात्मकता और स्वतन्त्रता की चरम अवस्था का प्रतीक भी है।

तो आप देख रहे हैं कि नीत्शे का Übermensch कोई रोबोट या साईबोर्ग नहीं है, जैसा कि कुछ ट्रांस-ह्यूमनिस्ट सोचते हैं। नीत्शे का Übermensch कोई जैविक तकनीक या कृत्रिम बुद्धिमत्ता से नहीं बनता, बल्कि वह एक आन्तरिक प्रक्रिया, एक नैतिक और रचनात्मक विकास से बनता है। अब बात करते हैं ट्रांस-ह्यूमनिज़्म (Trans-humanism) की। कुछ दार्शनिक जैसे Stefan Sorgner मानते हैं कि नीत्शे ट्रांस-ह्यूमनिज़्म के प्रेरक हैं, लेकिन Nick Bostrom जैसे लोग इससे असहमत हैं। ट्रांस-ह्यूमनिस्ट्स का मानना है कि तकनीक के ज़रिये इन्सान अपनी सीमाएँ पार करेगा, जैसे AI, जीन एडिटिंग, साईबोर्ग शरीर। लेकिन नीत्शे के लिए ये रास्ता नहीं है, उनके लिए ओवरह्यूमन एक आध्यात्मिक उन्नति है, टेक्नोलॉजी नहीं।

> *"All beings so far have created something beyond themselves. Do you want to be the ebb of that great tide, and revert back to the beast rather than surpass mankind? What is the ape to a man? A laughing-stock, a thing of shame. And just so shall a man be to the Superman: a laughing-stock, a thing of shame. You have evolved from worm to man, but much within you is still worm. Once you were apes, yet even now man is more of an ape than any of the apes."*
>
> —*Friedrich Nietzsche, Thus Spoke Zarathustra*

"अब तक हर प्राणी ने अपने से आगे कुछ नया बनाया है। क्या तुम उस प्रगति को रोकना चाहते हो और मनुष्य से आगे बढ़ने के बजाय फिर से पशु बन जाना चाहते हो? बंदर मनुष्य के लिए क्या है? एक हँसी का विषय, एक शर्म की बात। वैसे ही मनुष्य भी 'Superman' के लिए होगा, हँसी का विषय और शर्म की बात। तुम कीड़े से मनुष्य बने हो, लेकिन तुम्हारे अंदर अब भी बहुत कुछ कीड़े जैसा है। कभी तुम वानर थे, पर आज भी मनुष्य स्वयं वानरों से अधिक वानर है।"

नीत्शे जब अपने प्रसिद्ध पुस्तक 'Thus Spoke Zarathustra' में Übermensch की बात करते हैं, तो वे एक गहरा दर्शन प्रस्तुत करते हैं जो इस विचार पर आधारित है कि मनुष्य अपनी वर्तमान अवस्था में एक अन्त नहीं है, बल्कि एक सेतु है, एक पुल जो किसी और उच्चतर अवस्था की ओर जाता है। वे कहते हैं कि जैसे वानर (ape) मनुष्य के लिए कभी एक चरण था, उसी तरह आज का मनुष्य भी एक ऐसी अवस्था है जिसे पार किया जाना चाहिए। वे अत्यधिक दृढ़ता और गहराई के साथ अपनी बात रखते हैं, कि मनुष्य अब भी वानर से अधिक वानर है, यह इशारा है कि हमने सभ्यता और विकास के नाम पर जो कुछ भी हासिल किया है, वह भीतर से अभी भी आदिम और अस्थिर है। इसीलिए वे पूछते हैं, क्या तुम इस विकास की धारा का अन्त बनोगे या इसे आगे बढ़ाओगे?

यहीं से उत्तर-मानववाद की ज़मीन तैयार होती है। उत्तर-मानववाद एक समकालीन दर्शन है जो मानता है कि 'मानव' जैसा हम परम्परागत रूप से सोचते आये हैं, वो अब एक अपर्याप्त और सीमित विचार है। यह दर्शन मानता है कि तकनीक, जैवविज्ञान, कृत्रिम बुद्धिमत्ता, साईबोर्ग्स, क्लोनिंग, और डिजिटल चेतना जैसी शक्तियाँ अब मनुष्य की परिभाषा को बदल रही हैं। इसलिए अब यह आवश्यक है कि हम 'मानवता' की उस स्थिर, केन्द्रीय, और श्रेष्ठ मानी जाने वाली स्थिति को चुनौती दें।

नीत्शे और उत्तर-मानववाद दोनों की सोच एक जगह पर ज़रूर मिलती है, और वह है यह विचार कि 'मानव' कोई अन्तिम लक्ष्य नहीं है। दोनों मानते हैं कि कुछ आगे भी है, कुछ ऐसा जिसे अभी तक पूरी तरह परिभाषित नहीं किया गया है। लेकिन यह समानता जितनी गहरी दिखती है, उतने ही गहरे उनके बीच के अन्तर्विरोध भी हैं। नीत्शे का Übermensch एक ऐसा आदर्श है जो पूर्ण आत्मनिर्भरता, आत्म-निर्माण (self-creation), और पारम्परिक नैतिकताओं के टूटने के बाद जन्म लेता है। यह एक ऐसा व्यक्ति है जो 'ईश्वर की मृत्यु' के बाद अपने भीतर से ही अर्थ और मूल्य निकालता है। उसकी शक्ति इस बात में है कि वह किसी बाहरी सत्ता या व्यवस्था के अधीन नहीं रहता, न धर्म, न समाज, न संस्कृति। वह अपने जीवन का नियम ख़ुद बनाता है।

अब उत्तर-मानववाद इस सोच को एक ओर से अपनाता है, लेकिन फिर उसे आगे ले जाकर उसकी सीमाएँ भी दिखाता है। उत्तर-मानववाद कहता है कि केवल 'स्वायत्तता' या 'स्व-निर्माण' ही पर्याप्त नहीं है, क्योंकि आज का यथार्थ ऐसा नहीं है जहाँ एक अकेला व्यक्ति दुनिया से अलग होकर अपनी सत्ता गढ़ ले। आज की दुनिया परस्पर सम्बन्धों, तकनीकी सहजीवन (technological symbiosis), और जैव-डिजिटल यथार्थ की है। आज चेतना (consciousness) सिर्फ़ जैविक दिमाग़ में सीमित नहीं रही, वह डेटा, मशीन लर्निंग और क्लाउड में भी फैली है। ऐसे में Übermensch अब कोई एक महान, श्रेष्ठ, और अलग खड़ा हुआ व्यक्तित्व नहीं है, बल्कि वह एक नेटवर्केड, प्रवाहशील, और संकरित (hybrid) रूप है, जो इन्सान, मशीन, प्रकृति, और अन्य जीवन रूपों के बीच निरन्तर बदलता रहता है।

उत्तर-मानववाद की विचारक जैसे रोसी ब्राइडोटी (Rosi Braidotti) और एन. कैथरीन हेल्स (N. Katherine Hayles) नीत्शे की धारणा को ध्यान से पढ़ती हैं और मानती हैं कि उसमें एक बीज है, जो आगे चलकर उत्तर-मानववाद के वृक्ष में बदलता है। लेकिन वे इस बात को भी उजागर करती हैं कि नीत्शे का Übermensch एक प्रकार की श्रेष्ठता की भावना लेकर आता है—जैसे वह बाक़ी मनुष्यों से ऊपर है, उन्हें एक मज़ाक़ या शर्म का कारण मानता है। जैसा कि ज़रथुस्त्र कहते हैं, "मनुष्य, ओवरह्यूमन के लिए उपहास या शर्म का कारण होगा, जैसे वानर, मनुष्य के लिए है।" इस कथन में एक तरह का श्रेणीबद्ध (Hierarchical) सोच है, जो यह मानता है कि विकास एक सीधी रेखा है, और उसमें जो सबसे ऊपर है, वही सबसे श्रेष्ठ है।

इसके विपरीत, उत्तर-मानववाद इस प्रकार की सीढ़ी जैसी सोच को ही अस्वीकार करता है। यह कहता है कि अस्तित्व कोई ऊर्ध्वगामी रेखा नहीं है, बल्कि एक गोलाकार, अनिश्चित, और जटिल जाल की तरह है, जिसमें हर तत्त्व, चाहे वह मानव हो, जानवर हो, मशीन हो, या पर्यावरण, आपस में गुँथे हुए हैं। उत्तर-मानववाद यह भी कहता है कि अस्तित्व का पुनःपरिभाषण अब 'वर्चस्व' के ज़रिये नहीं, बल्कि 'सह-अस्तित्व', 'परस्पर निर्भरता', और 'अस्थिरता को स्वीकार करने' के ज़रिये होगा।

इसलिए जब हम नीत्शे के Übermensch और उत्तर-मानववाद के 'post-human' की तुलना करते हैं, तो हमें समझना होगा कि पहला एक नैतिक-अस्तित्वगत रूप में एकल और स्वायत्त सत्ता को प्रस्तुत करता है, जबकि दूसरा विविधता, सहजीवन, और सीमाओं को पार करने वाले अस्तित्वों की ओर इशारा करता है। नीत्शे की विचारधारा एक प्रकार के व्यक्ति-केन्द्रित विकास की बात करती है, जबकि उत्तर-मानववाद उसे पार करते हुए कहता है कि अब 'व्यक्ति' नाम की कोई एक सुनिश्चित इकाई नहीं बची है।

तो क्या नीत्शे का Übermensch उत्तर-मानववाद के आदर्शों से मेल खाता है? आंशिक रूप से हाँ, विशेषकर जब हम 'मानवता से परे जाने' की बात करते हैं। लेकिन जब बात आती है उस 'परे' की प्रकृति क्या होगी, तो दोनों की राहें अलग हो जाती हैं। नीत्शे वहाँ एक मज़बूत, अकेला, अपने मूल्य ख़ुद बनाने वाला प्राणी देखता है, जबकि उत्तर-मानववाद वहाँ एक जटिल, आपस में जुड़ा हुआ, तकनीक और जैविकता के बीच बहता हुआ अस्तित्व देखता है।

अन्त में, सबसे गहन प्रश्न यह रह जाता है–क्या Transcendence का मतलब श्रेष्ठता और वर्चस्व है, जैसा कि नीत्शे के ज़रथुस्त्र के भाषण में दिखता है? या Transcendence का अर्थ है अपनी सीमाओं को पहचान कर उन्हें पार करते हुए, ख़ुद को नये सिरे से रचना–कभी ठहरने के लिए नहीं, बल्कि लगातार प्रवाह में रहने के लिए? अगर उत्तर दूसरा है, तो हम कह सकते हैं कि नीत्शे की विचारधारा, उत्तर-मानववाद की ज़मीन पर पहला बीज बोती है, एक शुरुआत, लेकिन कोई अन्तिम सत्य नहीं। इसलिए, नीत्शे का Übermensch उत्तर-मानववाद की ओर बढ़ने की पहली चेतावनी है, कि 'मानव' अन्तिम नहीं है। लेकिन उत्तर-मानववाद उस चेतावनी को लेकर आगे बढ़ता है और कहता है कि 'परे जाना' किसी शिखर पर चढ़ने जैसा नहीं, बल्कि एक बहुआयामी, बहुपरती, और कभी न थमने वाली यात्रा है–जिसमें हम न केवल 'कौन हैं', बल्कि 'क्या हैं', यह सवाल भी बार-बार बदलता रहता है। यही है वह चेतना जिसकी ओर उत्तर-मानववाद हमें ले जाना चाहता है।

उत्तर-मानववाद हमें यह सिखाता है कि 'जीवन' कोई स्थिर या प्राकृतिक रूप से दी गयी अवधारणा नहीं है, बल्कि यह एक सामाजिक, दार्शनिक

और तकनीकी रूप से निर्मित (constructed) अवधारणा है, जो समय के साथ बदलती रही है। यदि हम इतिहास पर नज़र डालें, तो पायेंगे कि विभिन्न सभ्यताओं और युगों में जीवन की समझ एक जैसी नहीं रही है। प्राचीन भारतीय, चीनी, अफ़्रीकी और अमेरिकी आदिवासी परम्पराओं में जीवन केवल मनुष्यों या जानवरों तक सीमित नहीं था। इन परम्पराओं में पहाड़ों, नदियों, हवाओं, पत्थरों और यहाँ तक कि मृतकों को भी जीवित तत्त्वों के रूप में देखा जाता था। यह विचारधारा एनिमिज़्म (Animism) कहलाती है, जिसमें यह मान्यता होती है कि हर वस्तु में आत्मा या चेतना होती है।

जीवन क्या है? यह सवाल सुनने में जितना साधारण लगता है, उतना ही जटिल है, विशेष रूप से जब हम इसे पश्चिमी वैज्ञानिक नज़रिए से देखने की कोशिश करते हैं। विज्ञान, ख़ासकर जीवविज्ञान (Biology), जीवन को उस प्रणाली के रूप में परिभाषित करता है जो कुछ विशेष गुणों से युक्त होती है, जैसे कि प्रजनन करना, ऊर्जा का उपयोग करना (चयापचय), बढ़ना, और अपने वातावरण के अनुरूप प्रतिक्रिया देना। इन प्रक्रियाओं के ज़रिये वैज्ञानिक जीवन को निर्जीव वस्तुओं से अलग करते हैं।

इस वैज्ञानिक दृष्टिकोण की सबसे ख़ास बात यह है कि यह 'बायो' (bio) शब्द के इर्द-गिर्द केन्द्रित है। हम इसे कई शब्दों में देखते हैं : बायोलॉजी (जीवविज्ञान), बायोटेक्नोलॉजी (जैव-प्रौद्योगिकी), बायोएथिक्स (जैव-नैतिकता), और बायोपॉलिटिक्स (जीव-राजनीति)। इन सभी में 'बायो' जीवन की केन्द्रीय इकाई के रूप में मौजूद है। लेकिन समस्या तब शुरू होती है जब यह वैज्ञानिक समझ जीवन की गहराई, विविधता और अनुभवजन्य जटिलताओं को पूरी तरह समाहित नहीं कर पाती। यह एक ऐसी समझ है जो जीवन को मापने, वर्गीकृत करने और नियन्त्रित करने के उपकरण देती है, लेकिन उसके अस्तित्व की बहुआयामी प्रकृति को सीमित कर देती है।

ग्रीक दर्शन में जीवन को समझने के लिए दो शब्दों का प्रयोग किया गया : ज़ोए (Zoē) और बायोस (Bios)। यद्यपि दोनों शब्द एक ही मूल (root) से उत्पन्न हैं, परन्तु उनका अर्थ और कार्यक्षेत्र अलग है। ज़ोए को (bare life) के रूप में जाना जाता है–यह वह जीवन है जो सभी प्राणियों में समान रूप से उपस्थित है, चाहे वे मनुष्य हों, पशु हों या देवता। यह जैविक अस्तित्व

का आधार है–साँस लेना, खाना, जीवित रहना, बिना किसी सामाजिक या सांस्कृतिक पहचान के। इसके विपरीत, बायोस उस जीवन को कहा गया है जो भाषा (logos), तर्क और सामाजिक संरचनाओं से जुड़ा है। यह वह जीवन है जिसे 'मानवीय जीवन' कहा जाता है, एक ऐसा अस्तित्व जो न केवल जीता है, बल्कि जो जीवन को अर्थ भी देता है।

दार्शनिक जियोर्जियो अगैम्बन ने ज़ोए और बायोस के इस अन्तर को केवल दार्शनिक नहीं, बल्कि राजनीतिक श्रेणी के रूप में देखा। उनके अनुसार, पश्चिमी राजनीति की नींव इस विभाजन पर टिकी हुई है, वास्तविक संघर्ष मित्र और शत्रु के बीच नहीं, बल्कि (ज़ोए) और राजनीतिक जीवन (बायोस) के बीच है। मनुष्य ही एकमात्र ऐसा प्राणी है जो भाषा के माध्यम से अपने जैविक जीवन से दूरी बना सकता है और उस दूरी को एक राजनीतिक ढाँचे में बदल सकता है। यही वह प्रक्रिया है जिसे अगैम्बन 'समावेशी बहिष्करण' (inclusive exclusion) कहते हैं, जिसमें ज़ोए को राजनीतिक दायरे से बाहर रखा जाता है, लेकिन वह पूरी तरह अदृश्य भी नहीं होती। ज़ोए हमेशा एक ऐसी उपस्थिति बनी रहती है जिसे नियन्त्रण में रखा जाता है, लेकिन उसे मान्यता नहीं दी जाती। इस तरह, सत्ता का मूल काम नग्न जीवन को पहचानना नहीं, बल्कि उसे हाशिये पर रखकर उसका उपयोग करना है।

ग्रीक दर्शन में 'मानव' को समझने की जो बुनियादी परिभाषा गढ़ी गयी, वह दो केन्द्रीय अवधारणाओं पर आधारित थी : *logos* (भाषा और तर्क) और *polis* (नगर या सामाजिक व्यवस्था)। इन दोनों के माध्यम से 'anthropos' यानी मानव की पहचान तय की गयी–वह प्राणी जो न केवल बोल सकता है, बल्कि तर्क कर सकता है और सामाजिक जीवन का हिस्सा बन सकता है। इसी आधार पर बायोस को ज़ोए पर वरीयता दी गयी। यह विभाजन केवल बौद्धिक नहीं था, बल्कि उसने सामाजिक और सांस्कृतिक ढाँचों को भी प्रभावित किया। धीरे-धीरे, यह अन्तर हर उस जोड़ी में दिखाई देने लगा जहाँ एक पक्ष को सभ्यता से जोड़ा गया और दूसरे को प्रकृति से, जैसे पुरुष/स्त्री, संस्कृति/प्रकृति, तर्क/भावना। इस सोच ने एक ऐसा पदानुक्रम रच दिया जिसमें बायोस को 'उन्नत', 'सभ्य' और 'राजनीतिक' जीवन के

रूप में देखा गया, जबकि ज़ोए को 'पशुवत', 'मौन' और 'नियन्त्रण योग्य' मान लिया गया।

दार्शनिक रोज़ी ब्रायडॉटी इस ज़ोए और बायोस के विभाजन को पश्चिमी सोच की एक गहरी राजनीतिक चाल के रूप में देखती हैं। उनके अनुसार, इस विभाजन ने जीवन को दो असमान हिस्सों में बाँट दिया, एक ओर 'गूँगा', 'पशुवत' और जैविक जीवन (ज़ोए), और दूसरी ओर 'बुद्धिमान', 'राजनीतिक' और सामाजिक जीवन (बायोस)। बायोस को यह विशेषाधिकार मिला कि वह तय करता है कौन-सा जीवन मूल्यवान है और कौन-सा नहीं। इस विशेषाधिकार ने पश्चिमी ज्ञान-व्यवस्था को एक प्रकार के 'वर्णानुक्रमिक साम्राज्य' (discursive empire) में बदल दिया, जहाँ केवल वही जीवन सरंक्षण और अधिकारों का हक़दार माना गया जो सामाजिक-राजनीतिक व्यवस्था के भीतर समझदार और नियन्त्रित प्रतीत हुआ। परिणामस्वरूप, ज़ोए को न केवल हाशिये पर डाल दिया गया, बल्कि उसे लगातार निरीक्षण और नियन्त्रण की दृष्टि से देखा गया–एक ऐसा जीवन जो मौन है, और इसलिए निर्णय लेने की शक्ति से वंचित भी।

इस जीवनगत पदानुक्रम का सबसे प्रत्यक्ष और चिन्ताजनक प्रभाव हमें विज्ञान और नीति-निर्माण की प्रक्रियाओं में दिखाई देता है। जैसे-जैसे बायोस को ज़ोए पर श्रेष्ठता दी गयी, वैसे-वैसे 'मानव जीवन' को एकमात्र मूल्यवान जीवन मानने की प्रवृत्ति विकसित हुई। वैज्ञानिक शोध, स्वास्थ्य नीतियाँ, और राजनीतिक निर्णय–सब कुछ इस धारणा के इर्द-गिर्द केन्द्रित हो गया कि वही जीवन बचाने योग्य है जो समाज के नियमों में 'सक्षम', 'उपयोगी' या 'सभ्य' गिना जाता है। बायोपॉलिटिक्स इसी सोच का विस्तार है, एक ऐसी शासन प्रणाली जहाँ कुछ जीवनों को प्राथमिकता दी जाती है और कुछ को जानबूझकर हाशिए पर छोड़ दिया जाता है। कौन जिएगा और कौन मरेगा, इसका निर्णय एक सत्तात्मक सोच के तहत लिया जाता है जो ज़ोए को मौन, निष्क्रिय और नगण्य मानती है।

और यही वह मोड़ है जहाँ उत्तर-मानववाद हस्तक्षेप करता है। यह विचारधारा इस द्वैत और पदानुक्रम को चुनौती देती है। उत्तर-मानववाद केवल तकनीकी या साइबर सन्दर्भ तक सीमित नहीं है, बल्कि यह उस गहरे वैचारिक

ढाँचे को पुनः परिभाषित करने का प्रयास करता है जिसमें 'मानव' को श्रेष्ठ मानकर अन्य सभी अस्तित्वों को कमतर आँका गया है। यह सोच जीवन को एक सतत प्रवाह के रूप में देखने की पेशकश करती है, जहाँ मानव, पशु, मशीन और प्रकृति के बीच की सीमाएँ धुँधली होने लगती हैं।

इस प्रकार, ज़ोए और बायोस के बीच खींची गयी रेखा महज़ एक दार्शनिक भेद नहीं है; यह हमारे सामाजिक और राजनीतिक ढाँचों में गहराई से समायी हुई है। यह भेद तय करता है कि कौन-सा जीवन सुरक्षा और सम्मान का अधिकारी है और कौन-सा हाशिए पर धकेल दिया जायेगा। यह विभाजन नीतियों, क़ानूनों, स्वास्थ्य व्यवस्थाओं, और यहाँ तक कि मानवीय सहानुभूति में भी झलकता है। लेकिन आज की दुनिया में, जहाँ जीवन के स्वरूप लगातार बदल रहे हैं, चाहे वह तकनीक की दुनिया में हो, पर्यावरणीय संकटों में, या जैविक सीमाओं के धुँधलाने में, इस पुराने वर्गीकरण को चुनौती देना ज़रूरी हो गया है। यही वह सोच है जो एक नयी जीवन-दृष्टि की माँग करती है—ऐसी दृष्टि जो न केवल इन्सान को केन्द्र में रखे, बल्कि हर उस अस्तित्व को महत्त्व दे जो किसी न किसी रूप में जीवन का हिस्सा है।

यह दृष्टिकोण जीवन को मनुष्य की एकमात्र सम्पत्ति नहीं मानता। इसके विपरीत, यह जीवन को एक साझा, बहुरूपी और गहरे रूप से जुड़ा हुआ अनुभव मानता है, जिसमें मनुष्य, पशु, मशीनें, पेड़-पौधे, और अन्य सभी जीवन-रूप एक-दूसरे से जुड़े हैं। यही सोच भविष्य में जीवन की समझ को एक नयी दिशा दे सकती है, जहाँ सवाल यह नहीं होगा कि कौन 'योग्य' है, बल्कि यह कि हम सब किस तरह मिलकर एक समावेशी अस्तित्व का निर्माण कर सकते हैं।

जब हम ज़ोए और बायोस के बीच की उस गहरी रेखा को पहचान लेते हैं, जो जीवन को वर्गीकृत करती है और केवल 'राजनीतिक' जीवन को मूल्य देती है, तो यह स्पष्ट हो जाता है कि अब समय आ गया है उस सोच से आगे बढ़ने का। आधुनिक तकनीकी, जैविक, और पर्यावरणीय बदलावों ने जीवन के पुराने प्रतिमानों को बदलकर रख दिया है। अब जीवन सिर्फ़ मानव केन्द्रित नहीं रहा, बल्कि यह मशीनों, कृत्रिम बुद्धिमत्ता, जैविक रूपान्तरणों और सूचनात्मक प्रवाह का समुच्चय बनता जा रहा है। इसी बिन्दु पर एक नये

प्रतीक की ज़रूरत महसूस होती है, एक ऐसी छवि जो इस 'नयी मानवता' की ओर हमारे संक्रमण को दर्शा सके।

यहाँ माइकलएंजेलो की 'The Creation of Adam' एक अद्भुत और गहराई से अर्थवान प्रतीक के रूप में उभरती है। पारम्परिक रूप से, यह चित्र ईश्वर द्वारा आदम को जीवन देने का दृश्य प्रस्तुत करता है, एक ऐसा क्षण जहाँ दिव्यता मानवीय शरीर और आत्मा में प्रवाहित होती है। लेकिन जब हम इसे समकालीन, उत्तर-मानवकेन्द्रित परिप्रेक्ष्य से देखते हैं, तो यह छवि एक नये रूप में बदल जाती है। अब यह केवल ईश्वर और मानव के बीच का सम्बन्ध नहीं दर्शाती, बल्कि यह उस ऐतिहासिक क्षण का संकेत बन जाती है जहाँ *मानव* एक बार फिर 'निर्मित' हो रहा है, लेकिन इस बार ईश्वर नहीं, बल्कि कोड, डेटा, सूचना और कृत्रिम चेतना के माध्यम से।

यह नयी व्याख्या मानव को एक स्थिर, जैविक सत्ता के रूप में नहीं देखती। इसके विपरीत, यह उसे एक प्रवाहशील, परिवर्तनशील और तकनीक-संलग्न अस्तित्व के रूप में पहचानती है, जो निरन्तर रूपान्तरण की प्रक्रिया में है। मानव अब न तो शुद्ध जैविक है और न ही पूरी तरह आत्मिक; वह एक ऐसी सत्ता है जो शरीर, चेतना, मशीन, और जानकारी के बीच बहती रहती है। इसी आधार पर पोस्ट-ह्यूमन सोच यह कहती है कि शरीर कोई आवश्यक नियति नहीं, बल्कि एक संयोग है, एक उपकरण, जिसे बदला जा सकता है, उन्नत किया जा सकता है, और यहाँ तक कि विस्थापित भी किया जा सकता है।

इस दृष्टिकोण में, शरीर और चेतना को तकनीकी सम्भावनाओं से जोड़कर देखा जाता है। जैव-इंजीनियरिंग, कृत्रिम बुद्धिमत्ता, और साईबोर्ग तकनीकें केवल सहायक नहीं, बल्कि 'मानव' के पुनर्निर्माण की आधारशिला बन जाती हैं। ऐसे में 'मानव' अब उस पारम्परिक अर्थ में नहीं रह जाता जो बायोस के दायरे में क़ैद था; वह अब एक ऐसी सत्ता बनता है जो तकनीक के साथ सह-अस्तित्व में है, जिसे हम 'पोस्ट-ह्यूमन' कहते हैं।

हालाँकि यह विचार अनेक नैतिक चुनौतियाँ भी प्रस्तुत करता है, क्या चेतना को कोड में बदल देना उसकी गरिमा को ठेस पहुँचाता है? क्या शरीर को उपकरण मान लेना किसी प्रकार की अमानवीयता है? क्या ये बदलाव

केवल कुछ चुनिन्दा वर्गों तक सीमित रहेंगे? और सबसे महत्त्वपूर्ण, क्या इस बदलाव में 'मानवता' के मूल तत्त्व कहीं खो तो नहीं जायेंगे?

लेकिन यह सोच इन प्रश्नों से भागती नहीं है। यह स्वीकार करती है कि भविष्य का मानव न तो केवल जैविक रहेगा, और न ही तकनीक से पूरी तरह अलग। वह एक समाकलन होगा, सूचना और जीवविज्ञान का, भावना और एल्गोरिदम का, शरीर और प्रोस्थेसिस का। इसी दृष्टिकोण से माइकलएंजेलो की 'The Creation of Adam' अब एक नये अर्थ में पुनः परिभाषित होती है, यह अब केवल सृजन नहीं, बल्कि *पुनः-सृजन* (re-creation) का प्रतीक बन जाती है। यह वह क्षण है जहाँ 'नयी मानवता' जन्म लेती है, एक ऐसी मानवता जो जीवन, चेतना और शरीर की पारम्परिक सीमाओं से आगे निकल चुकी है।

A variation of The Creation of Adam by Michelangelo in the Sistine Chappel, which suggest the birth of the New Human

मानव शरीर की पारम्परिक परिकल्पनाओं को चुनौती देने की इस प्रक्रिया में कुछ कलाकार ऐसे भी हैं जो इस संक्रमण को न केवल वैचारिक रूप में, बल्कि प्रत्यक्ष रूप से अपने शरीर के ज़रिये प्रस्तुत करते हैं। स्टेलार्क *Stelarc* (Cyprus-born Australian performance artist, 1946), ऐसा ही एक कलाकार है, जो विज्ञान, तकनीक और कला के जंक्शन पर खड़ा होकर यह पूछता है कि 'मानव शरीर' वास्तव में कहाँ समाप्त होता है और 'तकनीकी

शरीर' कहाँ से शुरू होता है? स्टेलार्क अपने शरीर को प्रयोगशाला की तरह इस्तेमाल करते हैं, एक ऐसा मंच, जिसे संवर्धित, रूपान्तरित और तकनीकी रूप से पुन:परिभाषित किया जा सकता है। उनके प्रदर्शन, चाहे वह त्वचा पर उगाया गया तीसरा कान हो या मांसपेशियों से जुड़े हुए रोबोटिक एक्सटेंशन, एक ही बात पर ज़ोर देते हैं : शरीर कोई निश्चित, स्थिर वस्तु नहीं है; वह निरन्तर विस्तार और पुनर्रचना की प्रक्रिया में है। इस अर्थ में, स्टेलार्क की कला *पोस्ट-ह्यूमन स्थिति* की एक जीवन्त अभिव्यक्ति बन जाती है।

Stelarc–Portrait of the Artist

Stelarc की सोच आधुनिक मानव शरीर की परम्परागत समझ को पूरी तरह से ख़ारिज करती है। वे यह तर्क रखते हैं कि अब शरीर को आत्मा (psyche) या सामाजिक सम्बन्धों (social construct) का स्थल मानने का कोई औचित्य नहीं रह गया है। इसके बजाय, शरीर को एक वस्तु (object) के रूप में देखा जाना चाहिए–एक ऐसी संरचना जिसे पर्यवेक्षण (monitoring) और संशोधन (modification) की आवश्यकता है। यह सोच शरीर को उस पारम्परिक दृष्टिकोण से बाहर निकालती है जिसमें उसे कामुक इच्छा (desire) की वस्तु समझा जाता था। अब शरीर एक डिज़ाइन प्रोजेक्ट है, जिसे

तकनीकी रूप से फिर से गढ़ा जा सकता है। इसी बहस को आगे बढ़ाते हुए, स्टेलार्क एक अत्यन्त उग्र लेकिन गहराई से विचारोत्तेजक प्रश्न उठाते हैं, क्या दो पैरों पर चलने वाला, साँस लेने वाला शरीर, जिसकी आँखें बायनॉकुलर हैं और मस्तिष्क 1400-सीसी का है, आज के तकनीकी और सूचनात्मक युग के लिए पर्याप्त *जैविक संरचना* है?

उनका उत्तर स्पष्ट है–**नहीं।**

वह तर्क देते हैं कि यह शरीर आज की जटिल, तीव्र और विशाल मात्रा में उपलब्ध जानकारी को न तो संसाधित कर सकता है, न ही उसे नियन्त्रित कर सकता है। तकनीक की गति, शक्ति और सटीकता के सामने यह शरीर भयभीत प्रतीत होता है। यह शरीर जल्दी थकता है, बार-बार असफल होता है, और उम्र के साथ इसकी कार्यक्षमता घटती जाती है। इसकी प्रतिरक्षा प्रणाली अति-संवेदनशील है, जिससे अंगों को प्रतिस्थापित करना कठिन होता है। यह कुछ हफ़्तों तक भोजन के बिना, कुछ दिनों तक पानी के बिना, और केवल कुछ मिनटों तक ऑक्सीजन के बिना जीवित रह सकता है।

स्टेलार्क का निष्कर्ष सीधा और उत्तेजक है:

"शरीर अप्रासंगिक हो चुका है।"

यह कथन न केवल उग्र है, बल्कि मानव अस्तित्व की मौलिक धारणाओं को चुनौती देता है। यह कथन एक विकासोत्तर रणनीति (post-evolutionary strategy) का संकेत है। अब मुख्य उद्देश्य यह नहीं रहा कि मानव जाति को जैविक पुनरुत्पत्ति (biological reproduction) के ज़रिये कैसे जारी रखा जाये, बल्कि यह है कि एक व्यक्ति को कैसे पुन: डिज़ाइन किया जाये। यह विचार केवल तकनीकी नहीं है, यह एक दार्शनिक परिवर्तन है। यह दर्शन उस बिन्दु पर पहुँचता है जहाँ शरीर को स्वयं अपनी सीमाओं का बोध होता है। जब शरीर स्वयं को सीमित मान लेता है, तभी वह उस दिशा में बढ़ सकता है जहाँ वह पुनर्निर्मित, संवर्धित और डिज़ाइन किया जा सकता है। स्टेलार्क के अनुसार :

" *अब यह विषय नहीं रहा कि मानव जाति को प्रजनन के माध्यम से कैसे बनाये रखा जाये, बल्कि अब मुख्य बात यह है कि व्यक्ति को पुन: डिज़ाइन करके कैसे उन्नत किया जाये। अब महत्त्वपूर्ण तत्त्व नर-नारी का सहवास*

नहीं, बल्कि मानव-मशीन इंटरफ़ेस है। शरीर अप्रासंगिक हो चुका है।" (Prosthetics, Robotics and Remote Existence : Post-evolutionary Strategies, 1991)

Stelarc यह भी तर्क देते हैं कि तकनीक ने अब जैविक प्रक्रियाओं–जैसे निषेचन (fertilization), गर्भधारण और जन्म–को भी अप्रासंगिक बना दिया है। जब भ्रूण को गर्भ के बाहर विकसित किया जा सकता है और जन्म एक तकनीकी प्रक्रिया बन जाता है, तो जैविक 'जन्म' अब कोई रहस्यात्मक घटना नहीं रह जाती। वे कहते हैं कि यदि शरीर को मॉड्यूलर डिज़ाइन में पुनर्गठित किया जाये–यानी हर अंग को अलग-अलग जोड़ा या बदला जा सके–तो फिर मृत्यु का कोई तर्क नहीं रह जाता। इनके अनुसार, जैसे-जैसे मनुष्य बाहरी अन्तरिक्ष जैसे विकट और समय-विस्तारित क्षेत्रों में जायेगा, यह आवश्यक हो जायेगा कि शरीर में क्षय की प्रक्रिया को पूरी तरह से समाप्त कर दिया जाये। वहाँ शरीर को न केवल जीवित रहना होगा, बल्कि परिचालित (functional) रहना होगा। इसीलिए वे कहते हैं कि शरीर को अमर होना होगा, immortality will be necessary for adaptation. यह कोई काल्पनिक यूटोपिया नहीं है, बल्कि एक विकासोत्तर अनिवार्यता (post-evolutionary imperative) है। इसलिए आवश्यक हो जाता है कि हम *मानव को ही फिर से डिज़ाइन करें,* ताकि वह अपनी मशीनों के अनुरूप हो सके। यहाँ बात केवल शरीर को 'mechanize' करने की नहीं है, बल्कि यह सुनिश्चित करने की है कि शरीर अन्तरिक्ष के कठिन वातावरण में भी उसी दक्षता से कार्य कर सके जैसे मशीनें करती हैं।

Stelarc–Ear on Arm

Stelarc के विचारों को समझने के लिए उनके प्रदर्शन 'Handswriting (1982)' का विश्लेषण करना आवश्यक हो जाता है क्योंकि यह उनके दार्शनिक तर्कों को एक दृश्य और क्रियाशील रूप में प्रस्तुत करता है। अब तक के विचारों में हमने देखा कि Stelarc शरीर को एक डिज़ाइन की जा सकने वाली वस्तु मानते हैं–'Handswriting' उसी अवधारणा का मूर्त प्रदर्शन है, जहाँ शरीर की पारम्परिक सीमाएँ–जैसे हाथों की संख्या, आँखों की दृष्टि, और मानसिक समन्वय–को तकनीकी विस्तार के माध्यम से चुनौती दी जाती है। इस प्रदर्शन को शामिल करने का उद्देश्य Stelarc की पोस्ट-ह्यूमन सोच को केवल सैद्धान्तिक नहीं, बल्कि व्यावहारिक और कलात्मक रूप में भी दिखाना है, जिससे पाठक यह समझ सकें कि उनका दर्शन केवल कल्पनात्मक नहीं, बल्कि तकनीकी और सौन्दर्यात्मक हस्तक्षेप का भी माध्यम है।

'Handswriting', 22 मई 1982 को टोक्यो के माकी गैलरी में आयोजित Stelarc का एक अनोखा प्रदर्शन था, जिसमें उन्होंने एक अत्यन्त जटिल शारीरिक और मानसिक समन्वय की चुनौती को अपनाया। इस प्रदर्शन में उन्होंने *तीन हाथों* से एक ही समय पर *एक शब्द* को लिखने की कोशिश की। इसका उद्देश्य न केवल शरीर की पारम्परिक कार्यप्रणाली को चुनौती देना था, बल्कि यह भी दर्शाना था कि कैसे शरीर को तकनीकी रूप से विस्तारित और पुन:संरचित किया जा सकता है ताकि वह नयी संज्ञानात्मक क्षमताओं को ग्रहण कर सके।

प्रदर्शन की संरचना विशेष रूप से विचारोत्तेजक थी। Stelarc ने तीन हाथों–दो जैविक (अपने) और एक कृत्रिम–का उपयोग करके एक शब्द को तीन खंडों में विभाजित किया : **E-L-I, V-U-O, O-T-N**

हर खंड को एक अलग हाथ से लिखा गया। इसके कारण लेखन की प्रक्रिया *सीधी रेखीय* नहीं रही, बल्कि *टुकड़ों में बँटी हुई* थी। हर तीसरा अक्षर पहले लिखा जाता, और फिर हाथ दायीं दिशा में स्थानान्तरित होते ताकि अगले तीन अक्षर लिखे जा सकें। इसका परिणाम यह हुआ कि पूरे शब्द की रचना एक 'क्रॉस-टाइम और स्पेस' समन्वय से हुई, जो मानवीय चेतना के लिए एक अत्यन्त कठिन अनुभव है।

Handswriting, Maki Gallery, Tokyo, Japan, 22 May 1982. The performance entailed writing one word simultaneously with three hands. Because of the spacing of the hands, every third letter was written before the arms moved rightwards to write the next three. That is, the word was produced by the groupings E-L-I, V-U-O and O-T-N, respectively. The challenge for the artist was to remember what letter was being written by each hand at any given time and to keep his two eyes on what his three hands were doing. (Stelarc)

Stelarc के लिए सबसे बड़ी चुनौती यह थी कि उन्हें तीनों हाथों के लेखन की स्थिति को एक साथ समझना और नियन्त्रित करना था, जबकि उनकी दृष्टि केवल दो आँखों तक सीमित थी। यह प्रदर्शन एक विशेष प्रकार के शारीरिक विखंडन (bodily fragmentation) को प्रस्तुत करता है, जिसमें शरीर के विभिन्न अंग स्वतन्त्र रूप से कार्य करते हैं लेकिन फिर भी एक संगठित अर्थ पैदा करते हैं। इससे Stelarc उस पारम्परिक धारणा को चुनौती देते हैं जिसमें शरीर को एकीकृत चेतना का वाहन माना जाता है। यहाँ चेतना को विभाजित होना पड़ता है, तीन अलग-अलग हाथ, तीन अलग-अलग अक्षरों की स्मृति, और फिर भी एक ही शब्द का निर्माण। यह प्रदर्शन यह सवाल उठाता है कि क्या शरीर वास्तव में एक 'एकीकृत सम्पूर्ण' है या उसे

विकेन्द्रित किया जा सकता है, और तकनीक के माध्यम से उसके हिस्सों को स्वतन्त्र एजेंसी दी जा सकती है?

अब यदि शरीर को पुनः डिज़ाइन किया जा सकता है, उसकी पहचान को नये सिरे से गढ़ा जा सकता है, तो यह आवश्यक हो जाता है कि हम इन परिवर्तनों को व्यापक दार्शनिक और सांस्कृतिक सन्दर्भों में पढ़ें और समझें। Stelarc का काम हमें आमन्त्रित करता है कि हम उत्तर-मानववाद को केवल तकनीकी या वैज्ञानिक दृष्टिकोण से नहीं, बल्कि एक ऐसे चिन्तन के रूप में देखें जो यह प्रश्न उठाता है कि शरीर, पहचान और अस्तित्व की सीमाएँ वास्तव में कहाँ तक हैं, और उन्हें कितना पुनःनिर्मित किया जा सकता है। यही विचार हमें हमारे अगले अध्याय की ओर ले जाता है, जहाँ हम यह समझने का प्रयास करेंगे कि उत्तर-मानववाद की अवधारणा किस प्रकार मनुष्य, तकनीक और चेतना के सम्बन्धों को नये रूप में व्याख्यायित करती है।

5
उत्तर-मानववाद के परे

हम अब ऐसी स्थिति में पहुँच चुके हैं जहाँ 'उत्तर-मानववाद' केवल एक अवधारणा नहीं रह गया, बल्कि एक अनुभव बन चुका है, एक बौद्धिक, सांस्कृतिक और तकनीकी यात्रा, जो हमें लगातार यह सोचने पर मजबूर करती है कि वास्तव में हम कौन हैं। इस किताब की शुरुआत में जो सवाल हमने उठाया था, मनुष्य होने का अर्थ क्या है? अब, निष्कर्ष की ओर बढ़ते हुए, वह और जटिल हो चुका है। जैसे-जैसे हमने अध्याय दर अध्याय इस विचार के विभिन्न पहलुओं की परतें खोलीं, यह स्पष्ट होता गया कि 'मनुष्य' कोई स्थिर या पूर्ण परिभाषा नहीं है। अब सवाल यह नहीं है कि हम कहाँ तक पहुँचे हैं, बल्कि यह है कि यह यात्रा कहाँ से शुरू हुई थी।

हमारी शुरुआत उस समय से हुई थी जब मानवता ने अपने को ब्रह्मांड का केन्द्र माना। लेकिन विज्ञान, टेक्नोलॉजी, और डिजिटल क्रान्ति ने इस केन्द्रीयता को लगातार चुनौती दी। इस चुनौती ने न सिर्फ़ हमारी पहचान पर सवाल खड़ा किया, बल्कि हमें यह भी दिखाया कि 'मानवता' एक ऐसा विचार है जो इतिहास, राजनीति, संस्कृति और तकनीक से लगातार निर्मित होता रहा है। उत्तर-मानववाद इसी संरचना की आलोचना करता है, उसे खोलता है, और अन्ततः उसके पार जाने का रास्ता सुझाता है, एक ऐसा रास्ता जो कोई अन्तिम लक्ष्य नहीं, बल्कि एक वैचारिक पुल है, जो हमें उन नयी सम्भावनाओं की ओर ले जाता है जहाँ केवल मनुष्य नहीं, बल्कि अन्य जीव-जन्तु, मशीनें, पर्यावरण और डेटा भी निर्णय प्रक्रिया में साझेदार बनते हैं।

उत्तर-मानववादी चिन्तन केवल यह नहीं कहता कि अब हम मनुष्य नहीं रहे, बल्कि वह यह भी पूछता है कि इस 'मनुष्य' की कल्पना किसने की थी? वह कौन-सी भाषिक, सांस्कृतिक और ऐतिहासिक संरचनाएँ थीं जिन्होंने इस 'मानव' की छवि गढ़ी? किन मूल्यों, आकांक्षाओं और सत्ता-संरचनाओं के तहत यह परिभाषा बनी और दोहराई जाती रही? अब जबकि तकनीक और कृत्रिम बुद्धिमत्ता हमारी सोचने, समझने और अनुभव करने की क्षमताओं को बदल रही हैं, हमारे निर्णय लेने के तरीक़ों को एल्गोरिदम, डेटा और मशीनों की सहभागिता में फिर से परिभाषित किया जा रहा है, तब ये प्रश्न और भी गहराई से उठने लगते हैं। क्या हम उस शक्ति संरचना (Power structure) के पार जा सकते हैं जिसमें 'मनुष्य' अब तक केन्द्र में था?

उत्तर-मानववाद को जब नैतिकता की दृष्टि से देखा जाता है, तो यह विचार केवल एक बौद्धिक विमर्श नहीं रह जाता, बल्कि वह एक नैतिक अभ्यास का रूप ले लेता है। यह दृष्टिकोण उत्तर-मानववाद को एक ज़िम्मेदारी के रूप में प्रस्तुत करता है, एक ऐसी नैतिक चेतना के रूप में, जो तब और भी आवश्यक हो जाती है जब एजेंसी (agency) का स्वरूप ही बदल रहा हो। जब निर्णय अब केवल मनुष्यों द्वारा नहीं लिए जा रहे, बल्कि वे मशीनों, एल्गोरिदम और डेटा की साझेदारी में निर्मित हो रहे हैं, तब यह प्रश्न उठता है कि ज़िम्मेदारी किसकी होगी? निर्णय की नैतिकता किसके अधीन होगी? क्या हम ऐसे परिदृश्य में भी 'नैतिक' रह सकते हैं, जहाँ एजेंसी का स्वरूप विखंडित हो चुका हो?

यह सवाल केवल दार्शनिक नहीं, बल्कि अत्यन्त व्यावहारिक भी हो जाता है जब हम देखते हैं कि हम किस प्रकार विज्ञान को समझते हैं, और वह समझ किस माध्यम से निर्मित होती है। विज्ञान का संप्रेषण, विशेषतः मीडिया के ज़रिये, एक नयी epistemology निर्मित करता है, जिसमें तथ्य, कल्पना, भय और भविष्यवाणी, सब आपस में गुँथे रहते हैं। समाचार चैनल, सोशल मीडिया, डॉक्यूमेंट्रीज़ और फ़िल्में, ये सब विज्ञान को एक निष्पक्ष सत्य के रूप में नहीं, बल्कि एक सम्भावनात्मक कथानक के रूप में प्रस्तुत करते हैं। जब हम 'पोस्ट-ह्यूमन' की बात करते हैं, तो यह केवल जैविक, तकनीकी या बौद्धिक प्रश्न नहीं रह जाता, बल्कि यह उस 'मीडिया-संरचित मानव' का भी हिस्सा बन जाता है, जिसकी छवि लगातार पुनर्निर्मित हो रही है।

दरअसल उत्तर-मानववादी सोच की जड़ें केवल समकालीन तकनीकी परिदृश्य तक सीमित नहीं हैं। यह चिन्तन दर्शन की सदियों पुरानी उस परम्परा में जा समाहित होता है जिसने बार-बार यह सवाल उठाया, कि क्या मनुष्य वही है, जो वह समझता है? यह विचार कि 'मनुष्य' क्या है, कोई नया या समसामयिक प्रश्न नहीं है। प्लेटो से लेकर कांट, नीत्शे से लेकर हीडेगर (Heidegger), और अब फुकुयामा तक–इस सवाल ने बार-बार अपना रूप बदला है, परन्तु यह प्रश्न कभी लुप्त नहीं हुआ। फ्रांसिस फुकुयामा ने जब अपनी पुस्तक 'Our Post-human Future' में चेतावनी दी कि उत्तर-मानववादी समाज एक नैतिक संकट में बदल सकता है, तो वे सिर्फ़ तकनीक की आलोचना नहीं कर रहे थे, बल्कि वे यह कह रहे थे कि अगर हम उस 'मनुष्य' को ही खो दें जिसे हमने सदियों में गढ़ा है, तो क्या हम उस मूल्यबोध (Values) को भी गँवा बैठेंगे जिसने नैतिकता, करुणा, या ज़िम्मेदारी को अर्थ दिया?

और यहीं से जन्म लेती है एक और महत्त्वपूर्ण सम्भावना–मनुष्य को परिभाषित करने के विविध प्रयासों की। जब हम उत्तर-मानववाद की ओर देखते हैं, तो उसके साथ-साथ हमारे सामने आता है *Trans-humanism,* जो मानता है कि तकनीक की सहायता से हम अपने शारीरिक और मानसिक रूपों को बेहतर बना सकते हैं। यह एक 'अपग्रेडेड मानव' की परिकल्पना करता है, तेज़तर, अधिक सक्षम, दीर्घायु, लेकिन वह मूलतः 'मनुष्य' की पारम्परिक धारणा से जुड़ा रहता है। वह उस मानवीय 'सार' को छोड़ना नहीं चाहता, बल्कि उसे तकनीक के माध्यम से और परिष्कृत करना चाहता है।

दूसरी ओर आता है *cyborgology,* जो यह मानता है कि हम पहले से ही 'साईबोर्ग' बन चुके हैं। हमारे जीवन की लगभग हर क्रिया तकनीक से जुड़ी है–चाहे वह सोचने की प्रक्रिया हो, भावनात्मक अनुभव हों, या सामाजिक सहभागिता। यह विचार मशीन और मनुष्य के बीच उस द्वैत को तोड़ देता है, जिसे अब तक स्वाभाविक और प्राकृतिक माना जाता रहा था। इस दृष्टिकोण में शरीर और मशीन, जैविकता और कृत्रिमता, दोनों एक साझा अस्तित्व में प्रवेश कर जाते हैं।

और अन्ततः आता है *post-humanism*, जो trans-humanism और cyborgology दोनों से अलग मार्ग अपनाता है। यह केवल शरीर के स्तर पर नहीं, बल्कि वैचारिक और दार्शनिक स्तर पर 'मनुष्य' की उस परम्परा को विघटित करता है जिसे हमने एक स्वाभाविक सत्य की तरह स्वीकार कर लिया था। उत्तर-मानववाद कहता है कि 'मनुष्य' कोई शाश्वत और सार्वभौमिक तत्त्व नहीं, बल्कि एक ऐतिहासिक संरचना है, जो सत्ता, संस्कृति, लिंग, जाति, तकनीक और भाषा के अन्तःक्रिया से निर्मित हुई है। और जब यह संरचना खुलती है, टूटती है, तो उस टूटन के भीतर हमें एक ऐसा संसार दिखने लगता है जहाँ केवल मानव नहीं, बल्कि अन्य प्राणी, मशीनें, पारिस्थितिकी और डेटा भी निर्णय प्रक्रिया में साझेदार बनते हैं।

उत्तर-मानववाद के पार की कल्पना करने से पहले यह आवश्यक हो जाता है कि हम स्वयं 'उत्तर-मानववाद' की प्रकृति को समझें। यह कोई एक विचारधारा नहीं, बल्कि एक बौद्धिक विमर्श क्षेत्र है, जिसमें मनुष्य की पारम्परिक परिभाषाओं, उसकी सत्ता, उसकी सीमा और उसकी नैतिकता की पुनर्व्याख्या की जाती है। इसके अनुसार, 'मनुष्य' कोई सार्वभौमिक, प्राकृतिक, या निष्पक्ष अवधारणा नहीं है, बल्कि एक सामाजिक, ऐतिहासिक और भाषाई निर्माण है, जो विशेष सन्दर्भों में जन्मा और विकसित हुआ है। उत्तर-मानववाद इसी निर्माण को विघटित करने का प्रयास करता है।

हालाँकि, उत्तर-मानववादी विमर्श को लेकर एक विशेष प्रवृत्ति उभरती है, नयी चीज़ों के प्रति एक (अन्धा) आकर्षण, एक क़िस्म की fetishization of the new। यह झुकाव कोई बिल्कुल ताज़ा घटना नहीं है; 1990 के दशक से यह विमर्श शैक्षणिक क्षेत्र में गम्भीरता से अपनी जगह बना चुका है। लेकिन आज के मीडिया-संतृप्त और टेक्नो-सांस्कृतिक वातावरण में यह प्रवृत्ति एक व्यापक सांस्कृतिक मोह में बदल गयी है, जहाँ 'नया' मात्र तकनीकी या वैचारिक उन्नति नहीं, बल्कि एक उपभोक्तावादी लालसा का प्रतीक भी बन गया है।

'नयी चीज़ों' की यह प्रवृत्ति अक्सर अटकलों (speculation) के आधार पर चलती है। उत्तर-मानववाद में हम जिस भविष्य की कल्पना करते हैं, वह

अक्सर अभी तक अवास्तविक लेकिन सम्भावित तकनीकी हस्तक्षेपों से भरा होता है। उदाहरण के लिए–हम एक ऐसे भविष्य की कल्पना कर सकते हैं, जहाँ लोग जैविक दोषों के कारण उत्पन्न किसी भी पीड़ा से मुक्त हो जायें। वे आनुवंशिक रूप से इस तरह संशोधित हों कि उन्हें कभी रोग न हो, कभी शारीरिक या मानसिक कष्ट न हो। लेकिन इस यूटोपिया (Utopia) की क़ीमत क्या होगी? ऐसी तकनीकी व्यवस्था में जीने के लिए एक व्यक्ति को जीवन भर एक सघन और सर्वव्यापी स्वास्थ्य निगरानी व्यवस्था के अधीन रहना होगा। यानी कष्ट मुक्त जीवन 'freedom from suffering' के इस स्वप्न के भीतर एक अदृश्य पराधीनता का बीज छिपा हो सकता है।

यह भविष्य केवल विज्ञान या नैतिकता का प्रश्न नहीं है, बल्कि एक सांस्कृतिक और सामाजिक प्रश्न भी है। ऐसे तकनीकी हस्तक्षेपों की ज़रूरत तब बढ़ती है जब समाज एक अवकाश प्रधान समाज *(leisure society)* में बदलने लगता है, एक ऐसा समाज जहाँ उत्पादकता अब केवल परिश्रम या शरीर पर आधारित न होकर दक्षता, मानसिक शक्ति और निरन्तर अपडेटेड रहने की क्षमता से परिभाषित होने लगती है। और यहीं से एक नया संकट जन्म लेता है, जहाँ *सुधार (enhancement)* को केवल विकल्प नहीं, बल्कि आवश्यकता के रूप में देखा जाने लगता है। अगर आप तकनीकी रूप से अपग्रेड नहीं हुए, तो आप पिछड़ गये। यह प्रतिस्पर्धात्मक मानसिकता उत्तर-मानववाद को एक पूँजीवादी दबाव में ढालने लगती है, जहाँ हर व्यक्ति को अपने शरीर और चेतना को बाज़ार की गति के अनुसार ढालना होता है।

इस तरह, उत्तर-मानववाद का यह speculative चरित्र कई बार हमें ऐसी दिशाओं में ले जाता है जो परिकल्पनात्मक रूप से आकर्षक होती हैं, लेकिन जिनका नैतिक और सामाजिक आधार अस्पष्ट और अस्थिर होता है। इसलिए 'उत्तर-मानववाद के पार' जाने का प्रश्न सिर्फ़ तकनीकी कल्पनाओं को आगे बढ़ाने का नहीं, बल्कि उन कल्पनाओं की वैचारिक, नैतिक और राजनीतिक समीक्षा का प्रश्न भी है।

जब हम उत्तर-मानववाद की दिशा में सोचते हैं, तो यह अक्सर एक तकनीकी और वैश्विक सम्भावना के रूप में सामने आता है, ऐसी दुनिया,

जो तेज़, वर्चुअल, और इंटर-कनेक्ट है। यह वह क्षण है जहाँ *Paul Virilio* की चिन्ताएँ उत्तर-मानववाद के मौजूदा विमर्श को एक बेहद ज़रूरी नैतिक और दार्शनिक मोड़ पर ले आती हैं। वह केवल एक टेक्नो-सन्देहवादी (techno-skeptic) नहीं हैं, बल्कि एक गहरे मानवीय चिन्तक हैं जो हमें उस संक्रमण-बिन्दु की ओर इशारा करते हैं जहाँ 'गति', 'तकनीक' और 'शरीर' की संकल्पनाएँ एक-दूसरे में घुलती जा रही हैं, और इसी प्रक्रिया में, हम *स्वयं को खोने लगे हैं*।

Virilio के अनुसार, आज का युग 'गति का युग' है, यह गति केवल ट्रांसपोर्ट की नहीं, बल्कि सम्प्रेषण, निर्णय, और अस्तित्व की गति है। यही 'speed' आज का सबसे बड़ा मूल्य बन गयी है। हमारी पूरी तकनीकी संस्कृति तत्कालता (immediacy) और त्वरितता (instantaneity) पर आधारित हो गयी है, जहाँ *ठहराव, प्रतीक्षा, या गहराई* की कोई जगह नहीं बचती। उनकी दृष्टि में यह गति, यह तत्कालता, हमें एक ऐसी स्थिति में पहुँचा देती है जिसे वे 'Loss of Orientation' कहते हैं, जहाँ हम भौगोलिक रूप से ही नहीं, बल्कि नैतिक, वैचारिक और अस्तित्वगत रूप से दिशाहीन हो जाते हैं। उत्तर-मानववाद इसी दिशाहीनता को कभी भविष्य की सम्भावना, तो कभी वर्तमान की नियति के रूप में देखता है, लेकिन Virilio इसे चेतावनी की तरह पढ़ते हैं।

जब Virilio 'Art of Technology' की आलोचना करते हैं, तो उनका मतलब केवल यह नहीं है कि तकनीक को कला की तरह देखा जा रहा है, बल्कि यह भी कि तकनीक अब कला की तरह हमारे अनुभवों को गढ़ने लगी है–बिना किसी आत्मा, बिना किसी विराम के। वह पूछते हैं : क्या तकनीक ने हमारे शरीर और चेतना के बीच की वह रेखा मिटा दी है, जो हमें मनुष्य बनाती थी? इसी सन्दर्भ में वह Transplant Revolution की ओर ध्यान आकर्षित करते हैं–एक ऐसा युग जहाँ अंगों के प्रत्यारोपण (transplants) और बायोमेडिकल हस्तक्षेपों ने मानव शरीर को वस्तु या पुर्ज़ों के एक संग्रह में बदल दिया है। शरीर अब कोई प्राकृतिक, पूर्णता का प्रतीक नहीं, बल्कि आशंकाओं और विकल्पों का एक जाल है। यहाँ से वह हमें उस बिन्दु तक ले आते हैं जहाँ मानव शरीर और तकनीक के बीच की भेद-रेखा, जैविक और कृत्रिम के बीच की दूरी, पूरी तरह से ढह जाती है।

Virilio इस क्रान्ति को केवल तकनीकी प्रगति नहीं मानते; वे इसे 'Neo-eugenics' का आगाज़ कहते हैं–एक ऐसी विचारधारा, जिसमें जीवन का मूल्य उसकी प्रदर्शन क्षमता, सौन्दर्य या कार्यशीलता से आँका जाने लगा है। यह वही धरातल है जिस पर उत्तर-मानववाद के कई रूप जैसे ट्रांस-ह्यूमैनिज़्म टिके हैं, जहाँ तकनीक के सहारे 'बेहतर मानव' की कल्पना की जाती है। लेकिन Virilio हमें चेताते हैं : क्या यह 'बेहतर बनने की होड़' असल में एक नयी तरह की असहिष्णुता नहीं है, उन लोगों के लिए जो इस दौड़ में पीछे रह जाते हैं या तकनीकी उन्नति का हिस्सा नहीं बन पाते?

इसी सोच की पृष्ठभूमि में वह कलाकार Stelarc की कड़ी आलोचना करते हैं। Stelarc, जो अपने शरीर को तकनीक के ज़रिये विस्तारित करते हैं, शारीरिक संशोधन, मशीन-अंग और परावर्तनिक अनुभवों के ज़रिये, वह उत्तर-मानववादी कलाओं का प्रतीक बन गये हैं। लेकिन Virilio के लिए Stelarc 'automation से पहले का अन्तिम मानव' हैं, वह अन्तिम सीमा, जहाँ मानवता की कल्पना अपने सबसे कृत्रिम रूप में आती है, और वहाँ से फिर पूरी तरह मशीन में विलीन हो जाती है। यह वह बिन्दु है जहाँ तकनीक केवल विस्तार नहीं, बल्कि अवसान बन जाती है।

Virilio की सबसे तीव्र आलोचना उस प्रवृत्ति को लेकर है जिसे वे Cybersex कहते हैं, एक ऐसा अनुभव जहाँ भावनाएँ, स्पर्श और यौनिकता अब सीधे शरीर के ज़रिये नहीं, बल्कि मशीनों, स्क्रीन और डिजिटल कोड्स के ज़रिये सम्प्रेषित होती हैं। वह इसे भावनाओं का तकनीकी प्रतिस्थापन 'technological replacement of emotions' मानते हैं, एक ऐसा क्षण जहाँ मानवीय अनुभूति की सबसे अन्तरंग परत भी तकनीक की अधीनता में आ जाती है। उत्तर-मानववाद इस प्रयोग को कभी सम्भावना, कभी अतिक्रमण के रूप में देखता है; लेकिन Virilio इसे emotional collapse कहते हैं, जहाँ हम सिर्फ़ महसूस नहीं करते, बल्कि महसूस करने की क्षमता को ही खोने लगते हैं।

इन सभी चिन्ताओं के केन्द्र में उनका एक दृढ़ विश्वास बना रहता है : हम अब भी पूरी तरह से विखंडित समाज (fragmented communities) नहीं हैं। Virilio मानते हैं कि आज भी हम उन्हीं पुराने आख्यानों व मान्यताओं

(grand narratives) को थामे हुए हैं, न्याय, समानता, दया, संवेदनशीलता जैसे मूल्य अब भी हमारे अस्तित्व का हिस्सा हैं। उत्तर-मानववादी विमर्श जो अक्सर 'डिकंस्ट्रक्शन' विखंडन की भाषा बोलता है, Virilio वहाँ 'संरक्षण और नैतिकता की पुन:प्राप्ति' की बात करते हैं। वह कहते हैं : अगर गति और तकनीक हमारी नयी नियति हैं, तो न्याय और नैतिकता हमारी आख़िरी उम्मीदें भी हैं।

जब हम यह प्रश्न उठाते हैं कि उत्तर-मानव की स्थिति क्या है, तो यह केवल एक दार्शनिक जिज्ञासा नहीं, बल्कि एक गहरी अस्तित्वगत चिन्ता बन जाती है। यह चिन्ता उस स्थिति को लेकर है जहाँ मानव अब वह नहीं रहा जो वह था, और फिर भी वह पूरी तरह किसी और में रूपान्तरित भी नहीं हुआ। यही प्रश्न जब यह पूछता है कि क्या पोस्ट-ह्यूमन स्थिति सारतत्विक दृष्टि से क्षणिक अवस्था (ontologically transitory) है, तो वह दरअसल यह जानना चाहता है कि क्या यह एक क्षणभंगुर अवस्था है, एक संक्रमणकाल जो किसी स्थायी स्वरूप की ओर ले जा रहा है, या यह स्वयं ही एक स्वतन्त्र और टिकाऊ अवस्था बनने की ओर अग्रसर है। यह सवाल हमें बार-बार उस अस्थिरता की ओर ले जाता है जो उत्तर-मानववाद की अवधारणाओं की जड़ में बसी है—एक अस्थिरता जो 'मनुष्य' और 'ग़ैर-मनुष्य' के बीच की रेखा को धुँधला कर देती है।

ऐसे में स्वाभाविक है कि हम पूछें : 'What happens after AI?' (कृत्रिम बुद्धिमत्ता के बाद क्या होता है?) जब हमारी सभी संज्ञानात्मक (cognitive) क्षमताएँ मशीनों द्वारा पूरी की जाने लगें, तो क्या इन्सान की आवश्यकता ख़त्म हो जायेगी? क्या वह केवल एक ऐतिहासिक उपकरण बनकर रह जायेगा, जिसे किसी समय 'सोचने वाला प्राणी' (thinking being) कहा जाता था?

इसी तरह, जब खिलाड़ी—athletes—*genetically modified* हो जायेंगे, जब उनके शरीर को इस तरह रूपान्तरित किया जायेगा कि वे थकान, चोट, और असफलता के पार प्रदर्शन कर सकें, तब प्रतिस्पर्धा और मानवता की नैतिक सीमाएँ कहाँ रहेंगी? क्या तब खेल केवल जैविक या मानसिक संघर्ष का मंच होगा, या एक ऐसा कृत्रिम मंच बन जायेगा जहाँ केवल वैज्ञानिक प्रगति की दौड़ बचेगी? यह संशोधन, जो पहले विशुद्ध विलासिता समझा

जाता था, अब एक अनिवार्यता बनता जा रहा है। enhancement अब केवल सुविधा या विकल्प नहीं, बल्कि अस्तित्व की शर्त बन चुका है।

क्या वह क्षण आयेगा, जब मानव शरीर और उसकी सीमाएँ इतनी गहरे बदलाव से गुजरेंगी कि हम समझ नहीं पायेंगे कि क्या हो रहा है? नहीं, शायद नहीं। शायद यह केवल हमारी कल्पना (imagination) की परीक्षा होगी–उत्तर-मानववाद के बाद का भविष्य ज़रूरी नहीं कि आपदा हो; यह एक नयी कल्पनाशीलता (imagination) की माँग कर सकता है। हम उस बिन्दु पर पहुँच सकते हैं जहाँ कल्पना ही हमारी सबसे बड़ी ज़िम्मेदारी बन जाये–क्योंकि हमें ऐसे संसार की तस्वीर बनानी होगी जो अब तक कभी देखी नहीं गयी।

अब ज़रा उस दुनिया की कल्पना करें : जिसमें मानव शरीर और मस्तिष्क को आधुनिक तकनीकी और जैविक उपायों से इस तरह परिवर्तित किया गया है कि व्यक्ति आनुवांशिक रूप से परिवर्तित, शल्य क्रियात्मक रूप से संवर्धित, अति-बुद्धिमान, सदा युवा, राजनीतिक रूप से सतही, और सम्प्रेषण में सीमित हो गया है। यह भविष्य जैसा दृश्य हो सकता है, लेकिन सवाल यह उठता है कि क्या यह वर्तमान से इतना अलग है? वास्तविकता में, अगर हम ध्यान से देखें, तो हम पायेंगे कि यह कल्पना 'वर्तमान समय से इतना अलग नहीं है।' आज की दुनिया में भी हमारी चेतना, अनुभव और संवेदना पहले ही तकनीक से इतने गहरे जुड़े हुए हैं कि उन्हें पृथक् (separate) करना अब लगभग असम्भव हो गया है। हम पहले ही तकनीकी विकास के प्रभावों से इतने प्रभावित हो चुके हैं कि यह अन्तर शायद उतना स्पष्ट न हो, जितना हम सोचते हैं।

ऐसे में यह सवाल भी स्वाभाविक है : तकनीकी भविष्य को हमेशा एक निराशाजनक कल्पना (Dystopia) के रूप में क्यों देखा गया है? शायद इसलिए कि तकनीक हमारे नियन्त्रण से बाहर जाती प्रतीत होती है। 'Dystopia' (विनाशक भविष्य) दरअसल उस भय का नाम है जो तब उत्पन्न होता है जब मानवीय एजेंसी (human agency) को छीन लिया जाये, जब निर्णय मशीनों के हाथ में हो, और जब हमारी नैतिकता केवल एक डेटा एल्गोरिदम भर बन जाये।

उत्तर-मानव की स्थिति में, हालाँकि समय के साथ तकनीक, जैविक संशोधन, कृत्रिम बुद्धिमत्ता, और शारीरिक संवर्द्धन जैसी प्रक्रियाएँ तेज़ी से विकसित हो रही हैं, इन सभी प्रवृत्तियों से हमारी 'मानवता' की मूल स्थिति वैसी की वैसी बनी रहती है। यह कहना कि उत्तर-मानव किसी भिन्न प्रजाति की शुरुआत है, या कि यह हमें 'अमानव' (unhuman), 'अधोमानव' (subhuman), या 'क्रूर अमानवीय' (inhuman) बना देता है, यह एक अतिशयोक्ति है। वास्तव में, इन बदलाओं के बावजूद, हम अभी भी अपने बौद्धिक और चेतन (conscious) अस्तित्व को बनाये रखते हैं। यह बदलाव केवल हमारे चारों ओर की दुनिया में हो रहे हैं, हमारे मूल अस्तित्व में नहीं।

हमारी पहचान, हमारी नैतिकता, हमारी भावना की क्षमता, ये सब कुछ नष्ट नहीं हुआ है। हम अभी भी दुख महसूस कर सकते हैं, प्रेम कर सकते हैं, सहानुभूति रख सकते हैं। तकनीकी प्रगति ने हमारे शरीरों को संवेदनशील बनाया, हमारे मानसिक क्षितिज को विस्तृत कर दिया हो सकता है, लेकिन इसने हमें संवेदनहीन नहीं किया। हम अब भी दूसरों की पीड़ा से विचलित होते हैं, किसी के आँसू देखकर भीतर तक हिल जाते हैं। यानी कि मनुष्य की मूलभूत विशेषताएँ, भावना (emotion), देखभाल (care), उत्तरदायित्व (responsibility), ये सब हमारे भीतर जीवित हैं।

हाँ, इन उत्तर-मानववादी विकासों ने कुछ नयी ज़िम्मेदारियाँ और बोझ ज़रूर जोड़े हैं। जैसे अब हमें केवल अपने परिवार, समाज या राष्ट्र की भलाई के बारे में नहीं सोचना, बल्कि पूरे पारिस्थितिकी तन्त्र की सेहत की चिन्ता करनी पड़ रही है। जैव-विविधता, जलवायु संकट, प्रजातियों का विलुप्त होना, ये सब हमारे नैतिक फलक पर आ चुके हैं। इसी के साथ, जैविक अनुसन्धान में 'मानव जीन का पेटेंट' (patenting human genes) एक गम्भीर नैतिक बहस बन गया है। क्या किसी के डीएनए पर किसी का मालिकाना हक़ हो सकता है? क्या स्वास्थ्य संसाधनों (health care resources) का वितरण अब बाज़ार की शर्तों पर होना चाहिए या न्याय की दृष्टि से?

इन सबके बावजूद, यह बात भी उतनी ही सत्य है कि हम इन चुनौतियों के साथ जीने के अभ्यस्त हो चुके हैं। तकनीकी हस्तक्षेपों और वैज्ञानिक प्रगति की शुरुआत से ही मनुष्य ने स्वयं को बदलते समय के अनुसार ढाला है। आज

हमें अपने जैविक स्वरूप पर नियन्त्रण पाने की जो शक्ति मिली है, वह पूरी तरह नयी नहीं है, बल्कि उसी परिवर्तनशीलता का हिस्सा है जो मानव सभ्यता का मूल स्वभाव रहा है।

लेकिन फिर भी यह मूलभूत प्रश्न बना रहता है, 'मनुष्य' वास्तव में है क्या? क्या यह केवल उसकी बौद्धिक क्षमता (intelligence) है? या उसकी नैतिक चेतना (morality)? या यह वह शक्ति है जिससे वह भावना को महसूस करता है और उसे अभिव्यक्त करता है, दूसरे के दुःख को समझता है, प्यार जताता है, करुणा और ममता दिखाता है? अगर उत्तर-मानव की परिभाषा को समझना है, तो पहले यह तय करना होगा कि 'मानव' को हम किन आधारों पर परिभाषित करते हैं।

यह प्रश्न केवल दार्शनिक नहीं है, यह राजनीतिक, सामाजिक और तकनीकी विमर्शों के मध्य में खड़ा है। क्योंकि अगर 'मानव' की कोई स्पष्ट, सार्वभौमिक परिभाषा नहीं है, तो 'उत्तर-मानव' (post-human) का कोई स्थिर स्वरूप कैसे तय किया जा सकता है? यह पूरी बहस एक बिन्दु पर वापस लौटती है, कि उत्तर-मानव को परिभाषित करने के लिए पहले हमें 'मानव' की परिभाषा को खोलना होगा, उसे जाँचना होगा, और उसकी बहुस्तरीयता (Multilayeredness) को स्वीकारना होगा।

अब तक की चर्चा में यह साफ़ हो चुका है कि उत्तर-मानववादी समय में भी, हम कई रूपों में वही 'मानव' हैं, बस अब हमारे सामने सवाल और ज़िम्मेदारियाँ ज़्यादा जटिल हो गये हैं।

'उत्तर-मानव' (post-human) के बाद क्या आता है? यह प्रश्न न केवल भविष्य के प्रति हमारी जिज्ञासा को प्रकट करता है, बल्कि यह हमारी समयबोध की समझ, हमारी ऐतिहासिकता, और विचारों की दिशा को लेकर भी गहराई से सोचने के लिए प्रेरित करता है। इस प्रश्न में यह संकेत छिपा है कि क्या उत्तर-मानव कोई अन्तिम चरण है या केवल एक संक्रमण बिन्दु (transitory stage)? क्या इसके बाद कोई और चरण आता है, कोई और स्थिति या विचारधारा जो उससे भी आगे जाती है? और सबसे महत्त्वपूर्ण यह कि क्या उत्तर-मानववाद अपने आप में किसी निश्चित रेखीय प्रगति (linearity) की ओर इशारा करता है?

यह मान लेना कि 'post-human' का अर्थ केवल 'human के बाद' है, दरअसल इस धारणा को बहुत सीमित कर देता है। क्योंकि 'post' शब्द का अर्थ हमेशा 'बाद में' नहीं होता, कई बार यह आलोचना, पुनर्विचार या पुन:संरचना का संकेत देता है। जैसे post-modernism आधुनिकता (modernity) के 'बाद' नहीं, बल्कि उसकी अन्तर्निहित सीमाओं, विफलताओं और मूल्यों की आलोचना का नाम है, वैसे ही post-humanism केवल किसी तकनीकी भविष्य का स्वप्न नहीं है, बल्कि उस वर्तमान की गहराई से आलोचना है जहाँ तकनीक ने हमारी संस्कृति, सोच और नैतिक जीवन में घुसपैठ कर ली है।

यह विचार कि 'post-humanity necessarily comes *after* humanity' एक रेखीय समझ की ओर इशारा करता है, जैसे मानव 'उत्तर-मानव' कोई अगला चरण। लेकिन उत्तर-मानववाद रेखीय समयबोध को ही चुनौती देता है। यह हमें कहता है कि जो परिवर्तन हो रहे हैं, वे 'भविष्य में' नहीं, बल्कि 'अभी' हो रहे हैं, हम पहले ही उन प्रक्रियाओं में भागीदार हैं। उत्तर-मानव कोई भविष्य की स्थिर स्थिति नहीं है, बल्कि यह हमारे वर्तमान की ही एक बहुस्तरीय, जटिल, और विरोधाभासी व्याख्या है।

इस विचारधारा को कभी-कभी एक स्वाभाविक जीवन की ओर वापसी की इच्छा (seeking a return to the natural) के रूप में भी देखा गया है। यानी कि कुछ आलोचक मानते हैं कि उत्तर-मानववाद दरअसल इस तकनीकी सर्वव्यापकता के विरोध में है, और एक ऐसे मानव की कल्पना करता है जो फिर से प्राकृतिक, जैविक (organic), और बिना मशीनों के जीवन की ओर लौटे। यह प्रवृत्ति उस आधुनिक भय (technophobia) की तरह है जिसे फ्रांसिस फुकुयामा जैसे विचारकों ने उजागर किया है, जहाँ उत्तर-मानववादी दृष्टिकोण को मनुष्य की स्वाभाविकता (naturalness) के अन्त की चेतावनी के रूप में देखा गया है।

फुकुयामा जैसे चिन्तक मानते हैं कि तकनीक हमारी नैतिकता, सामाजिकता और जैविक अस्तित्व को अस्थिर बना रही है, और उत्तर-मानववाद इस विनाश की ओर इशारा करता है। लेकिन यह विश्लेषण अक्सर अधूरी समझ (untheorized) और सतही (superficial) व्याख्या तक सीमित रह जाता है। क्योंकि उत्तर-मानववाद का उद्देश्य डर फैलाना नहीं है, बल्कि हमें उन

जटिल बदलावों की ओर सचेत करना है जो पहले से ही हमारी सोच, अनुभव और संवेदनाओं को प्रभावित कर रहे हैं।

दरअसल, उत्तर-मानववाद केवल तकनीक की आलोचना नहीं है; यह एक समकालीन चेतना है जो हमें यह समझने में मदद करती है कि किस प्रकार से जैविक और तकनीकी सीमाएँ धुँधली हो रही हैं, किस प्रकार से संस्कृति और सूचना तन्त्र एक-दूसरे में प्रवेश कर रहे हैं, और कैसे हमारी 'मानव' की धारणा को फिर से गढ़ा जा रहा है। यह केवल भय या वापसी की माँग नहीं करता, बल्कि यह एक सैद्धान्तिक उपकरण है, एक दृष्टि है, जिसके ज़रिये हम तकनीकी संस्कृति (technoculture) में अपनी स्थितियों को विश्लेषित कर सकते हैं।

इसलिए जब हम यह पूछते हैं कि 'post-human के बाद क्या आता है', तो उत्तर सिर्फ़ समय की एक नयी अवस्था नहीं है। यह एक बौद्धिक निमन्त्रण है–यह पूछने का अवसर है कि क्या हमारी नैतिकता, चेतना, सामाजिकता और संवेदना तकनीकी विकासों के साथ नया रूप ग्रहण कर सकती हैं, बिना स्वयं को खोए? उत्तर-मानववाद का सबसे बड़ा योगदान यही है कि वह हमारे समय के भीतर ही भविष्य की कई परतों को खोलने की क्षमता रखता है, बिना किसी डर, बिना किसी निष्कर्ष, और बिना यह तय किये कि आख़िर में कौन-सा 'मानव' बचेगा।

एक बार जब हम 'उत्तर-मानव' की अवस्था में प्रवेश कर लेते हैं, तो क्या हम फिर तकनीक से मुँह मोड़ सकते हैं? यह प्रश्न केवल एक विकल्प का नहीं, बल्कि हमारी स्थिति और पहचान के बारे में एक बुनियादी चिन्ता है। इसका संकेत यह है कि चाहे उत्तर-मानव की संकल्पना को पूरी तरह तकनीक द्वारा परिभाषित न किया गया हो, फिर भी वह अपने निर्माण (constitution) में तकनीकी है–यानी तकनीक उसके अस्तित्व का एक अनिवार्य हिस्सा बन चुकी है। उत्तर-मानववाद केवल तकनीक की बात नहीं करता, लेकिन यह स्वीकार करता है कि तकनीक के बिना उत्तर-मानव की कोई कल्पना नहीं की जा सकती।

हमारी दृष्टि, हमारा दृष्टिकोण और हमारी अनुभूति–ये सब तकनीक के ज़रिये बदलते हैं। हम न केवल तकनीक का उपयोग करते हैं, बल्कि तकनीक हमारे सोचने, देखने और अनुभव करने के ढंग को भी ढालती है। उदाहरण के लिए, आभासी वास्तविकता (virtual reality), संवर्धित वास्तविकता (augmented reality), और कृत्रिम बुद्धिमत्ता (AI) जैसे माध्यमों ने न केवल जानकारी पाने के तरीक़े बदले हैं, बल्कि उन्होंने 'सच' और 'अनुभव' की अवधारणाओं को ही पुन:परिभाषित कर दिया है।

लेकिन यह बात उतनी ही महत्त्वपूर्ण है कि उत्तर-मानववाद केवल तकनीक की महिमा या आलोचना नहीं है; यह एक व्यापक दृष्टिकोण है, जिसमें तकनीक एक ज़रूरी लेकिन अकेला तत्त्व नहीं है। उत्तर-मानव एक ऐसी अवस्था है जहाँ जैविक और यान्त्रिक, प्राकृतिक और कृत्रिम, भावनात्मक और गणनात्मक (computational) सभी एक-दूसरे में घुलने लगते हैं। इस समावेशी दृष्टिकोण में तकनीक केवल एक बाहरी उपकरण नहीं रहती, बल्कि यह हमारे अस्तित्व की 'प्रकृति' का हिस्सा बन जाती है। दिलचस्प बात यह है कि तकनीक के ज़रिये हम प्रकृति की ओर भी लौटते हैं। जब हम 'पर्यावरणीय तकनीक' की बात करते हैं, जैसे सौर ऊर्जा, पवन ऊर्जा, या जलवायु परिवर्तन पर निगरानी रखने वाले सेंसर्स, तो यह स्पष्ट होता है कि तकनीक अब केवल प्रकृति से दूरी बनाने का साधन नहीं रही, बल्कि यह स्वयं प्रकृति के संरक्षण और पुन:संरचना का एक माध्यम बन गयी है।

इसलिए, उत्तर-मानव अवस्था में तकनीक से मुँह मोड़ना न केवल असम्भव है, बल्कि शायद यह हमारी पहचान से मुँह मोड़ने जैसा होगा। यह तकनीक ही है जिसने हमारी दृष्टि, हमारी संवेदना और हमारी नैतिकता को नये तरीक़े से ढालना शुरू किया है। लेकिन साथ ही, उत्तर-मानववाद हमें इस तकनीकी परत के पार देखने की चेतना भी देता है, यह जानने की समझ देता है कि तकनीक के भीतर भी मानवीयता, संवेदना और प्रकृति की वापसी की सम्भावनाएँ छिपी हैं।

अब जब तकनीक हमारी संरचना का हिस्सा बन चुकी है, और प्रकृति की ओर वापसी का भी एक ज़रिया बन रही है, तब उत्तर-मानव का भविष्य

केवल तकनीकी प्रयोगों की शृंखला नहीं है, बल्कि यह एक ऐसी वैचारिक और अनुभवात्मक अवस्था है जो हमारी वर्तमान स्थिति की गहराई से पड़ताल करती है। यही वह बिन्दु है जहाँ से हम यह समझने के लिए तैयार हो सकते हैं कि 'post-human के बाद क्या' का प्रश्न, वास्तव में, 'human' की परिभाषा को फिर से रचने की प्रक्रिया में ही छिपा हुआ है। उत्तर-मानव चेतना इस भ्रम को तोड़ती है कि 'प्रकृति' कोई स्थिर और पवित्र अवस्था है जिससे विचलन करना अनैतिक या विकृत है।

यह कहना सतही होगा कि हम अब भी पूर्णतः 'मानव' हैं, लेकिन यह तर्क भी अपूर्ण और अपर्याप्त है कि हम पूरी तरह 'उत्तर-मानव' (post-human) हो चुके हैं। हम जैसे किसी संक्रमणकालीन अवस्था में हैं–एक ऐसी स्थिति जिसे हम 'अधर' या 'बीच की अवस्था' (limbo) कह सकते हैं, जहाँ परम्परागत मानव की परिभाषाएँ ढह रही हैं, लेकिन नयी पहचानें अभी पूरी तरह स्थापित नहीं हुई हैं। यह न तो पूरी तरह अतीत है, न ही पूरी तरह भविष्य–बल्कि वर्तमान की एक जटिल स्थिति है जहाँ मानवता का विचार निरन्तर बदल रहा है।

हम पहले ही 'मानवता' (humanness) की पारम्परिक परिभाषा को चुनौती दे चुके हैं। अब यह स्पष्ट हो गया है कि 'मानव' होने का कोई एक स्थिर और सार्वभौमिक अर्थ नहीं है। इसके स्थान पर, हम यह कह सकते हैं कि 'मानव होने' के कई रूप हैं–कई अनुभव हैं–जो सन्दर्भ और परिस्थिति के अनुसार बदलते रहते हैं। कोई व्यक्ति अपनी सामाजिक, जैविक, तकनीकी, और भावनात्मक स्थितियों के अनुसार अलग-अलग समय पर मानवता के विभिन्न रूपों को अपनाता है। इसलिए यह कहना कि हम हर समय 'उत्तर-मानव' का प्रतिनिधित्व कर रहे हैं, भ्रामक और अतिरंजित होगा।

उत्तर-मानववाद (post-humanism) की विशेषता यह है कि वह इस विविधता को मान्यता देता है। यह विचारधारा किसी एकरूपता (uniformity) को थोपने की कोशिश नहीं करती, बल्कि यह स्वीकार करती है कि 'मानव' होने के कई रास्ते हैं–कई अनुभव-आधारित और वैचारिक परिप्रेक्ष्य हैं। अगर 'मानव' होने की कोई स्पष्ट, अन्तिम परिभाषा नहीं है, तो शायद 'उत्तर-मानव' होना इसी अस्थिरता और विविधता को स्वीकार करने का नाम है।

यह 'मानव' शब्द को एक संकीर्ण जैविक या नैतिक ढाँचे में नहीं बाँधता, बल्कि उसकी बहुलता को उद्घाटित करता है। यहाँ पर डोना हैरवे (Donna Haraway) और साईबोर्ग की परिभाषा की भी याद आती है, जहाँ 'मानव' और 'मशीन' का अन्त:सम्बन्ध किसी तकनीकी यन्त्रणा से अधिक एक वैचारिक स्थिति बन जाता है। इसी सन्दर्भ में, कुछ विचारकों ने उत्तर-मानव को एक 'वैचारिक विचारधारा' (ideology) के रूप में देखा है, न कि केवल तकनीक के प्रयोग के रूप में। यानी यह कोई यान्त्रिक या उपकरण आधारित पहचान नहीं है, बल्कि यह एक दर्शन है, एक दृष्टिकोण है, जो हमारी आत्म-चेतना, सम्बन्धों, और सांस्कृतिक संरचनाओं को नया रूप देता है। इसलिए उत्तर-मानववाद केवल यह नहीं पूछता कि हम तकनीक का प्रयोग कैसे करते हैं, बल्कि यह भी पूछता है कि हम स्वयं को कैसे परिभाषित करते हैं, कैसे अनुभव करते हैं, और दूसरों के साथ अपने सम्बन्धों को कैसे समझते हैं। यह विचारधारा हमारे भीतर पहले से उपस्थित विविधताओं को सामने लाने का कार्य करती है, हमें याद दिलाती है कि 'मानव' होने का कोई एक ही रास्ता\परिभाषा\स्वरूप नहीं होता।

❑❑